KB203122

유신 사무라이 박정희

이 책은 2022년 출간된 《유신 그리고 유신: 야수의 연대기》를 새로운 제목으로 다시 출간한 것입니다.

유신 사무라이 박정희

낭만과 폭력의 한일 유신사

홍대선 지음

메디치

유신의 장소들

몽골

할힌골전투(노몬한사건) ── 할힌골

옛 신경(만주국 수도), 만주군관학교 소재지 ── 창춘

옛 봉천, 러일전쟁의 격전지(봉천회전) ── 선양
황고둔사건(장쭤린 폭사사건), 류탸오후사건(만주사변) ──

류거우차오사건(중일전쟁) ── 베이징

러일전쟁의 지상전 격전지 ──
안중근 의사의 수감·처형지(뤼순감옥) ── 뤼순

중국

시안사건(장제스 납치), 제2차 국공합작 합의 ──● 시안

국민당정부 수도, 난징대학살 ── 난징

난징 함락 이후 국민당정부 임시수도 ──● 충칭

상하이
중일전쟁 격전지
(상하이전투)

인도

임팔
── 아시아·태평양전쟁 격전지(임팔작전)

홍콩전투 ── 홍콩

필리핀

오노다 히로(필리핀 잔류병) 생존지 ── 루방섬

싱가포르
── 싱가포르전투

러시아

블라디보스토크
일본의 시베리아 출병(간섭전쟁)

한국
청일전쟁의 지상군 격전지
일본
평양
청일전쟁의
해전 격전지
풍도
서울
조선총독부, 5·16군사쿠데타
아이즈아카마쓰
옛 아이즈 번
대구
10월항쟁
여순반란사건
여수·순천
부마항쟁
도쿄
요코스카
관동대학살, 2·26사건, 점령군 사령부(GHQ)
부산·마산
교토
페리 제독의 흑선(黑船) 출현
쓰시마
히로시마
야마구치
일본의 옛 수도, 막말 지사들의 활동무대
제주도
후쿠오카
고치
옛 도사 번
4·3항쟁
나가사키
원폭 투하지
가고시마
옛 조슈 번
여몽연합군 일본 침공, 가미카제(神風) 관념의 발상지
옛 사쓰마 번
원폭 투하지
최익현 유배지, 러일전쟁의 해전 격전지

과달카날 전투

솔로몬 제도
과달카날섬

유신의 사건들

1274
· 여몽연합군 1차 일본 침공(元寇, 원구/분에이의 역, 文永の役)

1281
· 여몽연합군 2차 일본 침공(元寇, 원구/코안의 역, 弘安の役)

1585
· 도요토미 히데요시 정권 수립

1592
· 임진왜란 발발(文禄の役, 분로쿠의 역)

1597
· 정유재란 발발(慶長の役, 게이초의 역)

1603
· 도쿠가와 이에야스 쇼군 임명, 에도 막부 탄생

1853
· 페리 제독, 흑선(黒船) 1차 침입, 무력 시위 및 개항 요구

1854
· 페리 제독, 2차 침입, 미일화친조약 체결

1858
· 불평등조약인 미일수호통상조약 체결
· 안세이의 대옥(安政の大獄), 에도 막부 존왕양이파를 숙청, 처형

1859
· 존황양이파 요시다 쇼인, 안세이의 대옥 때 투옥되어 처형

1862
· 나마무기사건, 사쓰마 번주 행렬이 영국인 일행 폭행, 3인의 사상자 발생

1863
· 사쓰마 번과 영국, 사쓰에이전쟁(薩英戦争) 발발
· 조슈 번과 서양 연합군, 시모노세키전쟁(下関戦争) 발발

1866
· 사쓰마 번과 조슈 번, 삿초동맹(薩長同盟) 결성

1867
· 대정봉환, 막부에서 천황으로 권력 이양

1868
· 신임 천황, 메이지 연호 사용(메이지 유신 원년)
· 친막부파와 토막파, 보신전쟁(戊辰戦争) 발발

1869
· 친막부파 에조공화국 멸망으로 보신전쟁 종결

1875
· 일본, 강화도에서 조선에 무력시위(운요호사건)

1876
· 일본-조선, 불평등조약인 강화도조약 체결

1877
· 사족 반란인 세이난전쟁(西南戦争) 발발

1882
- 조선 구식 군대와 신식 군대(별기군)의 차별대우로 임오군란 발생, 청의 개입

1884
- 김옥균과 급진개화파, 갑신정변의 3일 천하

1885
- 영국, 러시아의 조선 및 태평양 진출 저지 목적으로 거문도 점령

1894
- 동학농민혁명(갑오농민전쟁) 발발, 일본군 개입
- 청일전쟁 발발, 풍도해전과 평양전투에서 일본 승리

1895
- 청일전쟁 종결로 시모노세키조약 체결(요동반도, 타이완, 펑후제도 할양)
- 러시아, 프랑스, 독일의 삼국간섭, 일본 요동반도 반환

1897
- 고종, 대한제국 선포 및 광무개혁 추진

1904
- 러일전쟁 발발, 뤼순항 전투, 뤼순 함락

1905
- 봉천전투와 쓰시마해전에서 러시아 패배, 러일전쟁 종결
- 일본의 강압으로 을사늑약 체결, 조선의 외교권 박탈과 통감부 설치

1907
- 최익현, 일본 쓰시마에서 유배 중 사망

1909
- 안중근, 중국 하얼빈에서 이토 히로부미 암살

1910
- 안중근, 중국 뤼순감옥에서 사형 집행
- 경술국치, 한일병합조약 체결, 대한제국 소멸

1911
- 중국, 신해혁명 발발, 쑨원 삼민주의 제창

1914
- 제1차 세계대전 발발

1917
- 러시아혁명 발발, 공산당 정권 발족
- 러시아내전(적백내전) 발발

1918
- 일본, 적백내전 개입 명분으로 시베리아 출병
- 제1차 세계대전 종결

1919
- 3·1만세운동 발발, 민주공화국 이념 창안
- 파리강화회의 및 베르사유 조약 체결

1923
- 관동대지진 및 관동대학살(군경 및 일반인의 학살 참가)

1925
- 북사할린에서 일본군 철수, 시베리아 출병 실패로 종결
- 치안유지법 발효

1928
- 관동군, 황고둔사건(장쭤린 폭사사건)으로 장쭤린 살해

1929
- 세계 경제대공황 발생

1931
- 육군 벚꽃회 멤버들, 3월사건, 쿠데타 미수
- 관동군, 류탸오후사건으로 만주사변 획책, 만주 침략

1932
- 만주국 수립
- 해군 함대파 장교들, 혈맹단사건, 이누카이 쓰요시 총리 암살

1936
- 급진파 장교들 결기부대, 2·26사건, 주요 인사 암살 및 해군 육전대와 시가전

1937
- 베이징 주둔 일본군, 루거우차오사건으로 중일전쟁 획책, 중국 침략
- 상하이전투, 중일전쟁의 성격이 국지전에서 대규모 전쟁으로 확대
- 난징 함락 및 난징대학살, 백인 참수경쟁의 경쟁적 보도

1939
- 만주국 수도 신징(新京)에 만주국 육군군관학교 설립
- 일본-몽골·소련 할힌골전투(노몬한사건) 발발, 일본 패퇴
- 독일의 폴란드 침공으로 제2차 세계대전 발발

1940
- 박정희, 만주군관학교에 2기생으로 입교

1941
- 일본, 미국의 하와이 진주만 및 영국령 식민지 기습공격

1942
- 박정희, 만주군관학교 수석 졸업, 일본 육군사관학교 57기 편입
- 둘리틀공습, 미군 폭격기 일본 본토 폭격
- 미드웨이해전, 태평양전쟁의 제해권이 미국으로 넘어감
- 과달카날전투, 연합군의 승리, 일본은 이후 수세로 전환

1944
- 박정희, 일본 육군사관학교 3등 졸업, 만주국군 복무(보병 제8사단)
- 임팔전투(임팔작전), 일본군 궤멸, 대한민국 임시정부 직속의 광복군 전투 참여

1945
- 히로시마, 나가사키 원폭 투하
- 소련, 일본에 선전포고
- 일본의 무조건 항복으로 제2차 세계대전 종결
- 8·15 광복
- 38도선 이남에 미군 진주, 미군정 실시
- 연합군 최고사령부(GHQ)의 일본 점령통치 시작

1946
- 대구 10월항쟁 발발, 박정희의 형 박상희 사망

1948
- 제주4·3항쟁 발발
- 5·10 남한 단독 총선거 실시
- 8·15 대한민국 정부 수립
- 여순반란사건 발발

1950
- 한국전쟁 발발

1952
- 샌프란시스코 강화조약 발효로 GHQ

점령통치 종료

1953
- 한국전쟁 휴전

1960
- 4·19혁명 발발, 이승만 하야, 장면 정권
  발족

1961
- 5·16군사쿠데타 발발
- 박정희 일본 방문, 기시 노부스케와
  회동

1963
- 박정희와 김종필, 민주공화당 창당
- 제5대 대통령선거, 박정희 당선(2위
  윤보선)

1965
- 한일협정(한일기본조약) 체결,
  대일청구권자금
- 베트남전쟁 파병 본격화

1966
- 서독에 광부, 간호사 인력수출 본격화

1967
- 제6대 대통령선거, 박정희 당선(2위
  윤보선)

1968
- 대일청구권자금을 바탕으로
  포항제철(현 포스코) 설립
- 국민교육헌장 발표

1971
- 제7대 대통령선거, 박정희 당선(2위
  김대중)

1972
- 10월 유신

1973
- 전국적·전국민적으로 새마을운동 전개

1974
- 헌법상의 권리 제약 등 긴급조치 1호
  발동.
- 필리핀전선 잔류병 오노다 히로,
  루방섬에서 발견, 송환

1975
- 장준하 의문사

1976
- 김재규, 중앙정보부장 임명

1979
- YH무역 여공, 신민당사 점거·농성
- 부마항쟁 발발
- 김재규, 박정희 암살
- 전두환, 노태우 등 하나회 12·12
  군사반란

1980
- 신군부 계엄확대와 5·18 광주항쟁
- 김재규 사형 집행

1987
- 박종철 고문치사 사건 발발
- 6월 민주항쟁, 직선제 개헌
- 제13대 대통령 선거, 노태우 당선(2위
  김영삼)

2012
- 제18대 대통령 선거, 박근혜 당선(2위
  문재인)

2017
- 박근혜 대통령 탄핵

어떤 죽음에 붙이는 조사(弔詞)

이 책《유신 사무라이 박정희: 낭만과 폭력의 한일 유신사》의 주인공은 '유신'이다. 일본의 '메이지 유신'과 한국의 '10월 유신'에 붙는 바로 그 유신이다. 기원을 거슬러 몽골-고려 연합군의 일본 침공에서부터 시작하는 이 장대한 이야기는 김재규가 박정희를 암살한 10.26 사건으로 끝난다. 총탄을 쏜 자와 맞은 자, 누구보다도 뜨거운 군주와 신하 사이였던 두 사람이 각자의 죽음으로 종결지은 기이한 사연을 이해하려고 작업을 시작했다.

나는 박정희가 대한민국의 산업화에 기여한 공로를 있는 그대로 인정한다. 하지만 그의 어둠으로부터 고개를 돌릴 생각도 없다. 한국의 정치 담론에는 중간지대가 없으며 제3의 해석도 없다. 우리는 점점 무식해지고 있다. 박정희를 숭배하는 사람들은 그에 대한 찬양을 이어가기 위해 김재규를 치졸한 악인으로 규정한다. 박정희를 부정하는 이들 또한 그의 죽음을 조금이라도 더 한심하게 꾸미기 위해, 그를 '아끼던 부하에게 배신당해 음탕한 술자리에서 죽은 독재자'로 평가 절하한다. 박정희는 반만년 가난에 찌든 민족을 구원하기 위해 강림한 천손(天孫)인가, 대한민국에 지워지지 않는 흉터를 새긴 악마인가? 그 평가 어디에도 김재규의 자리는 없다.

최근에 와서야 김재규를 다시 보려는 사람들이 나타나기 시작했다. "김재규는 의인이 아니었을까?" "그를 의사(義士)로 평가하는 일은 불가능한가?" 김재규는 좋은 쪽으로든 나쁜 쪽으로든 비범한 인물이다. 그가 결과적으로 조국의 민주화를 위해 목숨을 내던진 사실은 분명 다시 평가받을 만하다. 하지만 김재규의 명예회복을 지지한다는 이유로 인간 박정희의 전부를 부정할 필요는 없다. 박정희를 흠모하면 자동적으로 김재규를 미워해야 하는 운명이 부여되지 않는 것처럼.

박정희와 김재규는 하나의 세계관 안에서 동거한 사이였다. 바로 '유신'이다. 둘은 서로를 깊이 사랑했다. 박정희에게는 자신의 독재에 반항한 김재규를 처치할 시간이 많았으리라. 그러나 끝내 그를 내치지 못하고 마침내 그의 손에 암살당했다. 김재규는 자신에게 사형판결을 내린 법정에서, 자신이 암살한 주군의 명예를 지키려고 했다. 그를 지극히 존경한 두 부하, 박선호와 박흥주가 박정희의 여자 문제를 꺼내려고 했을 때 김재규는 강력히 저지했다. 우리는 두 사람의 사랑의 본질이 무엇인지, 어째서 사랑하기에 죽고 죽임을 당했는지 이해해야 한다.

김재규는 다층적 인물이다. 대한민국의 번영과 진보에 헌신한 의사(義士)이자 유신 지사였고, 사무라이이자 민주주의자였다. 박정희도 마찬가지다. 모순처럼 들리겠지만 그는 유신 지사 다카키 마사오인 동시에 민족주의자 박정희였다. 박정희가 자신의 애국심을 발휘한 방식에 동의할지는 각자의 몫이지만, 그의 애국심이 진심이었다는 사실을 나는 기꺼이 인정한다.

우리 모두는 각자 자기 생각에 따라 박정희를 지지하거나 비난할 수 있다. 다만 어떤 선택을 하든, 우리는 먼저 그를 총체적으로 이해해야만 한다. 영웅과 악마 사이에 놓인 하나의 복잡한 인간을 바라보아야 한다. 나는 10.26 사건을 이해하기 위해 먼저 김재규를 이해하고자 했다. 그리고 그가 권총을 쏜 이유를 이해하기 위해 다시 박정희를 이해해야 했다. 그러면서 박정희라는 산을 넘지 않고서는 우리 현대사를 말할 수 없다는 사실을 확인했다. 박정희를 따라가면 무엇이 있는가. 거기에 '유신'이라는 이름의 괴수가 도사리고 있다.

유신은 일본열도에서 태어난 하나의 정념(情念)이다. 이 정념은 야수가 되고 괴물로 진화했으며, 급기야 거대한 괴수로 자라나 무차별한 파괴를 자행하며 파멸로 치달았다. 일본이 벌인 여러 전쟁과 침략은 그 벼락부자 같은 일본의 번영과 함께 모두 '유신'의 결과물이다. 유신은 두 방의 핵폭탄과 함께 죽은 듯 보였으나, 바다 건너 한반도에서 박정희와 청년 장교들과 함께 부활했다. 그리고 마침내 마지막 유신 지사 김재규에 의해 사멸한다. 자기 파괴적 운명을 갖고 태어난 유신에게 사멸은 곧 완성이었다. 공교롭게도, 하지만 유신 자신에게는 다행스럽게도 가장 낭만적인 죽음이었다. 이 모든 사연을 하나의 이야기로 품기 위해, 나는 유신이라는 맹목적인 괴수의 일생을 연대기로 풀며 한국과 일본의 근현대사를 넘나들어야 했다. 그것은 죽음을 탐미한 낭만과 폭력의 역사였다.

이 책은 2022년 출간된 《유신 그리고 유신: 야수의 연대기》를 새로운 제목으로 다시 출간한 결과물이다. 재출간을 맞아 몇몇 오류를 수정하고 역사적 근거를 보강했다. 다짜고짜 고려-몽골 연합군의 일본 침공에서부터 시작했던 이야기 앞에 짤막한 글을 덧붙인다. 이렇게 독자 여러분과 다시 만날 기회가 주어진 것에 감사한다.

차
례

1

바람이여, 흉포해져라

모든 것의 시작

1274년, 여몽연합군*이 일본을 침공했다. 이것은 그저 침공이 아니라 관념이 관념을 탄생시킨 사건이 되었다. 바로 몽골제국의 국가적 관념에 의해 일본에 지워지지 않는 국가적 관념이 태동한 것이다.

칭기즈칸이 초원을 통일하고 '예케 몽골 울루스' 대몽골국을 건국했을 당시에 그의 목표는 전쟁에서 은퇴하고 평화로운 신생국가의 지도자로 죽는 것이었다. 그는 몽골이 참혹한 전쟁에서 벗어나 서쪽의 호라즘과 손을 잡고 무역국가로 먹고살기를 꿈꿨다. 초원과 사막이 손을 잡고 동서를 잇는 실크로드의 파트너가 되고자 했다.

서구 학자들은 흔히 칭기즈칸이라는 칭호 자체가 세계 최고(혹은 최악)의 정복자가 될 야심을 품고 있다고 평하지만 틀린 얘기다. 물론 오해할 만하긴 하다. 이 호칭은 '동서남북 네 바다에 이르는 칸', '하늘 끝까지 힘이 닿는 칸' 정도의 뜻을 갖고 있으니 말이다. 하지만 그의 친구이자 라이벌이었던 자무카는 초원이 통일되기 한참 전에도 구르 칸이라는 칭호를 사용했다. 칭기즈칸보다 한술 더 떠 '우주의 칸'이라는 뜻이다.

칭기즈칸은 세계 정복자가 될 생각이 없었다. 그에게 주어

---

* 고려-몽골연합군. 사실 관계를 엄격히 따지자면 몽골이 국호를 원(元)으로 바꾼 이후의 일이므로 여원연합군이라고 지칭해야 한다.

진 상황이 결과적으로 금나라와 호라즘을 침공할 수밖에 없도록 이끌었다. 한번 정복사업이 시작되자, 몽골은 전쟁이 없으면 굴러가지 않는 거대한 전쟁국가가 되고 말았다. 세계의 모든 영토를 향한 몽골의 끝없는 야욕은 처음부터 의도한 결과는 아니었지만, 어느 시점부터는 진지한 국가관이 되었다. 몽골인들에게 세상의 모든 땅과 백성을 정복하는 과업은 신성한 의무이자 숙명이라는 관념이 자리 잡게 되었다. 관념은 의도적으로 생기지 않지만, 나중에는 의도가 된다.

여몽연합군의 일본 원정은 여러모로 무리수였다. 원나라 황실의 공주를 얻어 부마국이 된 고려는 간신히 독립국의 지위를 지키고 있었지만, 할 수 있는 한 몽골을 뜯어말리려 했다. 실리적인 이유에서였는데, 바다를 건너는 대원정이 인명, 물자, 시간 모두에 있어 얼마나 막대한 희생을 강요하는지 잘 알고 있었기 때문이다. 사실 몽골 입장에서 일본은 설령 정복한다고 해도 들인 비용에 비해 얻을 것이 별로 없는 '손해 보는 땅'이었다. 어떻게 계산해 봐도, 즉 정복한 일본을 극한까지 착취하는 데 성공해도 식민지를 유지하는 비용에 미치지 못하는 적자 게임이다. 13세기의 '해외' 국가란 그런 것이다.

그러나 세상의 모든 땅을 정복하지 않으면 안 된다는 관념적인 목표가 실리를 눌러버렸다. 관념이 공고해지면 어느 시점에 이르러 현실과 동떨어지고, 더 나아가 현실을 우격다짐으로 재조정하려고 한다. 한국인들은 고려가 부마국으로 있었던 시기를 서글픈 역사로 받아들인다. 그러나 세계적인 관점에서는 실상이 다르다. 몽골 세계제국 내에서 고려는 사실상 유일한 독립국이었으며, 몽골 조정을 제외하면 부마국으로서 가장 목소리가 컸다. 오히려 당대 고려인들은 이 사실을 자랑스러워했다. 고려 왕실은 몽골의 '황금 씨족'인 보르지긴 씨족과의 통혼으로 세계제국의 최고 의사결정 기구인 쿠릴타이(천막회의)의 멤버가 되었다. 즉, 여몽연합군의 일본 침공을 두고 '반식민지 상태로 전락한 약소국이 어쩔 수 없이 강대국의 야욕에 동원되었다.'는 인식은 실제 역사적 맥락과는 조금 다르다. 오히려, 세계제국 내에서 몽골 외에 유일하게 목소리를 낼 수 있었던 고려가 끝까지 뜯어말렸음에도 관념을 바꾸지 못했을 정도로, 그 관념이 공고했다고 보는 편이 정확하다.

전쟁은 어떻게 제사가 되는가

현대인의 감각으로 전근대 일본인은 전투에 매우 뛰어나 보인다. 임진왜란 당시 일본군의 전투술은 대단했으며, 개개인의 기량도 출중했다. 조선군, 명군은 물론 일본군과 충돌한 여진족까지 일본인의 검술 실력에 충격을 받았다. 이때의 여진족은 얼마 후 후금(後金) 즉 청나라를 세우고 중국을 정복하게 될 민족이었다. 그리고 조선의 장수들은 무과시험이라는 바늘귀를 통과한 소수 엘리트였다. 당시 개인적인 무술 실력만 따지면 한중일에 만주까지 더해도 조선의 장수들이 가장 뛰어났다. 하지만 전체적인 기량에서 일본 병사들은 엄청나게 상향평준화되어 있었다. 고려 말의 한반도와 명나라 초의 중국 남부를 휩쓴 왜구 역시 양국의 정규군이 경악할 정도의 전투력을 과시했다.

　일본인의 드높은 싸움 실력은 내부 투쟁의 결과다. 사회적 혼란으로 인한 각개각지의 무력투쟁, 전국시대의 군사적 대쟁투로 칼을 쥔 채 살아남은 일본인들은 높은 전투 경험치와 숙련도 그리고 전술적 시야를 갖게 되었다. 그러나 시간을 3백 년

거슬러 가면 상황은 완전히 달랐다. 초원통일전쟁과 세계정복 전쟁을 거친 몽골군은 세계 최고의 전술과 숙련도를 자랑했다. 독립국으로 남되 부마국이 되는 것으로 서로 한 발씩 물러난 극적인 타협을 이루기까지, 고려는 이런 몽골과 30년 넘게 싸우며 당대 세계 최고 수준의 전투에 숙련되었다. 이에 반해 세계적인 전술 발달과 동떨어져 섬 안에 고립된 채 형성된 일본의 전투술은 '반도'와 '대륙'의 기준에서 매우 유치했다.

13세기 일본의 전쟁 풍경은 서양문명과 만나기 전 마오리족이나 줄루족의 부족 싸움과 비슷해서, 전투라기보다는 스포츠 시합 같은 측면이 있는 '명예전쟁'의 형태에 가까웠다. 마오리족은 전쟁과 패싸움의 중간쯤에 있는 부족 간 싸움에서 '하카'라고 하는 의식을 치른다. 하카는 상대를 위축시키기 위한 춤과 노래로, 이 자체가 일종의 싸움이기도 해서 하카에서 한쪽이 압도하면 유혈 사태 없이 승패가 결정되기도 했다. 지금은 뉴질랜드 럭비 대표팀 경기에서 구경할 수 있다. 줄루족은 양 진영이 차례로 창을 던지며 끝까지 피해를 견디고 물러서지 않는 쪽이 승리를 가져가는 방식으로 전투를 치렀다.

중세 일본의 전투는 '나노리(名乘り)'로 시작되었다. 전투를 치르기 전 무사가 자신의 이름과 신분, 족보를 상대에게 외치는 의식이다. '지금까지 3승 1패' 식으로 자신의 전투 이력을 공개하기도 한다. 그리고 자신의 싸움은 정당하며, 상대는 비난받아 마땅하다고 전투에 임하는 명분을 밝힌다. 먼저 나노리를 한 장수는 상대가 자신의 나노리를 들어주었으므로 이번에는 상대가 나노리를 끝낼 때까지 기다려주어야만 했다. 의식이 끝나면 예법에 따라 싸움은 둘 중 하나로 전개된다. 하나는 대장끼리 1:1로 싸우는 것이었고, 다른 하나는 동원한 군사 모두가

다 함께 싸우는 것이다. 둘 모두 아주 특별한 경우가 아닌 한 활만 사용했다. 엄밀히 말해 전투가 아니라 궁술 대결이었다. 중세 일본의 전투는 전투라기보다는 궁술과 예법, 세 과시가 어우러진 '활동'이었다. 이런 군대가 세계 최강의 여몽연합군을 만났을 때 벌어질 일은 불을 보듯 뻔했다.

여몽연합군은 나노리를 무시했다. 나노리 의식을 치루는 상대 장수의 일본어를 알아들을 수도 없었거니와, 이해했다 해도 관심이 없었을 것이다. 연합군은 어린애 팔 꺾듯 일본 봉건 무사들의 군대를 짓밟고 사냥했다. 야영지에서 술판까지 벌였으며, 틈이 날 때는 소풍을 다니기도 했다. 그러나 일본의 무사 집단을 차례로 휩쓸어버린 여몽연합군은 의외의 복병을 만나 자신들도 휩쓸려버렸다. 바로 일본인들이 신의 바람, 가미카제라 부르는 태풍에 의해서다. 1차 원정에서 원정군의 함대를 쓸어버린 태풍은 7년 후 2차 원정에서도 기적처럼 나타나 연합군을 쓸어버렸다. 그야말로 몰살이었다. 돌아갈 배와 보급 능력을 상실한 채 일본에 남은 연합군은 대부분 굶어 죽었다. 굶주림에서 살아남은 병력은 전투력을 완전히 상실한 채 일본 무사들에게 하나씩 사냥당했다. 일본의 입장에서는 엄청난 기적이요, 실로 기막힌 우연이었다. 이로써 또 하나의 관념이 탄생하였다. 몽골의 세계정복 관념이 결과적으로 일본인에게 선사한 관념은 바로 안과 밖을 나누고 '안'과 '우리'를 절대적으로 신성시하는 것이었다. 밖에서 안을 공격하는 건 사악한 행위며, 이는 결국 하늘의 응징을 받을 것이다. 일본인들이 하늘에 목숨을 바쳐 인신공양의 제사를 지내면 신의 바람 가미카제가 일본을 보호할 것이다. 비극적이고도 낭만적인 신화가 그렇게 만들어졌다.

섬이란 그 자체로 독립된 세계다. 여기서는 우리가 잘 아는 섬인 제주도와 일본을 비교해보겠다. 제주도의 신화는 독립적이면서도 단순하고 확고한 서사구조를 가지고 있다. 제주도는 원래 탐라국이었다. 탐라국 임금의 명칭은 성주(星主)다. 문자 그대로 해석하면 별들의 주인이자, 좀 더 풀어 설명하면 별들과 대화하는 사람이다. 그는 독립된 세계에서 하늘과 연결된 유일한 사람이자 제사장이다. 하늘과 연결된 존재는 또 있다. 바로 섬의 중심이자 꼭대기인 한라산이다.

성주와 한라산의 신화적 역할을 일본에서는 천황과 후지산이 갖고 있다. 성주와 한라산이 뗄 수 없는 관계이듯이 천황은 일본에서 인격이라기보다는 자연물에 가깝다. 일본에는 천황가의 혈통이 한 번도 끊기지 않았다는 뜻의 만세일계(萬世一系)라는 말이 있다. 만세일계가 유전적으로 사실인지 아닌지는 중요치 않다. 이 말은 일본인들의 머릿속에 자리 잡은 독립적이고도 단순한 신화의 구조를 보여준다. 만세일계는 본질적으로 한 가문의 혈통에 관한 주장이 아니라 '일본은 계속해서 일본이었으며, 다른 존재였던 적이 없다.'는 선언이다.

국가를 이루었건 아직 그에 미치지 못했건 대개의 민족은 주체적이고 독립적이며 외세의 침략을 증오한다. 한반도의 역사도 마찬가지였다. 반도는 대륙에 연결되어 있는 까닭에 침략과 충돌이 잦다. 그런 만큼 한반도인에게 침공군은 어디까지나 물리쳐야 하고, 물리치는 데 성공하면 그만인 현실의 존재였다. 한반도인은 외세를 물리치기 위해 최선을 다할지언정 일본처럼 정념에 빠지지 않는다. 한반도인은 외국군이 국토를 밟으면 '충격적으로' 분노할지언정 세계관 자체에 충격을 받지는 않는다. 일본은 다르다. 외세의 침공은 외국인이 아니라 '다른 세계'의 공격이다. 침공을 받으면 인간세계가 멸망할 수도 있는 비

23

장하고도 폭력적인 신화가 펼쳐진다. 영상물 속에서 고질라가 일본 땅을 밟으면서부터 시작되는 그런 신화의 세계다.

여몽연합 침공군의 규모와 실력은 일본의 입장에서는 상상도 할 수 없는 수준이었다. 여몽연합군에 맞선 일본 무사들은 용감했지만 죽기 위해 싸우는 수준이었다. 용맹은 비극이 되었고, 다시 이 비극은 가미카제에 의해 낭만이 되었다. 열심히 싸우고 열심히 죽은 결과 하늘이 도와주었다. 이것은 전쟁이 아니라 제사의 구조다. 세상에서 가장 탐미적인 인신공양이다. 두 번의 태풍은 일본인들에게, 다른 세계에서 온 침략자와의 전쟁을 인간이 아닌 하늘의 일로 만들었다. 선조들은 진심을 다해 싸우다 죽기를 반복하며 인신공양의 기우제를 지냈고, 인간들의 낭만적 죽음에 하늘은 가미카제로 응답했다. 태평양전쟁 말기 일본인들은 스스로를 끝없이 자살적 죽음으로 몰아넣었다. 전쟁수행력을 완전히 상실한 채 온 국민이 미군에 저항하다 죽겠다는 일명 '1억 옥쇄'는 전술이 아니라 거대한 제사 계획이었다. 인간의 상식으로는 멸망을 향해 가는 행위였지만 결과는 이미 인간이 아닌 하늘의 일이었던 것이다.

가미카제를 통해 일본인들의 관념 속에서, 일본은 하늘이 지켜주는 '신토(神土)'임이 증명되었다. 그리고 신토를 침략한 대륙세력 특히 역사적으로, 지리적으로 가까운 한반도는 도저히 용서할 수 없는 괴수가 되었다. 고려가 원정에 끝까지 반대했으며 억지로 동원되었다는 사실은 중요치 않다. 일본이라는 신토를 침공한 나라라는 사실만 중요하다. 바다 어딘가에 살던 고질라가 열도에 상륙한 이상 그 거대한 파충류의 마음이 어떠한지 중요하지 않은 것과 같다.

일본은 실력 차이에도 충격을 받았지만 대륙 세력이 열도에 야욕을 부릴 수 있다는 사실에도 충격을 받았다. 단순히 자국 영토라서가 아니라 신토를 겨냥했기 때문이다! 여기서 일본인의 기묘한 이중성이 생겨났다. 일본 열도의 해안선을 경계로 안과 밖을 나누어보자. 안에서 벌어지는 싸움은 어디에서나 일어날 수 있는, 인간의 일이다. 전국시대가 대표적이다. 안에서 밖을 침공하는 것 역시 '인간사 세상만사'의 일부다. 임진왜란과 태평양전쟁이 그렇다. 그런데 일본인은 밖에서 안으로 들어오는 외세의 침공에 대해서는 갑자기 태도를 바꾼다. 하늘의 뜻을 거스르는 순수한 악으로 대하는 것이다. 예나 지금이나 세계의 모든 국가는 침공에 실패하면 역침당하는 걸 당연하게 생각한다. 좋은 일은 아니지만 응당 벌어질 일이라고 생각한다. 우리가 저지를 수 있는 일은 저들도 저지르는 법이니까. 일본은 다르게 해석한다. 나는 일본의 지리적 조건과 여몽연합군 원정이라는 사건이 만나 일본 특유의 비극과 낭만의 결합이 생겨났기 때문이라고 믿는다. 그리고 바로 이러한 정념이 훗날 유신이 자라나는 정신적 토대가 되었다. 메이지 유신은 자신들이 속한 세계는 신성하며, 그 세계를 위해 낭만적인 죽음을 감수할 수 있다는 믿음을 여럿이 공유해야만 가능했다.

몽골의 관념(세계 정복!)에 의해 탄생한 일본의 관념(일본은 신이 보호하는 나라다!)은 유신이 그려지게 될 캔버스였으며, 결과적으로 13세기에 불어닥친 두 번의 가미카제보다 더한 격랑과 태풍 속으로 20세기 동아시아를 밀어 넣었다.

무쿠리고쿠리, 괴수의 이름

고질라가 건물과 도시를 짓밟고 사라지면 사람들은 피해를 복구하고 한정된 자원을 차지하기 위해 투쟁해야 한다. 후반전이 시작되는 것이다. 일본 사회는 여몽연합군 원정 이후 심대한 변화를 겪었다.

여몽연합군 원정 전까지 일본의 공식 정부였던 가마쿠라 막부와 지방 영주들은 느슨한 계약관계였다. 밀도 높은 중앙집권을 실현한 고려와는 전혀 다른 체제다. 계약관계였으므로 보상이 필요했다. 이 시기 일본의 영주들은 전쟁에서 이기면 주로 땅으로 군사력과 물자를 소모한 것 이상의 보상을 받았다. 물론 새로 얻는 땅의 출처는 패배자의 영지였다. 여몽연합군 즉 '대륙 세력'이 물러간 후 막부는 무사들에게 보상해줄 땅을 찾을 수 없었다. 적이 외국인이었으므로 일본 내에서 재산의 소유권이 옮겨갈 만한 상황이 존재할 리 없다. 희생을 치른 무사들은 '계약'을 이행하지 않는 막부를 불신임했다. 그리하여 막부를 타도하는 내부 투쟁이 벌어져 가마쿠라 막부는 대륙 세력이 출몰한 지 반세기만에 무너졌다.

막부가 무너지고 다시 세워지는 과정에서 벌어진 대대적인 폭력은 일본인의 삶의 질을 크게 떨어트렸다. 또한 군벌에 의해 천황이 세워져 남과 북으로 두 명의 천황이 공존하는 시기를 거쳤다. 전쟁의 결과 인위적으로 세워진 승자 측 천황이 정통의 자리를 차지하면서, 천황의 신성함은 힘에 의해 감시되고 관리되는 지위로 추락했다. 물론 실권에서 벗어난 종교적 존재가 되어 어떤 면에서는 더 신성해지긴 했지만 말이다. 군사적인 힘의 논리가 신성함을 보증하는 구조는 그 자체로 모순적이다. 모순적 구조는 오래가지 못한다. 가마쿠라 막부를 이은 무로마치 막부는 200년이 넘게 존속하였으나, 실제 후반부 백년 가까이는 극심한 내부 투쟁에 돌입한 전국시대였다.

여몽연합군 원정으로 촉발된 일본 사회의 기나긴 혼란은 하나의 거대한 시나리오를 완성한다. 즉 '일본이라는 세계에 대한 외부의 침입'은 절대적으로 나쁜 것이라는 관념이, 현실의 증거를 만나 의심할 바 없는 진리가 되어버린 것이다. 다시 말하지만 이 사고구조 속에서 고려의 진짜 사정은 중요하지 않았다. 일본의 입장에서 고려와 몽골은 한 덩어리의 악마에 불과하며, 분리해서 생각한들 고려는 몽골군이라는 괴물을 돕고 길을 안내해준 더 악한 존재가 될 뿐이다.

일본은 고려에 어마어마한 분노와 공포를 갖게 되는데, 연합군의 일본 원정 후 '무쿠리고쿠리(むくりこくり)'는 무섭고 혐오스러운 것을 가리키는 일반명사가 되었다. 무쿠리는 몽골, 고쿠리는 고려다. 지역에 따라 차이가 있겠지만, 일본에서는 전통적으로 아이가 울면 '무쿠리고쿠리가 온다.'고 말하며 울음을 그치게 하는 관습이 있었다. 한국에서 호랑이의 역할을 몽골과 고려 병사들이 한 것이다.

고려 말, 고려를 침략해 약탈하다가 관군에 체포된 왜구의 심문 기록이 남아 있는데, 왜구들은 당당하게도 '무쿠리고쿠리의 원한을 갚으러 왔다.'고 자신들의 정당성을 밝혔다. 고려 관료의 입장에서는 너무나 신선한 주장이었기에 깊은 인상을 남겼을 것이고, 덕분에 사료에 기록되었다. 생계를 위해 다른 선택지가 없었다거나, 고향에 가뭄이 들어 고려의 곡식을 노리게 됐다는 통상적인 대답을 했다면 따로 기록될 필요가 없었을 것이다. 아마 고려 관료는 속으로 이런 생각을 하지 않았을까. '이미 오래전에 끝난 전쟁이고, 너희가 이겼지 않은가? 이놈들이 하는 말은 핑계인가, 아니면 설마 진심인가?'

한국인들에게는 놀랍게도 이 단어는 현대에까지 쓰였으며,

이 책을 집필하는 지금도 사용된다. 예를 들어 이키섬(壱岐島)에서는 주술적 의미로 '무쿠리고쿠리 인형'을 만드는 풍습이 남아 있다. 히로시마에 미국의 원자폭탄이 떨어졌을 때, 생존자들은 버섯구름을 '무쿠리고쿠리 구름'이라고 불렀다. 그런 만큼 고쿠리 즉 고려는 세상을 멸망시키려고 작정한 존재였다. 세상을 파괴하려고 몸을 일으켜 움직이는 게 아니면, 그럴 준비를 하며 도사린 괴물이다. 일본인은 심지어 조선왕조를 멸망시키고 조선을 식민지로 거느린 경험을 한 후에도 여몽연합군의 기억 속에서 한반도를 원망했다. 관념적 원망이다. 이 정도 역사가 현실적 차원에서 원한으로 굳어지는 경우란, 일본이라는 특수한 경우를 제외하면 비현실적이다.

1960년대가 되어서야 '고쿠리'에 대한 일본인들의 감정이 풀어졌다. 일본의 문호 이노우에 야스시(井上靖, 1907-1991)가 대하소설《풍도(風濤)》를 발표하고 나서다.《풍도》는 여몽연합군의 일본 원정 당시의 고려가 배경이며, 주인공도 고려인인 특이한 일본 소설이다. 이 소설은 일본이 태평양전쟁에서 패배한 후 미군을 위한 군사기지로 전락한 처지를 당시의 고려에 빗대 묘사한 작품이다. 실존 인물인 주인공 김방경(1212-1300)은 실제로 나라와 백성을 지키기 위해 평생을 고군분투한 인물로, 일본 원정에 반대해 극심한 고초를 겪으면서도 어쩔 수 없이 원정길에 나서야만 했다. 이노우에 야스시는 대작가답게 치열한 취재를 통해 김방경이라는 인물을 일본인의 입장에서 '발굴'해냈다.《풍도》의 흥행으로 일본인들 사이에 '고려도 그럴 수밖에 없었겠다.'는 공감대가 확산되면서 비로소 고쿠리 신화에 균열이 갔다.

한국인의 입장에서 생각해보자. 고쿠리 신화가 1960년대까지 이어질 일이기나 하며, 애초에 신화가 될 수나 있는가? 한반도는 중국의 막대한 인구와 유목민 전사들의 호전성에 셀 수도 없이 시달렸다. 한반도 왕조는 중국 문명과 유목 문명의 힘이 반도까지 팽창하는 사태를 막기 위해 일본은 상상할 수도 없는 도전에 직면했다. 예컨대 612년 제2차 고구려-수 전쟁에서 중국의 침공군은 전투병과 보급병을 합쳐 350만 명이라는, 너무나 초월적인 규모의 대군이라 고구려를 향해 출발하는 데만 40일이 걸렸다. 다행스럽게도 이 전쟁에서 한반도는 간신히 이겼다.

고구려는 중국의 팽창으로부터 스스로를 지키기 위해 결과적으로 백제와 신라를 지켰고 한반도 문명을 보존했다. 마찬가지로 한반도는 유라시아 대륙의 강대한 힘이 반도에서 멈추고 일본을 향하지 않게 막아주는 방벽이었다. 심지어 몽골이 일본 원정을 결정했을 때조차도, 비록 고려 자신을 위한 의도였고 결국 실패했지만, 일본의 방벽이 되려고 했다. 한반도 왕조는 가미카제 같은 행운을 경험한 적이 없다. 오직 인력으로 외세를 막아야 했다. 당연히 언제나 성공하지는 못했다. 고조선과 고구려, 백제 세 국가가 중국에 의해 멸망했다.* 물론 멸망 직전까지 몰린 경우가 더 많았다. 하지만 전체적으로 보면 전근대에 한반도는 중국과의 국가적 전면전에서 15전 10승 1무 4패를 거두며 선전했기에 언어와 문화를 보존할 수 있었다.**

* 백제는 나당연합군에 의해 멸망했지만, 결정타를 날린 것은 당나라의 해상 전력이었다.
** 고조선-연 전쟁, 고조선-한 전쟁, 고구려-수 전쟁, 고구려-당 전쟁, 백제-당 전쟁, 신라-당 전쟁, 고려-거란 전쟁의 결과를 센 것이다. 이때 거란은 요나라로 지리상 북중국이었으므로 중국으로 계산했다. 국지전을 제외한 전면전 중 원나라 이전의 몽골, 중원 진입 이전의 금나라, 중원 정복 이전의 청나라, 중국군이지만 관군이 아닌 홍건족 등과의 전쟁은 계산에 넣지 않았다. 발해의 전쟁사 역시 편의상 포함하지 않았다.

반면에 4패 중 3패가 곧바로 3개 왕조의 멸망으로 직결되었다. 그만큼 한반도인이 정체성을 지키기란, 아슬아슬한 외줄 타기이자 생사를 건 투쟁의 연속이었다.

한국인의 역사적 경험의 기준에서 일본이 여몽연합군에 받은 피해는 기록물 창고의 맨 구석에 먼지가 쌓인 채 파묻힐 수준으로, 해당 분야를 연구한 역사학자가 아니면 전혀 모를 정도의 일이다. 그러나 일본의 입장에서 보면 전근대 역사를 통틀어 단 한 번의 경험이기 때문에 뇌리에 선명하게 남을 수 있었다.* 이 선명한 기억이 어떻게 유신의 역사와 연결되어 있는지 독자 여러분은 이 책에서 차차 확인할 수 있을 것이다.

관념이 낳은 관념, 한반도 침탈

전국시대는 도요토미 히데요시의 집권을 낳았고 이어서 조선 침략, 임진왜란을 낳았다. 당시 전쟁에서 조선은 몇 번이나 멸망 직전의 상황을 겪었다. 여몽의 침공 때와는 상황이 바뀌어서 이 무렵의 일본군은 무척이나 세련된 군대였다. 조선군은 제대로 대적하는 방법을 습득하기까지 막대한 피해를 입었다. 정작 이때쯤 제국을 잃고 초원의 유목 생활로 되돌아간 몽골은 사태와 동떨어진 목동이 되었다. 임진왜란은 유신의 예고편일까? 그렇다고 하기에는 도요토미 히데요시 개인의 광기가 너무 크다. 그러나 일본적 관념이 품은 공격성이 무엇보다 먼저 한반도를 향한다는 게 확인되었다는 점에서는 예고편이라고 할 수 있다.

* 신라말 신라구(新羅寇)의 일본 원정은 사적인 약탈행위이므로 거론하지 않는다.

비극적 낭만, 낭만적 비극의 관념은 어미가 되어 한반도 정벌주의, 이른바 정한론(征韓論)이라는 또 다른 관념을 낳았다. 메이지 유신과 정한론은 떼려야 뗄 수 없는 긴밀한 관계다. 일본 본토는 신성하고 외국은 그렇지 않으므로, 정한론은 비정한 국익의 차원을 넘어 종교적 사명이 된다. 구체적으로 어떻게 종교적 사명인가? 메이지시대 군사자문으로 일본에 온 독일 장교 메켈(K.W.J.Meckel, 1842-1905)은 '지리적으로 한반도는 일본 열도를 칼처럼 찌르고 있는 모양'이라는 주장을 펼쳤다. 그는 조선을 '일본의 심장을 겨누는 비수'라고 정의했다. 일본 유신 지사들의 표현으로는 '조선 비수론(朝鮮匕首論)'이다. 일본의 심장이 찔리지 않기 위해, 그 전에 먼저 조선을 정벌하는 일은 '신토'를 지키기 위한 숙명적 사업이 된다. 일본인이 아니라 한 외국인의 개인적 주장이 아니었냐고 묻는 독자도 있으리라. 하지만 근현대에 일본과 교류한 수많은 외국인이 각자 일본과 조선의 형세에 대한 감상평을 남겼다. 그중에서 유독 조선 비수론이 일본인들의 마음을 움직이고 널리 유포되었다는 점을 생각해야 한다.

정한론의 잔재는 아직도 남아 있다. 일본 보수우익의 대표적 평론가 중 하나인 사쿠라이 요시코(櫻井よしこ, 1945-)는 조선 비수론의 21세기 버전인 '한반도 방아쇠론'을 주장한다. 한반도는 대륙세력이 해양을 향해 뻗친 비수이자, 해양세력이 대륙을 향해 겨냥한 방아쇠라는 것이다. 대륙세력은 중국과 러시아, 해양세력은 미국과 일본으로, 사쿠라이 요시코는 한반도를 적과 아군이 동시에 쓸 수 있는 도구로 본다. 남의 나라의 도구가 되어줄 생각이 없는 한국인에게는 몹시 불쾌한 생각이다. 한국으로 치면 어느 평론가가 가령 '민족의 번영을 위해선 일본

씨앗

1
바람이여, 흉포해져라

이 퇴보할수록 좋으며, 일본은 한국의 배후 농경지가 되어야 한다.'고 공식적으로 주장하고 주류 정당이 그 견해를 수용하는 경우와 같다.

조선 비수론이 어이없는 건 한반도가 일본을 칼처럼 찌르고 있다는데, 그렇게 따지면 일본 열도는 한반도를 포위하고 있는 게 아닌가. 십분 양보해 한반도가 일본을 찌르고 있다고 치자. 군사학을 조금만 아는 사람이라면 찔러 들어가는 것보다 포위하는 모양새가 훨씬 치명적이라는 상식을 모를 수 없다. 그리고 포위 다음의 순서는 섬멸이다. 그래서 일본은 조선을 멸망 직전으로 한 번 몰아넣었고, 그다음에는 차지해버렸다. 그럼에도 천년 가까이 되는 세월 동안 굳이 한반도에 위협을 느끼겠다면, 그것은 일본의 자유이니 한국에서 어쩔 수는 없다. 다만 세계적 보편이 아니라 일본적 주관에 의한 사고방식임을 인정해야 한다. 일본인의 세계관에 '성스러운 본토'와 '성스럽지 못한 해외'라는 인식이 자리 잡고 있기 때문이다.

이제 2장에서부터는 사무라이들의 투쟁이 시작된다. 지사(志士)들은 각자의 신념을 위해 기꺼이 목숨을 걸었는데, 성스러움을 위해 죽었다는 점에서는 같다. 그래서 그들은 '지사'라는 한 단어 속에서 식구로 기억된다. 여기서 분명히 밝혀두겠다. 이 책의 주인공은 한국도 일본도 아니다. 어디까지나 유신 그 자체다. 나는 유신을 하나의 인격체로 다룰 것이다. 이 책에서 유신은 사건이 아니다. 1868년의 일본 메이지 유신(明治維新)도 아니고, 1972년 남한에서 일어난 10월 유신도 아니다. 이 둘은 사건으로서의 유신이며, 사건의 명칭일 뿐이다. 근본적인 유신은 현실의 사건들을 만들어낸 상상력이다. 상상의 구체적 내용은 관념과 정념이다. 관념은 믿음이다. 유신의 믿음은 자신이 위대해지기 위해 남을 파괴해도 된다는 신앙이다. 정념은 욕망이다. 유신의 욕망은 스스로 아름다워지기 위해 죽어도 되는 자기 파괴의 충동이다. 유신은 관념과 정념이 결합해 낭만의 들숨과 비극의 날숨을 얻은 인격적 생물이다. 우리는 유신의 탄생과 성장, 죽음 그리고 부활의 대서사시를 살펴볼 것이다. 유신은 일본에서 탄생하고 성장한 후 임종을 맞았다가 한국에서 극적으로 부활한 후 마침내 소멸하며 완성되었다. 유신은 100년이 넘는 시간 동안 일본과 한국에서 낭만과 비극, 파괴의 역사를 남겼다. 가깝고도 먼 두 나라의 살갗에 화상처럼 새겨진 강렬한 흔적이다.

잉태

2

초대받지 않은 손님

에도시대, 태평성대의 사무라이

도요토미 히데요시는 내전에서는 승리했으나, 국제전에서는 실패하고 죽었다. 그의 뒤를 이어 일본의 패권을 쥔 도쿠가와 이에야스는 전혀 다른 성격의 인물이었다. 도요토미 히데요시는 모험가였다. 그는 모험을 통해 성공했다. 반대로 도쿠가와 이에야스는 가장 보수적인 방식으로 일본을 차지했다. 따지고 보면 그의 방식도 실험적이다. 도쿠가와 이에야스는 '모험을 하지 않는 모험'으로 성공했다.

　일본에서 회자되는 유명한 인물평이 있다. 전국시대의 대쟁투에서 일본 통일을 눈앞에 두었던 오다 노부나가, 통일을 성취했지만 자신의 성공을 후대에 물려주지는 못한 도요토미 히데요시, 결국 도쿠가와 막부 체제를 열면서 최종 승자가 된 도쿠가와 이에야스 3인방을 귀족적 취향에 빗대어 설명한 예다. 전근대 동서양의 귀족들에게 희귀한 새를 새장 안에 가둬 기르는 일은 특권이자 사치였다. 새의 울음소리를 듣고 싶은데, 울지 않으면 어떻게 할 것인가?

　오다 노부나가는 새를 죽인다.
　도요토미 히데요시는 어떤 수를 써서라도 새가 울도록 만든다.
　도쿠가와 이에야스는 새가 울 때까지 기다린다.

동아시아의 마초 문화에서 '때'라는 단어는 낭만적이다. 때를 기다린다는 말은 멋지다. 하지만 냉정하게 보면 어디까지나 기다리던 사람에게 마침내 큰 기회가 올 경우에나 그렇다. 역사 속에서 때를 기다리던 인물의 절대 다수는 조용히 늙어 죽었다. 오다 노부나가가 혼노지의 변과 같은 갑작스런 반란으로 죽지 않았다면 도요토미 히데요시는 집권할 수 없었다. 마찬가지로 도요토미 히데요시가 조선 침공에 실패하지 않았다면 도쿠가와 이에야스에게 기회는 없었을 것이다.

전국시대 도쿠가와 이에야스의 전투 지휘 실력은 냉정히 말해 평균 이하였다. 그는 전투 현장에서 바지에 똥을 지린 채 도주한 적도 있다. 나는 지금 도쿠가와 이에야스를 무시하는 게 아니다. 전술과 지휘력이 평범한 사람이 전국시대의 최종 승자가 되는 일은 확실한 강점 없이는 불가능하다. 가장 단순하고 확실한 현상을 믿는 것이 그의 능력이었다. 도쿠가와 이에야스의 전략은 단순했다. 아군을 많이 모으는 것이다. 머릿수가 많으면 이긴다. 이기므로 여기저기서 편이 붙는다. 점점 병력이 많아지고, 이에 비례해 승리 가능성은 더 높아진다. 즉, 그는 정치를 통해 전쟁의 승자가 되는 인내력을 발휘할 줄 알았다.

도요토미 히데요시는 기본적으로 독재자였다. 조선 침공과 같은 국가적 전면전은 독재자만이 벌일 수 있다. 독재자는 기존의 틀을 바꾼다. 한 예로 히틀러는 바이마르 독일에 없는 총통이라는 직위를 만들었다. 도요토미 히데요시도 비슷했다. 그는 미천한 혈통 때문에 정이대장군(征夷大將軍), 즉 '쇼군'에 취임할 수 없게 되자 자신만의 방식을 발휘했다. 그는 먼저 관백(関白)이 되었다가, 이후에 태합(太閤)에 올랐다. 그전까지 관백은 천황의 섭정이었다. 천황이 친정을 하면 관백은 태합이 되었다. 그런데 도요토미 히데요시에 의해 천황도 쇼군도 아닌 태합이 국가의 실질적인 주인이자 지배자가 되었다. 이러면 천황의 어소(御所)와 쇼군의 막부로 나뉘어 있던 조정이 통합된다. 도요토미 히데요시는 자신에게 던져진 문제를 전제군주국의 제왕이 되는 것으로 드라마틱하게 해결했고, 일본은 최초로 중앙집권의 경험을 갖게 되었다. 임진왜란과 같은 사건은 중앙집권의 힘에서만 가능하다. 그러므로 도요토미 히데요시가 어쩔 수 없이 쇼군이 아닌 태합이 되었다는 해석은 반만 맞고 반은 틀리다.

도요토미 히데요시의 독재적 개혁은 결과적으로 실패했다. 보수주의자는 실패로 끝난 변화를 깊이 눈여겨보고 자신은 같은 실수를 반복하지 않겠다고 다짐하게 마련이다. 도쿠가와 이에야스는 봉건 보수주의로 회귀했다. 그는 전임자가 바꾸려고 한 세계관부터 되돌렸다. 중국 황제가 천하의 중심인 것을 다시 인정하고, 조선에는 전쟁에 대한 사죄와 함께 조선통신사를 다시 보내달라고 간청했다. 그러면서 자신을 '원래의 좋은 일본', 도요토미 히데요시를 '잠깐 등장했다가 사라진 나쁜 일본'으로 포장하는 정치력을 발휘했다. 도쿠가와 막부, 즉 에도 막부가 열리면서 일본은 봉건 막부체제로 돌아갔다. 막부 정부와 다이묘의 영지인 번을 합쳐 '막번(幕藩)'이라고 하는 체제가 출범했지만 이는 이전에 비해 막부(중앙)가 다이묘/번(지방)에 대해 크게 유리한 위치를 점한 것일 뿐, 봉건체제임은 그대로다.

일본의 막부체제는 중세 유럽과 놀라울 정도로 흡사하다. 천황은 하나님이나 교황의 역할을 한다. 천황의 신성함이 그가 임명한 쇼군의 집권을 정당화한다. 유럽의 군주가 교황의 존재를 필요로 했던 것과 정확히 같다. 쇼군(군주) 아래 영주들이 각자 자신의 영지를 통치한다. 신성함이 최고 권력자를 임명하고, 최고 권력자가 그 아래 권력자들을, 권력자들이 각자 자신의 신하들과 계약관계를 유지하는 형태다. 이렇게 생업에 종사하는 평민을 통치하는 지배구조 시스템이 만들어진다. 지배계급 내의 가장 아래층이자 구조 전체를 떠받치는 토대는 무사다. 유럽은 기사, 일본은 사무라이다.* 유럽의 군주가 본래 한 명의 영주이듯이 쇼군도 그렇다. 군주와 영주 모두 스스로 한 명의 기사이듯이 쇼군과 다이묘도 본질적으로는 무사(武士)다.

　　무사는 무력을 사용하기 때문에 무사로 존재한다. 여기서 일본 역사상 가장 평화롭고 안정되었던 에도시대에 사무라이들이 처한 모순이 발생한다. 사무라이들에게 에도시대는 정체성의 혼란을 겪고 소외되는 260년의 기나긴 세월이었다. 막부는 각 번국의 지배구조를 약간 손보았다. 토착 사무라이들을 하급 사무라이로 내리고, 도쿠가와 가문이 직접 보내거나 충성스러운 성향의 사무라이를 상급 직위로 재편했다. 막부에 대한 저항력을 억누르기 위해 성의 축조도 제한했다. 다이묘들끼리 연합하는 일을 방지하기 위해 그들끼리 사돈이 되는 일도 막았다. 대포의 제조 역시 제한되었다. 이렇게 일본 전역을 개조한 상태에서 이제 막부는 칼이 아니라 돈으로 일본을 지배했다.

　　에도 막부의 직할 영지인 덴료(天領)는 여타 번들보다 훨씬 넓은 만큼 생산력도 남달랐다. 또한 막부는 나가사키를 통해 청과 네덜란드 같은 외국과의 교역에서 발생하는 이익을 독점했

---

* 여기서 사무라이(侍)와 무사(武士, 부시)가 엄격히 구분된다는 이야기를 하는 것은 무의미하다. 물론 사무라이는 계급이고 무사는 직업으로서로 다른 개념이지만, 기본적으로 사무라이 계급의 형성과 완성 과정은 무사로서의 활동에 의한 것이다.

다. 그러므로 에도 막부가 쇄국(鎖國)을 했다는 주장은 지나치게 단순하다. 돈을 독점하기 위한 선택적 쇄국이라고 해야 맞다. 동시에 그 무엇보다 먼저 막부 자신을 위한 정책이었다. 막부는 또 전국의 주요 광산을 장악해 화폐 주조권을 장악했으며, 상공업 도시를 직접 관할해 상인들로부터 세금을 거둬들였다. 막부는 참근교대(參勤交代)라는 제도를 활용했다. 번을 다스리는 다이묘의 가족들은 참근교대를 지키기 위해 고향과 에도에 번갈아가며 지내야 했다. 물론 막부의 인질이 되는 것이지만 더 깊은 뜻이 있었다. 막대한 이사 비용을 감당하느라 번의 경제력이 소진되면서 번이 팽창하는 불상사(!)를 막는 의도였다. 결과는 막부의 의도대로 되었다. 에도 막부의 힘은 돈의 힘이다. 다른 번들이 막부에 대항하기 위해 연합해도, 그보다 많은 군사를 모을 수 있는 재력이 막부 권력의 본질적 힘이었다.

　도쿠가와 이에야스의 보수 회귀를 반동이나 퇴보로 보면 곤란하다. 에도 막부가 안정과 평화를 보장했기에 일본 백성들은 기나긴 전쟁의 고통에서 해방되었다. 많은 사람들이 자유롭게 상공업에 진출하게 되면서 조닌(町人)이라는 새로운 계층이 탄생하고, 보수적인 봉건체제에서 근대적인 상품경제가 발달하는 '결과적 진보'가 이루어졌다. 에도시대에 일본을 방문한 조선통신사들은 일본이 도시와 시골 모두 상상외로 발전했다는 사실에 놀라곤 했다. 도시의 인구와 시설, 물레방아를 이용한 급수 시스템, 주민들의 청결 상태 등은 머릿속 이미지로 존재하던 '오랑캐'나 '왜놈'과는 전혀 다른 수준이었다. 그러나 본질적으로 봉건체제 안에서의 진보이므로 지배구조는 그대로다. 그래서 지배구조의 토대인 사무라이는 계급과 지위를 보장받았다. 무력을 행사할 기회를 잃은 사무라이는 정체성을 보장받는 동시에 정체성이 소외당하는 모순에 빠졌다.

에도시대 초기의 혼란이 지나간 후 사무라이의 권리는 크게 억압당했다. 쓰지기리(辻斬り)*는 완전히 금지되었다. 흔히 '사무라이 살인면허'로 알려진 부레이우치(無礼討ち)**도 크게 제한되었다. 에도시대의 부레이우치는 형식적으로만 존재하는 법안일 뿐 사무라이가 실제로 그 권리를 행사하는 건 불가능에 가까웠다. 부레이우치를 하려면 먼저 사무라이는 평민에게 확실하게 모욕을 당해야만 했다. 현장에는 마침 나중에 증언해줄 수 있는 목격자가 반드시 있어야 한다. 그리고 해당 평민과 정식으로 대결해야 하는데, 평민에게 적합한 무기가 없다면 자신의 칼 중 한 자루를 주어서 정당한 대결의 형식을 갖추어야 한다. 이때 평민은 자신이 없다면 그 자리에서 줄행랑을 치면 그만이었다. 못된 평민을 죽이는 데 성공해봐야 이제부터 시작이다. 사무라이는 곧바로 스스로 관아로 가 칼 두 자루를 사건의 증거품으로 제출하고 까탈스러운 조사를 받아야 한다. 무죄가 나올 확률은 극히 낮으므로, 보통 조사가 진행될 때 할복한다. 재판 결과 수치스러운 참수형을 받기라도 하면 살아남은 유가족은 사무라이 계급이 박탈되어 버리니 말이다. 부레이우치를 실행한 후 무죄판결을 받는 바늘귀를 통과하더라도 근신 처분 등의 행정적 불이익에 더해 '부레이우치를 해야만 할 정도로' 모욕을 당했다는 사실만으로 명예가 떨어졌다. 그렇다고 평민에게 모욕을 당하고 가만히 있는 건 더 큰 불명예였다. 이래저

* 사무라이가 새로 얻은 칼의 품질을 시험하기 위해 무고한 행인을 베는 관습.
** 키리스테고멘(切捨御免, きりすてごめん)이라고도 한다. 베어도 면죄라는 뜻이다.

래 사무라이는 평민과 엮이지 않으려고 조심스럽게 행동했다. 상류층이 하층민을 두려워해야 했던 것이다.

그럼에도 검은 반드시 차고 다녀야만 했다. 사무라이의 존재는 지배 체계의 근간이었기 때문이다. 사무라이는 큰 칼인 우치가타나(打刀)와 짧은 칼인 와키자시(脇差)를 정장의 일부로 패용해야 했다. 하지만 검을 '사용'하는 행위는 억압받았다. 에도 성내에서는 칼을 뽑기만 해도 처벌을 받았다. 검을 차고 다녀야만 하지만 사용할 수는 없는 상황에서 칼날 부분이 대나무로 된 모조품 칼인 타케미츠(竹光, たけみつ)까지 등장해 널리 이용되었다. 사무라이는 정체성의 혼란과 생계문제를 동시에 겪게 되었다. 운 좋게 괜찮은 생계를 보장받은 사무라이도 있다. 그들은 월급을 받는 공무원이 되었다. 무사도(武士道)는 공무원의 성실한 태도쯤 되는 개념으로 바뀌었다. 사무라이의 정체성과 생계 모두를 잡기 위해 해외에 진출한 사례도 있다. 그들은 싸움터를 찾아 필리핀, 중국 남부, 동남아에 진출했다. 사무라이 모험가 야마다 나가마사(山田長政, 1590년 경-1630)는 현재의 태국에 해당하는 시암 왕국의 전쟁터에서 무용담을 쌓기도 했다. 그러나 대체로 대부분의 사무라이들은 생계난에 시달려 이런저런 부업을 해야만 했다.

사무라이들은 생명과 재산을 지켜야 할 만큼 부유해진 조닌의 보디가드로 취업하기도 했으며, 우산, 새나 곤충을 키우는 초롱, 등롱, 바구니 등의 대나무 수공예품을 만들기도 했다. 한차원 높은 솜씨를 발휘해 검이나 도자기를 만든 이들도 있다. 물려받은 땅이 있다면 농사를 짓는 노동은 당연히 피할 수 없었다. 그러니 사교육 업계에 뛰어들어 학원을 차린 사무라이는 아주 잘 풀린 경우였다. 사정이 안 좋으면 조닌 밑에서 막노동까지 했다. 최악의 사태는 물건을 사고파는 장사꾼이 되는 거였다. 이 지경까지 오면 사무라이 가문의 명예는 이미 파탄이 난 셈이다. 봉건체제의 근간을 위해 명예를 지킬 것을 요구받지만 생활 속에서 그 명예를 지키기 힘든 모순을 두고 사무라이는 어떻게 자신의 정체성을 지켰을까?

사무라이들은 무사에서 무도가로 변모했다. 무사는 전쟁과 군사작전 등 현실의 싸움을 치르는 사람이다. 무도가는 말 그대로 무예의 경지를 연구하는 사람이다. 무도가로 가는 길에 탈락자들도 많았다. 평생 검 한 번 휘둘러보지 못한 사무라이도 숱했다. 하지만 정체성을 지키기로 결심한 이들은 검술 자체에 더욱 집착했다. 물론 사무라이의 검술 실력은 전부터도 정평이 났다. 임진왜란 전에 병조판서를 지냈던 정탁(1526-1605)은 전쟁 2년 차인 1593년 명나라의 지인에게 보내는 편지에 사무라이의 칼솜씨를 이렇게 묘사했다.

> 세상에 장교뿐 아니라 말단 병사까지(士卒) 이렇게 강한 나라는 없습니다. (…) 검을 휘두르면서도 칼등으로 칼날을 받아쳐 결국 다치지 않습니다. 교묘하게 피하는 기술과 능숙하게 부딪히는 기술은 마치 백원(白猿)*의 검법과 같습니다. 특히 근접 검술은 정말 대단해서 사람마다 검객이 아닌 자가 없으며 기계처럼 정밀합니다. (…) 다만 사격 실력은 검술에 퍽 뒤떨어집니다.**

* 월녀(越女)와 대련을 펼친 흰 원숭이 신선. 월녀는 중국 전설에 검술의 천재로 등장하는 신비스러운 여성이다.
** 정탁, 〈與明儒胡煥〉, 《약포집》, 초판 1760, 증보판 1818, db.itkc.or.kr

정탁의 평은 물론 조선인의 시각이다. 한반도인은 고대부터 궁술에, 후에는 사격술에 유달리 뛰어났기에 조선인의 기준에서 그 부분만큼은 일본 무사들도 평가 절하될 수밖에 없다. 어쨌거나 사무라이는 검술에 가장 뛰어났을 뿐 당연히 활, 창, 칼, 총을 골고루 사용했다. 에도시대 이전까지 검술은 전투 교리였다. 에도시대에는 사정이 달라진다. 사무라이 '생존자'들은 전쟁 없는 시대에 자신들의 마지막 정체성이자 유일한 존재증명인 검술을 조용히, 그러나 가장 깊이 있게 탐구했다. 아이러니하게도 사무라이는 검을 쓸 수 없는 시대에 검을 가장 잘 쓰게 되었다.

덧붙여 검술은 무도가 되기 위한 좋은 조건까지 만났다. 막부는 사무라이 계층의 반란을 억제하기 위해 검의 길이를 제한했다. 당연히 검은 제한된 조건 안에서 가장 위력적인 형태를 찾아갔다. 그래서 전국의 검은 크기와 형태가 단일한 형태로 수렴되었다. 무도는 넓은 의미로 스포츠라고 할 수 있다. 스포츠가 고도로 발전하는 데 있어 규정처럼 고정된 조건은 필수적이다. 검에 대한 억압이 동아시아 역사상 검에 가장 달통한 집단을 만들어낸 것이다. 에도시대 사무라이는 훗날 유신 지사들의 선배가 된다. 유명한 지사들이 상식을 초월하는 검술 실력으로 명성과 악명을 동시에 떨친 이유가 여기에 있다.

공장이 장인의 기술을 압도하다

사무라이들이 소리 없이 정체성 투쟁에 임하고 있을 때, 서양은 2차 산업혁명에 성공하며 세계를 집어삼킬 준비를 마쳤다. 동아시아인들은 근대 서양의 힘이 '과학기술'에 있다고 믿는 경향이 있다. 하지만 기술 자체는 그렇게 큰 힘을 발휘하지 못한다. 더군다나 '기술'에서 동아시아는 그렇게 밀리지도 않았다. 일본은 서양제 조총을 곧바로 복제 생산했으며, 임진왜란 이후 조선도 마찬가지였다. 아편전쟁에서 중국은 영국의 증기선을 뚝딱 모방해 만들어냈다. 조선 후기의 장인은 서양과 똑같은 수준으로 안경을 제작하기도 했다. 고유한 가치를 지닌 수제 명품은 소장 가치와 높은 가격을 자랑할 순 있겠다. 그러나 진짜 세상을 바꾸는 것은 공장이다.

기술적 수준에서만 따진다면, 동아시아는 역사 대부분의 시간 동안 서양을 앞선 데다, 뒤처진 분야가 있을 때도 곧바로 따라잡을 수 있었다. 문제는 생산에 들어가는 비용이다. 근대 서양의 힘은 공장에서 똑같은 기술적 수준의 물건을 대량으로 찍어낼 수 있었던 데서 기인한다. 그리고 이 과정에서 서로 다른 대량생산 공정끼리 맞물려 돌아가야 하기 때문에 '표준화'라는 통과의례를 거친다. 가령 볼트를 생산하는 공장에서는 오직 기계적으로 볼트만 생산한다. 생산한 모든 볼트를 팔아치울 수 있는 이유는 볼트가 다른 공장에서 생산된 모든 너트에 맞물리기 때문이며, 볼트를 필요로 하는 다른 모든 생산품이 약속된 볼트와 너트 규격에 맞아서다. 이런 구조가 모든 생산 체계에 적용된다. 무기는 공장에서, 병사는 학교에서 대량생산한다. 범죄자는 감옥에서, 정신병자는 정신병원에서 대량 '처리'된다. 대량생산은 대량공급과 대량소비를 필요로 한다. 원자재를 대량으로 착취할 수 있고 완성품을 대량으로 소비해줄 식민지가 필요해진다. 대량생산된 전투력은 정복할 곳을 대량으로 필요로 한다. 충돌도 대량으로 늘어난다. 미국을 포함해 유럽 각국의 해상 전력이 전 세계 바다에서 충돌했다.

기술 발달 수준보다 더 문제적인 건 속도의 차이였다. 19세기 서양의 기술 발전 속도는 동아시아를 크게 앞섰다. 그것은 본질적으로, 대량생산과 대량소비로 지금껏 사용한 물건의 한계가 드러나고 새로 발명된 물건의 효용가치가 드러나는 주기가 짧아졌기 때문이다. 함선을 예로 들면 어떤 함선을 생산할 수 있는 기술의 유무보다는 정확히 같은 기능과 신뢰성 그리고 규격을 갖춘 함선을 얼마나 쉽게 뽑아낼 수 있느냐가 중요하다. 기술 자체보다 기술의 결과를 어떻게 내놓는지가 핵심인 것이다. 사회구조와 경제체제에 근본적인 변화가 있지 않으면 핵심을 따라잡을 수 없다. 그런데 불행히도 19세기 동아시아 3국(한중일)은 서양의 기술 자체에만 시선이 사로잡혔다. 그렇다고 시야가 좁았다고 비판하기도 애매하다. 대량생산체제를 경험해 보지 못한 입장에서는 그럴 수밖에 없었기 때문이다. 19세기 서양 문물의 뛰어남에 충격을 받은 동아시아 3국은 한자만 다를 뿐 정확히 같은 뜻을 지닌 단어를 되뇌었다.

조선의 동도서기(東道西器): 동국*의 도를 지킨 채 서양의 기술을 도입하자.
중국의 중체서용(中體西用): 중화의 몸통을 지킨 채 서양의 방식을 도구로 쓰자.
일본의 화혼양재(和魂洋才): 일본의 정신을 지킨 채 서양의 물질문명을 도입하자.

서양은 동아시아에 '결과'로 다가왔다. 증기선과 화포, 그들이

* 해동(海東), 동국(東國) 등 한반도인은 스스로를 지칭하기 위해 오랫동안 동(東)자를 써왔다.

내놓는 첨단제품은 동아시아인들의 눈에 과정이 생략된 결과였다. 서양의 기술만 수용하면 된다는 관념이 생기기에 좋은 조건이었다. 나중에야 서구를 따라잡기 위해서는 사회구조의 근본적 변화가 있어야 한다는 사실을 깨달았지만, 그러기에는 오랜 시간이 걸린다. 뒤에 쓸 내용을 여기서 미리 조금 예고하면, 한중일 3국 모두 토대를 바꾸지 못했다. 그런데도 일본만은 근대 열강에 편입되는 데 성공했다. 이미 서구와의 생존경쟁이 시작된 시점에서 승리라는 결과를 만들어내기 위해 과정을 생략했기 때문이다. 2차대전이 끝나기 전까지 일본 경제의 주축은 가내수공업이었다. 태평양전쟁 말기 일본을 무차별적으로 융단폭격한 커티스 르메이(Curtis Emerson LeMay, 1906-1990) 미군 대장은 '무고한 민간인은 없다.'며 민간인구역에 대한 폭격을 정당화하고는 다음과 같이 덧붙였다.

> 일본은 이렇게 되어 있다: 공장 하나가 있는 구역의 가정들은 집에서 작은 부품을 만든다. 이걸 가내수공업이라고 할 수 있겠다. 스즈키 네는 64호 볼트를 만들고, 옆집 하루노보 네는 64호, 65호 혹은 63호 너트와 기타 이런저런 부품을 만든다. 이웃에서도 똑같이 무언가를 제조한다. 그러면 공장에서 나온 기타가와가 들것을 끌고와 순서대로 부품을 실어간다.*

일본은 2차대전이 끝나기 직전까지 전투기조차 규격화되지 않았다. 그래서 고유한 인격을 가진 인간처럼 각자 다른 '성격'을 지녔었다. 완제품, 즉 결과를 만들어내는 공장은 있다. 그러나

---

* Curtis E. LeMay·MacKinlay Kantor, 《Mission with LeMay: My Story》, Doubleday, 1965, p.384.

그 공장을 떠받치는 건 현대적 산업기반이라는 과정이 아니라 가내수공업이었다. 메이지 유신 이후에도 일본 경제의 근간은 전통적이었다. 작가가 한국인이라고 해서 일본의 성과를 깎아 내리려는 게 아니다. 전근대적인 산업 토대 위에서 미군이 놀랄 정도의 전투기를 결과로 내놓은 건 그 자체로 굉장하다. 굉장한 의지이자 굉장한 모순이다. 대단하지만 지속 가능하지 못하다. 미리 앞질러 이야기하면, 지속불가능성은 유신의 유전자다. 또한 지속불가능성은 유신의 윤리적 타락이자 미학적 아름다움이기도 하다. 아시아를 피로 물들인 힘과 스스로도 피를 흘리며 쓰러질 운명은 유신 안에서 하나로 결합해 있었다. 메이지 유신 이후의 일본이 파국으로 치달은 건 필연이었다. 하지만 이 모든 이야기를 하기 위해선, 먼저 사무라이와 '고질라'의 만남으로 거슬러 올라가야 한다.

무쿠리고쿠리의 재림, 미국

문득 서세동점의 시대가 왔다. 여몽연합군에 이은 두 번째 고질라는 흑선(黑船)이었다. 흑선은 철로 된 서양의 증기선에 일본인들이 붙인 이름이다. 1853년, 페리 제독(Matthew Calbraith Perry, 1794-1858)이 이끄는 4척의 증기선 군함이 에도 막부의 본거지에서 가까운 우라가, 현재의 요코스카 앞바다에 나타나 개항(開港)을 요구했다. 일본인들은 이미 총과 대포에 익숙했지만 증기선은 그 정도 수준의 물건이 아니었다. 사실 막부는 미 해군이 나타날 거라는 사실을 미리 알고 있었다. 막부는 침착하게 적당히 시간을 끌고 되돌려보냈다. 그러나 굉음을 내며 대포로 수백 발의 공포탄을 쏘아댄 흑선의 위용에 일본 민중이 충격을 받았다는 사실이 중요하다. 당대에 일본에서 그려진 페리 제독의 초상과 흑선의 모습을 보면 일본인들이 미국을 새로운 '무쿠리고 쿠리'로 여겼다는 사실을 알 수 있다.

　다음 해 페리 제독이 이번에는 9척의 흑선을 이끌고 왔을 때 막부는 순순히 굴복했다. 페리 제독은 조약 체결을 위해 일본 땅을 밟았다. 막부가 미국의 무력시위에 순응한 이유는 겁이 많아서가 아니라 외려 국제적인 감각이 있어서였다. 막부는 1차 아편전쟁의 결과를 알고 있었다. 어차피 9척의 흑선을 물리친다고 해도 그다음이 문제였다. 서구 열강은 그냥 물러서는 법이 없었으니까. 어쨌거나 이번에도 일본 민중이 막부의 결정을 이해하지 못했다는 점이 중요하다. 고작 9척의 배에 백기를 든 사실이 알려지면서 막부에 대한 신뢰는 바닥으로 추락했다. 아마 막부도 그 정도의 반감이 일어날 거라고는 도저히 상상할 수 없었을 것이다.

　페리 제독은 미국의 우월함을 과시하기 위해 1/4 축적 미니어처 기관차, 재봉틀, 농기계를 선물했다. 막부도 지고 싶지 않아서 일본인이 작고 약하지 않다는 걸 보여주기 위해 스모 선수들을 동원했다. 스모 경기 차림으로 등장한 선수들은 미 해군 장병들 앞에서 쌀가마를 옮겼고, 그중에는 어깨에 진 쌀가마 위에 미 해군 병사를 앉힌 선수도 있었다. 스모 선수들의 힘과 덩치는 미국인들에게 깊은 인상을 남겼다. 하지만 일본 민중에게는 거의 선전효과가 없었다. 어쨌거나 막부가 외세에 패배했다는 사실은 바뀌지 않았다.

　'고질라'에 대한 심리적 공포는 이번에도 현실의 증거와 만나 역시나 외세는 사악한 존재라는 관념이 또다시 공고해졌다. 불평등조약의 실체가 어떤지는 막상 당해봐야 제대로 아는 법이다. 막부는 금과 은의 가치를 1:4에서 1:5 사이로 관리했다. 그런데 국제적으로 금과 은의 가치는 1:15 정도였다. 미국 자본 세력은 일본에서 은을 금으로 바꾸기만 해도 떼돈을 벌었다. 그렇게 번 돈으로 '꿩 먹고 알 먹기'에 들어간다. 손쉽게 확보한 현금을 가지고 그냥 미국에 돌아가지 않고 일본의 쌀을 사 물가가 비싼 중국에 팔아먹었다. 당시 일본 경제는 동아시아가 오랫동안 그랬듯이 은 본위제였다. 은이 곧 화폐가치를 결정하는 체제에서 은이 넘쳐나게 되니 감당할 수 없는 인플레이션이 들이닥쳤다. 모든 물가가 폭등하는 가운데, 쌀이 중국으로 유출되니 쌀값은 더욱 치솟아 수많은 사람들이 굶어 죽었다. 이때부터 쌀을 확보하지 않으면 일본은 죽는다는 관념이 생겨난다. 이는 조선 침탈의 또 하나의 이유가 되었다. 한국인의 선조들에게는 불행하게도 일본은 미국에 야무지게 배웠다. 운요호사건과 강화도조약은 흑선 출현과 미일화친조약의 복사판이다. 물가 차이를 이용한 무역으로 쌀을 수탈하는 방식 역시 이번에는 피해자가 조선 농민으로 바뀐 채 그대로 반복되었다.

막부는 일본 사회 전체의 가해자가 되고 말았다. 200년 넘게 도쿠가와 막부에 억눌려 정체성을 시험당하던 하급 사무라이들은 즉시 분노했다. 사무라이들은 막부가 일본에 전쟁 없는 경제적 번영을 가져왔기에 불편해도 그간의 억압을 받아들일 수 있었다. 하지만 막부가 자격을 상실한 이상 이야기가 달라진다. 여기에 더해 또 한 사람이 크게 분노했다. 바로 고메이 천황이다. 일본에서 천황의 권위는 상대적이다. 천황은 오히려 일본 안에서 벌어지는 일에는 별다른 영향력을 행사하지 못한다. 반대로 일본의 자연물인 천황은, 자신의 인격과도 같은 일본이 허락 없이 외국에 개방되는 사태는 용납할 수 없었다. 천황과 사무라이, 평민층이 동시에 막부에 분노하면서 심리적으로 연합했다. 여기서 사무라이 세력은 그림 같은 탈출구를 찾게 된다.

사무라이는 무사이자 또한 동아시아의 독특한 학자/관료 계층인 사대부에 속한다. 사무라이 역시 충(忠)의 가치를 중요시해서, 그들이 검을 휘두르는 것의 정당성은 주군을 섬기고 배신하지 않는 데서 나온다. 사무라이는 윗사람을 섬기고 윗사람은 더 높은 권력자를 섬긴다. 충의 최종 기착지는 쇼군이었다. 그런데 쇼군보다 더 높은 천황의 존재가 눈에 들어오면서 이야기가 달라졌다. 더군다나 천황폐하께서도 쇼군에 분노하고 있다면! 그래서 사무라이들은 순식간에 토막(討幕)*, 막부를 토벌한다는 무시무시한 말을 아무렇지 않게 입에 담을 수 있었다. 하급 사무라이들은 존왕양이(尊王攘夷)**, 천황을 받들어 서양 오랑캐를 물리치겠다는 기치를 내걸고 들불처럼 일어났다. 200년이 넘는 세월 동안 검술 도장에서 응축된 에너지가 드디어 존재 증명을 위한 명분을 찾은 것이다.

서양 학자들의 메이지 유신론은 매우 논리적이다. 그런데 그게 전부다. 논리적이되 틀렸다. 그들은 일본 사무라이를 유럽 기사로, 에도 막부 시대의 조닌을 유럽 부르주아로 놓고 동아시아사를 유럽사에 끼워 맞추려고 한다. 그리고는 숫자와 그래프를 들이댄다. 자신의 논리에 맞는 숫자와 그래프는 찾으려면

---

* 도막(倒幕, 막부를 뒤집어 엎음)이라고도 한다. 이 책에서는 '토막'으로 통일하도록 한다.
** 존황양이(尊皇攘夷)라고도 하는데 두 단어는 별달리 구분되지 않는다. 일본어로는 모두 '손노조이(そんのうじょうい)'로 발음이 똑같다. 존왕양이는 원래 중국의 춘추전국시대에 등장한 말로, 강대한 나라가 무력행사를 하면서 주나라 천자를 보위한다는 명분으로 쓰였다.

어디에서도 찾을 수 있다. 그걸로는 유신 자체는 물론 유신의 낭만도 광기도 설명하지 못한다.

일본의 사무라이 그리고 동아시아의 사대부는 유럽의 기사나 상인과는 다른 존재다(유사한 측면은 있지만, 사실상 다른 존재로 봐야 한다). 애초에 동양의 명예와 서양의 명예는 의미 자체가 다르다. 서양의 명예는 본능적인 남자다움과 매너의 조합으로 이루어져 있다. 예를 들어 무도회에서 댄스 파트너로 만난 여성이 모욕을 당한다면 '남자로서 자기 여자에 대한 모욕은 곧 나에 대한 모욕이므로' 즉시 결투를 신청하지 않으면 안 된다. 스포츠 경기와 전투에서 두려움을 느끼는 순간을 견디는 것도 명예이며, 일상생활에서 정해진 규칙을 지키는 것도 명예다. 동아시아는 다르다. 목숨을 건지기 위해 비굴하게나마 위험한 상황을 모면하는 것이야말로 큰 명예가 될 수 있다. 자기 자신의 영광을 넘어서 국가나 혁명 같은 커다란 가치를 위해 살아있겠다고 결심한 거라면 말이다. 그러므로 서양의 기준에서 불명예스럽게 살아남곤 하는 동아시아 사대부는 자신이 죽어도 되겠다고 판단한 순간에는 정말 아무렇지 않게 죽는다. 유신이 탄생하던 때, 거기 뛰어든 지사들의 투쟁은 가치투쟁이었다. 유신은 추상적인 명예를 위해 죽을 수 있는 동아시아 사대부의 정신적 구조에서 가능했다.

페리 제독이 등장한 시기 일본의 검술 도장으로 시선을 옮겨보자. 왜 검술 도장인가? 총과 대포의 시대에 검술이 무슨 소용이었냐고 되물을 수 있다. 그러나 의외로 검술 실력은 현실에서 강력한 힘을 발휘했다. 총은 지금도 그렇지만 당시에는 더 시끄럽고 번잡한 무기였다. 실탄과 화약, 정비 도구 등 보급품을 가지고 다녀야 하며 한 발만 발사해도 큰 소음과 연기, 냄

새를 피운다. 암살과 야간 기습에는 검술이 총격보다 유리한 순간이 많다. 숙련된 사무라이가 쥔 검은 속도에서도 총에 뒤지지 않을 수 있다. 두 사무라이가 각각 권총과 검을 휴대한 채 근거리에서 서로를 노려보고 있다고 하자. 아무리 권총이 장전되어 있어도 꺼내서 조준하고 방아쇠를 당겨야 한다. 이 시간은 상대편 사무라이가 두어 번의 발걸음으로 거리를 좁힌 후 검을 뽑는 즉시 베는 동작보다 결코 빠르다고 보장할 수 없다.

한국과 중국, 심지어는 현재 일본의 지식인들도 메이지 유신을 향해 질주한 하급 사무라이들의 나이가 너무나 젊다는 데 놀라곤 한다. 유신의 속살을 보면 놀랄 일이 아니다. 검술은 무도이며 무도는 넓은 의미의 스포츠이고, 스포츠에는 신체적 전성기가 있다. 시대상을 감안하면 19세기의 신체적 전성기는 더 이르고 빨랐다. 당연히 실제로 검술의 교리를 발휘할 수 있는 '현역 선수'가 주축이 될 수밖에 없다. 그래서 20, 30대가 메이지 유신의 주축이었다. 검술뿐 아니라 이제부터 벌어지는 난세의 전투, 정찰, 피신, 암행, 공작에도 젊은 체력은 꼭 필요했다.

하급 사무라이 계층에서 탄생한 '유신 지사' 혹은 짧게 '지사(志士, 뜻있는 선비)'로 불리는 이들은 검과 화약 무기가 동시에 공존하는 모순을 어떻게 해결했을까? 현대 매체에서는 검술에 달통한 전통주의자와 서양 무기에 의존하는 '신세대'의 가치 투쟁처럼 그려진다. 대표적인 경우가 톰 크루즈가 주연을 맡은 영화《라스트 사무라이》다. 현실에서 그런 억지스러운 선 긋기는 일어나지 않았다. 애초에 모순이 아니었기 때문이다. 이미 전국시대부터 사무라이에게는 검도 총도 무(武)라는 개념 안에 똑같이 포함되어 있었다. 지사들과 그들의 전우는 '검이냐, 총이냐'를 고민하지 않았다. 검이든 총이든 심지어 독서든, 목적을 실현하기 위해 목숨을 걸고 사용하는 행위는 사무라이의 사명이다. 막부의 호위무사라고 할 수 있는 신선조(新選組, 신센구미)는 검술의 의미를 중요하게 여기는 무사집단이었지만 필요하면 총이든 대포든 얼마든지 쏴댔다. 굳이 구분하자면 검술은 사무라이의 정체성을 유지하는 일에 보다 선명한 수단이자 상징이었을 뿐, 유일하게 고집하는 무기는 아니었다.

조슈와 사쓰마의 등장

막부가 흔들리자 마치 이 순간만을 기다린 것처럼, 초대받지 않은 두 개의 집단이 역사의 무대에 난입했다. 조슈 번과 사쓰마 번이다. 훗날 일본제국 육군의 주축이 되는 조슈(長州) 번과 해군의 주축이 되는 사쓰마(薩摩) 번으로, 조슈 번은 현재의 야마구치현, 사쓰마 번은 현재의 가고시마현이다. 조슈 번은 열도의 가장 큰 섬인 혼슈의 서쪽 끝에 위치했고, 사쓰마 번은 열도의 서남쪽 규슈의 맹주였다. 대체 두 번에는 어떤 일이 벌어지고 있었던 것일까.

사무라이들은 개인과 지역마다 수준 차이가 심했다. 검술뿐 아니라 학문에 상당한 식견을 가진 사무라이도 있었고, 한자로 자신의 이름도 쓰지 못하는 맹탕도 있었다. 조슈 번은 지리적으로 한반도와 가장 가깝다. 조선통신사는 조슈 번에, 정확히는 현 야마구치현의 시모노세키에 상륙해 잠시 머무르면서 일본에서의 일정을 시작했다. 시모노세키에는 현재 김종필(1926-2018)의 붓글씨가 새겨진 비석이 서 있다. '조선통신사상륙엄류지지(朝鮮通信使上陸淹留之地)', 즉 조선통신사가 상륙해 머물던 곳이라는 뜻이다. 조슈 번은 일본에서 조선 성리학의 영향을 가장 많이 받은 곳이다. 조슈 번의 사무라이들은 검사인 동시에 수준 있는 유생이기도 했다. '조선왕조실록'으로 대표되는 조선의 기록문화에도 깊은 영향을 받아 조슈 번의 역사는 지금도 유난히 구체적이고 정확한 것으로 이름이 높다. 다양한 기록물을 관리하고 활용한 경험이 누적된 조슈의 사무라이들에겐 행정력이라는 무기가 있었다. 이 때문에 유신의 중심이 된 조슈 번을 예로 들어 '사무라이가 칼을 버리고 책을 들어 유신이 성사되었다.'고 보는 시각도 있다. 그렇지 않다. 유신에 이르기까지 체제 전환 투쟁에 참가한 사무라이들의 결정적 수단은 언제나 폭력이었다. 정리하자면, 한 마디로 조슈 번에는 문무(文武)를 겸비한 젊은이가 널려 있었다.

사쓰마 번의 사무라이들은 아마도 동아시아 한자문명권 역사상 검술에 가장 뛰어났던 이들로 추정된다. 임진왜란 시점에서 이들은 이미 실력을 검증받았다. 조선군과 명나라군은 사쓰마 군사들을 가리켜 '귀신 시마즈'라고 불렀다. 시마즈(島津)는 사쓰마 번주 가문의 성이다. 규슈는 오랫동안 해적의 근거지였다. 해적질만 한 것이 아니라 본격적인 정복사업도 벌였다. 사쓰마는 1609년 독자적으로 류큐 왕국을 단 한 번의 침략으로 정복하기도 했다. 일개 번이 왕국을 속국으로 거느린 것이다.

고려 말과 조선 초의 수군(水軍)은 백병전을 피해 화포로 간신히 왜구를 제압했다. 그러자 규슈의 무사들은 중국 남부 광동성 일대를 약탈했다. 이에 맞서 명나라 관군은 물론 무림의 고수들까지 동원되었으나 척계광(戚繼光, 1528-1588)이 등장하기 전까지 일본 무사들의 상대가 되지 못했다. 척계광은 원앙진(鴛鴦陣)이라는 진법을 고안해 왜구를 상대로 처음으로 유의미한 효과를 거뒀다. 원앙진은 6가지 다른 무기를 나눠 가진

11명의 전투원에 취사병 한 명을 포함한 12명의 분대가 한 몸처럼 움직이는 기동법이다. 원앙진 1개 분대는 분대장이 전사하면 생존자 모두가 사형을 당하는 운명공동체였다. 놀랍게도 원앙진은 하나의 분대 전체가 한 명의 일본 무사를 상대하도록 설계된 진법이다.

사쓰마의 검법은 공격 일변도로 유명했다. 규슈는 한 번 공격으로 죽음에 이르도록 하는 일격필살(一擊必殺)을 지향하는 발도술(拔刀術)*의 중심지 중 하나였다. 파도에 흔들리는 좁은 공간에서 벌어지는 함상 백병전에서는 균형을 유지하고 보법(步法)을 펼치는 검술을 운용하기 힘들다. 그래서 한 번의 기합으로 상대를 베는 검법이 발달할 수밖에 없었다. 사쓰마 사무라이는 결집력도 강했다. 임진왜란 당시 성인 무사들이 모두 조선에 가 있느라 남자 청소년들이 무기를 들고 고향을 지키는 일을 맡았다. 지켜보고 혼낼 어른들이 없으니 비행을 저지르는 풍기문란 문제가 발생했다. 이 일을 계기로 사쓰마에는 청소년 집단 교육기관이 설립되었다. 그래서 사쓰마의 번사(藩士, 특정 번의 사무라이 혹은 활동가)들은 모두 고향의 동기동창으로 끈끈하게 결속돼 있었다. 거기다 사쓰마의 사무라이 비율은 유난히 높았는데, 무려 전 인구의 25% 가량이었다. 이렇듯 조슈와 사쓰마는 힘을 발휘하기 좋은 조건을 숨기고 있었다.

조슈와 사쓰마를 위시한 존왕양이파 사무라이들은 자신의 번에서 쿠데타를 일으켰다. 물론 쿠데타는 겉으로는 예를 갖추는 과정의 연속이었다. 사무라이의 정체성을 지키기 위해 자신들의 다이묘에게 형식적으로나마 충성해야 했기 때문이다. 하

* 검을 뽑는 동시에 베는 기법. 발도를 다른 말로 거합(居合)이라고도 한다.

지만 진짜 충(忠)은 이미 천황에게 바친 상태였다. 다이묘들은 시간과 방식에 차이가 있을 뿐 자기 휘하의 사무라이들에게 설득당하고 때로는 간접적인 협박을 당하다 결국에는 주도권을 완전히 내주고 말았다. 그러나 당연히, 아직 일본의 실권자인 막부가 사무라이들의 준동을 앉아서 두고 볼 리 없었다. 막부는 안세이의 대옥(安政の大獄)이라 불리는 대대적인 옥사 사건으로 전국의 존왕양이파 인사 100여 명을 체포해 처형했다.

만들어진 영웅들

안세이의 대옥에서 마지막에 처형된 인물이 요시다 쇼인(吉田松陰, 1830-1859)이다. 요시다 쇼인은 조슈 번 토막파 사무라이들의 스승이자 정신적 지주였다. 그는 불과 29세의 나이에 요절하고 말았다. 이토 히로부미와 같은 유신의 거물들이 그의 지도를 받았다. 요시다 쇼인의 시신은 아무렇게나 훼손된 채 버려졌다. 격분한 조슈의 제자들은 검을 뽑아 들고 스승의 시신을 탈취해 예를 갖춰 장례 지냈다.

　　요시다 쇼인은 유신과 정한론의 선구자로 여겨지는 인물이다. 그가 제자와 후배들을 가르친 서당인 송하촌숙(松下村塾)은 유신의 산실로 여겨진다. 그런데 송하촌숙을 방문해 '선구자'의 흔적을 바라보며 감격에 젖는 일본 보수 인사들의 모습에 나는 별다른 감흥을 느끼지 않는다. 나는 상당히 애국적인 집안에서 자라났는데도 아무렇지 않다. 일본 우익 인사들의 반대편에는 역시 감상이 지나친 한국 학자들이 있다. 요시다 쇼인이라는 인물에서부터 시작된 유신이 조선을 집어삼켰는데, 우리는 아직껏 일본 우익들의 가슴에 살아남아 있는 그의 위험성에 무관심하다며 제발 경각심을 가지라고 외치는 분들이다.

내 판단은 다르다. 요시다 쇼인은 그다지 중요한 사람이 아니다. 그의 사상은 분량도 지나치게 짧고 비논리적이며 근거도 없다. 그 정도 수준의 학문을 가진 이는 어느 시대나 흔하디흔하다. 나는 요시다 쇼인을 무시하는 게 아니다. 오히려 그가 어째서 지금처럼 중요하게 취급되는지 되묻는 것이다. 한 인물의 삶과 죽음을 기억하는 방식은 후대인의 취향이 결정한다. 그리고 사람들은 원래 '성지'를 만들어 찾아가기를 좋아한다.

일본을 일으켜 세운 유신
↓
유신의 중심이 된 조슈 번
↓
조슈 번 사무라이들의 사상과 패기
↓
그들의 스승인 요시다 쇼인

이렇게 순서를 거꾸로 되짚어 송하촌숙을 성지로 받들겠다면 그건 그들의 자유다. 같은 원리로 큰 강의 근원지가 되는 작은 샘물은 특별한 대접을 받는다. 다만 진실은 수많은 물줄기와 지하수, 빗물이 모여 비로소 큰 강을 이룬다는 것이다. 애초에 조슈 번뿐 아니라 일본의 수많은 사무라이들이 쇼인의 주장에 공감할 준비가 되어 있었다. 요시다 쇼인이 막부의 탄압으로 요절하고 조슈 번 사무라이들에게 상징적인 추앙의 대상이 되기 전에, 그의 역할은 사무라이들의 감정을 명확한 언어로 재확인시켜주는 정도였을 것이다.

그럼에도 불구하고 막부가 요시다 쇼인을 포함한 100여 명을 처형한 사건이 구체제의 탄압이라는 사실은 분명하다. 난세가 시작되었다. 이제 젊은 사무라이들은 그들만의 싸움을 시작한다. 각지의 검술 도장을 중심으로 뭉쳐 선배들의 복수를 위해 막부 인사들을 암살했다. 감시망을 피해 깊은 산 속으로 피신했다가 밤이 되면 다시 도시로 내려와 검을 휘둘렀다. 변장으로 권력자들의 눈을 속이며 활동하기도 했다. 평화로운 만큼 지루했던 에도시대가 피 튀기는 활극의 무대로 변모했다. 그리고 싸움은 본격적인 전쟁을 통해 진정한 의미를 가진 실체로 변모했다.

탄생

3

신성한 타락

적을 이기기 위해 적을 배운다

막부는 어떤 세력도 전통적인 방법으로는 막부를 이길 수 없도록 막번 체제를 고안했다. 당연히 이 설계도는 평안과 장수를 바라기 마련인 인간의 상식적인 욕구를 토대로 만들어졌다. 사람이라면 누구나 죽거나 처벌받기 싫은 것이다. 하지만 젊고 혈기왕성한 반란자들의 태도가 상식을 넘어선다면? 그들은 억압당해온 사무라이로서의 존재증명을 할 수만 있다면 죽어도 상관없다는 태도로 무장했다. 가치가 목숨보다 중요하다! 천황을 받들고 나라를 지킨다는 '가치'가 생기자 목숨은 투쟁에 사용하는 칼날, 혹은 실탄이 되어버렸다. 그동안 너무나, 너무나 가치에 목말라 있었다.

막부 타도라는 가치가 생기자 이번에는 무력을 행사하는 수단에도 갈증을 느꼈다. 이들은 막부가 설계한 봉건체제를 벗어나기 위해 상상력을 발휘했다. 그래서 막부를 굴복시킨 서양의 군사력을 배워야 한다는 결론에 이른다. 존왕양이를 실현하기 위해, 즉 서양 오랑캐를 무찌르기 위해 그들을 따라한다? 모순 같지만 모순이 아니다.

한반도 왕조는 중국의 힘이 한반도를 뒤덮는 사태를 저지하기 위해 최선을 다해 싸우면서도 눈에 불을 켜고 중국의 선진 문물을 모방했다. 인구, 국토, 생산력과 같은 절대적인 양에서 밀리니 따라잡는 캐치업(Catch up, 따라잡기)에서 그칠 게 아니라 아예 추월해야 했다. 그래야 소수정예의 질로 중국의 막대한 양을 상대할 수 있다. 그래서 한반도 문명은 중국이 창조한 것을 철저히 고급화하는 방향으로 나아갔다. 중앙집권, 관료제, 과거제, 행정시스템, 화포기술, 도자기의 예술성, 성리학, 선불교 등에서 정점을 찍었다. 높은 수준을 성취해야만 '중국의 일부'가 되는 비극을 피할 수 있었기 때문이다. 적을 이해해야 적에 맞설 수 있다. 한반도는 중화의 수제자인 동시에 최악의 눈엣가시가 됨으로써 독자적인 문화와 언어를 지켜냈다.

일본도 마찬가지다. 서구에 굴복한 막부가 젊은 사무라이들을 억압하는 이상 그들은 재빨리 '토막'과 '양이' 두 마리 토끼를 잡기 위해 다름 아닌 서구를 모방했다. 이것이 웅번(雄藩)*들이 힘을 기른 방식이다. 그들은 먼저 서양 무기를 수입했다. 근대 무기를 운용하려면 군대도 근대화해야 한다. 그래서 조슈번과 사쓰마 번은 각자 자신들의 번 안에서 '미니 유신'을 했다. 결국 훗날의 메이지 유신은 웅번에서 벌였던 실험의 확장판이다. 조슈와 사쓰마는 모든 주민들을 군사화하는 작업에 돌입했다. 방법은 각자 달랐다. 서양국가 하나를 콕 찍어서 작정하고 모방하는 방식을 채택했기 때문이다. 규슈는 지리적으로 드넓은 태평양을 향해 뻗어 있다. 규슈의 맹주 사쓰마는 자연스럽게 해양세력의 최고봉인 영국의 시스템을 모방했다. 조슈의 모델도 영국이었다가, 훗날 독일로 바뀐다. 막부는 막부대로 프랑스군을 스승으로 삼았다. 이렇게 말하면 무척 간단해 보이지만 실은 핏물이 튀는 대투쟁 속에서 얻은 결론이다.

* 에도시대 말에서 메이지 유신까지 두각을 나타냈던 번들. 사쓰마 번, 조슈 번, 도사 번(지금의 고치현에 해당), 사가 번(지금의 사가현에 해당) 등이다.

사쓰마: 전쟁은 총력전이다

1862년 9월, 현재의 요코하마시 쓰루미 나마무기 마을에서 운 나쁜 영국인 4명이 말을 타고 가다가 사쓰마의 다이묘 행렬과 정면으로 마주쳤다. 마침 잠시 전에 한 미국 상인도 다이묘를 마주쳤는데, 그는 말에서 내려 모자를 벗는 것으로 예의를 갖췄다. 이 정도로 충분했다. 길가에 있던 주민들처럼 일본식 큰 절인 도게자를 할 필요는 없었다. 영국인 무리는 자존심을 부린답시고 그냥 마주쳐 지나가고 말았다. 이 모습을 보고 분노한 사쓰마 사무라이들이 검을 뽑아 들고 영국인들을 덮쳤다. 자신의 다이묘에 대한 무례는 곧 자신에 대한 무례고 사쓰마에 대한 모욕이었다! 영국인 한 명이 사망하고 두 명이 중상을 입는 대형 사고가 발생하고 말았다.

　이런 일이 생겼을 때, 즉 배상금과 불평등조약을 뜯어낼 핑계가 생겼을 때 늘 그렇듯 영국은 겉으로는 분노하면서 속으로는 행복에 차올랐다. 부러운 기회를 놓친 미국은 피해자들이 현지의 문화를 존중하지 않아 화를 자초했다며 영국을 비난했다. 해를 넘긴 교섭 끝에 1863년 6월, 영국은 10만 파운드라는 거액의 배상금과 사죄를 요구했다. 사쓰마가 거부하자 8월에 7척의 함대를 보내 협박했다. 미국은 9척으로 일본 전체의 문을 열었으니 영국의 계산으로는 7척으로 일개 지방정부를 굴복시키는 건 일도 아니었다. 여기까지는 수순이었다.

　그런데 사쓰마의 사무라이들은 굴복하지 않았다. 이때는 사쓰마 번도 증기선 3척을 수입해 운용하고 있었다. 현실적으로 이길 자신이 있었을까? 아니다. 사무라이들은 '아름답게 죽을 자신'이 있었다. 상식적으로는 고개를 숙여야 했다. 상식을 거부하면 역사에 폭풍이 불어닥친다. 협박이 통하지 않자 영국 해군은 사쓰마의 증기선을 잽싸게 나포해버렸다. 그런데도 영국군의 예상을 벗어나 사쓰마는 버티고 나섰다. 오히려 주민들을 산 너머로 일사불란하게 피신시키고 결전을 각오했다. 이때 사쓰마는 이미 근대식 무기공장을 운영했다. 사쓰마는 어느 정도의 전투역량을 가진 작은 병영국가였다. 훗날 출현할 일본제국을 실험적으로 축소해 제작한 미니어처였다고 할 수 있다.

　물러설 곳이 없어진 사쓰마 해안포대와 7척의 영국 전함은 서로에게 포탄을 쏟아부었다. 이 포격전을 사쓰에이전쟁(薩英戰爭)이라고 한다. 이때 해안포대에서 포를 쏘던 병사 중에는 훗날 일본제국 해군 제독이 되는 도고 헤이하치로(東鄕平八郞, 1848-1934)도 있었다. 3일간 이어진 포격전에서 사쓰마는 근대 서구 열강과의 싸움에서 일본 최초로 승리를 거두었다. 대사건이었다. 그런데 실상은 퍽 어정쩡하다. 사쓰마 번도 큰 피해를 입었지만 영국 해군도 3척이 피해를 받았다(1척은 대파되었고, 2척은 중간 정도 규모의 파손을 기록했다). 하지만 더 중요한 건 연료였다. 증기선은 막대한 양의 석탄을 사용하는데, 석탄의 적재량엔 당연히 한계가 있다. 그래서 석탄이 떨어지기 직전이 되면 항구로 물러나야만 했다. 영국 해군의 사정도 마찬가지였다. 연료만이 아니라 탄약도 모두 소진되어서 물러날 수밖에 없는 상황이었다. 그러나 물러난 건 물러난 거다. 수비하는 측에서는 적이 물러나면 어쨌거나 승리다.

　서로 물어뜯기 좋아하는 유럽은 해가 지지 않는 제국 영국의 '철수'를 '패배'로 잽싸게 못 박았다. 영국을 제외한 서양 언론은 '아시아의 일개 지방정부'에 당한 영국의 굴욕을 신나게 대서특필했다. 여럿이 입을 모으면 진실이 된다. 이렇게 영국의 패배가 확정되었다. 함대 지휘관은 빅토리아 여왕(Alexandrina Victoria, 1819-1901)에게 질책받는 2차 굴욕까지 맛봤다. 민간인 거주구역까지 공격하고 졌으니 명예에서도 진 셈이다. 반대로 사쓰마 사무라이들은 천황에게 칭찬을 받았다. 자신의 승인 없이 제멋대로 서구에 굴복한 막부에 비해 자신을 받드는 젊은 무사들이 분연히 일어나 일본의 자존심을 지켰으니 얼마나 기특했겠는가. 마침 고메이 천황도 사무라이들과 마찬가지로 젊은 나이였다. 천황의 칭찬까지 받았으니 사무라이들의 가슴 속에서 사쓰에이전쟁의 정당성은 완전무결한 것이 되었다.

기묘한 일이 일어났다. 자존심이 바닥까지 추락한 영국에 낭보가 날아들었다. 사쓰마 번이 배상금을 지불하고 싶다는 뜻을 전한 것이다. 비록 배상금이 2만 5천 파운드로 확 깎이긴 했지만 이미 액수는 크게 중요하지 않다. 배상금을 받으면 실제로는 이겼다고 주장할 수 있는 명분이 생기니 거절할 이유가 없다. 그렇다면 배상금 지불을 거부하고 벌어진 싸움에서 기껏 이겨놓고, 사쓰마는 왜 태도를 바꿨을까. 영국 무기의 우수함에 놀랐기 때문이다. 영국에 배울 건 배워야 한다는 여론이 조성되었다. 그래서 무기를 팔아주는 조건으로 배상금을 지급하겠다고 한 것이다. 영국의 입장에서야 통상 교역에서 나오는 이익까지 생기게 됐으니 쌍수를 들고 환영할 일이다. 문제는 역시 돈이었다. 사쓰에이전쟁에 모든 역량을 소진한 사쓰마엔 2만 5천 파운드라는 돈이 없었다.

사쓰마는 막부를 끌어들였다. 그들은 막부 대신 천황폐하와 일본을 위해 싸웠다는 명분으로 막부가 배상금을 내야 한다는 논리를 내세웠다. 하지만 막부가 자신을 토벌해야 한다고 외치는 번에게 돈을 줄 리가 없었다. 그래서 사쓰마는 대납까지는 못 해줘도 빌려줄 수는 있지 않겠냐고 제안했다. 막부의 입장에서는 빌려주는 거라면 마다할 이유가 없었다. 더욱이 훗날을 위해 반항적인 번의 채권자가 되어두는 편도 나쁘지 않은 일이었다. 젊은 사무라이들과 신사적으로 말이 통할 거라 착각한 막부는 차관으로 돈을 빌려주었다. 하지만 사쓰마 사무라이들은 무기력하고 타락한 막부의 돈을 갚을 생각이 전혀 없었다. 그들은 아무런 양심의 가책 없이 막부의 돈을 상쾌하게 착복했다.

사쓰마 번과 영국은 각자의 목적을 위해 돈독한 사이가 되었다. 양측의 관계 속에서 영국은 무기 판매에 더해 동북아시아와 주변 바다에서 프랑스의 영향력을 저지하는 성과를 얻었다. 하지만 사쓰에이전쟁 후 사쓰마에 대한 영국의 살가운 태도는 이익만으로는 설명되지 않는다. 영국은 전통적으로 자신들에게 무기력한 상대를 존중하지 않는다. 그만큼 사쓰마의 저항이 대단히 인상적이었다는 증거다. 그런데 사쓰마의 승리 안에는 훗날 유신이 팽창하고 폭주하는 폭력적인 유미주의가 숨어 있다. 사쓰에이전쟁이라는 명칭이 가장 강력한 증거다. 상식적으로 한 번의 포격전은 전쟁이 아니라 전투로 불려야 한다. 그래서 사쓰에이전쟁은 영어로 'Bombardment of Kagoshima(가고시마 포격전)'이다. 굳이 사쓰에이전쟁을 직역해서 'Anglo-Satsuma War'라고 칭하는 경우는 드물다. 하지만 사쓰마 입장에서는 전쟁이 맞다. 번의 운명을 걸고 모든 역량을 쏟아부었기 때문이다. 2박 3일간 민간인 거주지는 물론 어렵사리 세운 군수공장까지 파괴되면서 번이 초토화되었다. 군수공장을 짓기 위해 사쓰마의 주민들이 감수한 막대한 노동과 비용은 연기처럼 증발했다. 이렇게 어떤 악조건에서도 끝까지 포기하지 않은 끝에 얻은 승리의 내면엔 위험함이 도사리고 있다.

전쟁은 이익을 얻기 위해 실행된다. 전쟁을 결행하는 것은 지배계급의 일이지만, 피지배층에게도 전쟁이 의미가 있으려면, 그래서 이후로도 전쟁에 동원하는 게 가능하기 위해서는 전쟁에서 거둔 이익이 완전히 공평하게는 아니어도 어느 정도 수준으로 분배되어야 한다. 침공할 때뿐만 아니라 영토를 지킬 때도 마찬가지다. 외부세력에 정복당하는 사태를 막음으로써 모두가 삶의 방식을 지킨다는 '이익'을 나누어 가질 수 있다.

사쓰마의 '승전'은 모순적이다. 이익을 위해 승리했다기보다는 승리를 위해 파멸적인 피해를 감수했다. 천황의 인정과 승리 자체라는 추상적인 영광을 얻은 대가로 사무라이와 주민들은 전후 복구에 엄청난 희생을 감수해야 했다. 복구가 끝난 뒤에도 희생은 멈추지 않고 계속되었다. 다음의 더 큰 승리를 위해 더 강해져야 하므로 더 많은 비용과 노동을 투입하면서, 공동체 구성원들이 겪어야 할 고통은 더욱 심해진다. 이 과정이 반복되면 가치만 남는다. 물론 가치를 위해 사대부가 목숨을 버릴 수도 있고 민중이 헌신할 수도 있다. 하지만 어디까지나 현실적 결과를 위한 가치여야 한다. 가치 자체만을 위한 가치는 현실을 파괴한다. 메이지 유신 이후에 성립된 일본제국에서 그대로 반복되는 일이다.

조슈: 끝까지 간다

사쓰마에서 영국과 갈등이 높아지던 1863년 6월, 조슈에서도 서양세력을 상대로 무력 갈등이 일어났다. 6월 25일, 시모노세키 해협을 지나다 잠시 정박한 미국 상선 펨브로크 호(Pembroke)에 조슈 번의 군함과 해안포대가 갑자기 대포를 쏘기 시작한 것이다. 미국으로서는 참으로 뜬금없는 일이었다. 갑자기 대포를 얻어맞을 징후도 이유도 없었다. 조슈의 번사들이 이런 일을 벌인 이유는 실력행사를 통해 일본이 만만치 않다는 것을 보여 주면 서구 열강과 맺은 불평등조약을 비교적 평등한 조약으로 되돌릴 수 있다고 믿어서였다. 미국은 겁을 먹고 한발 물러나기는커녕 화가 제대로 났다. 같은 사고방식에 의한 사건이 훗날 진주만에서 스케일만 커진 채 그대로 반복된다.

펨브로크 호가 도망가자 양이를 물리친 조슈 번사들은 사기가 올랐다. 그들은 13일 후에는 프랑스, 그다음에는 네덜란드의 선박을 공격하면서 줄줄이 적을 만들었다. 영국도 적이 됐다. 조슈 번이 해협을 봉쇄하면서 무역 이익에 타격을 받았기 때문이다. 조슈의 열혈 사무라이들은 순식간에 미국, 프랑스, 네덜란드, 영국을 자신들의 적으로 돌려버렸다. 무력 갈등은 곧 시모노세키전쟁이 되었다. 미 해군 함선 한 대가 나타나 애써 만든 조슈의 근대식 군함들과 해안포대를 있는 대로 때려 부수며 실력을 보여줬다. 포와 함선의 성능 차이가 너무나 컸다. 조슈 번 해군 전력이 풍비박산 나자 뒤이어 프랑스 해군이 등장해 민가와 군사시설을 파괴했다.

서구 열강의 강력한 힘을 확인했음에도 조슈 번사들은 여러 부대들을 새로 창설하고 투쟁 일변도로 맞섰다. 조슈 번이 서양 군대에 점령당하는 지경에 이르자, 번사들은 이웃한 번인 고쿠라(小倉) 번에 쳐들어갔다. 그리고는 고쿠라 번의 일부를 점령해 그곳에서 해안포대를 쌓아 다시 저항했다. 후퇴 없이 오직 직진만 하는 의지는 대단했지만 전황을 바꾸기는 불가능했다. 조슈는 시모노세키전쟁에서 참패했다.

서양 연합군은 조슈에 무려 300만 달러라는 엄청난 배상금을 요구했다. 막부는 돈 문제에서 사쓰마뿐 아니라 조슈에게도 제대로 당했다. 조슈 번이 '막부가 시켜서 한 일이니, 연합군은 막부에게 배상금을 받으면 된다.'고 주장한 것이다. 참 뻔뻔하면서도 쾌활한 발상이다. 4개국 연합은 바보가 아니었지만, 아니 바보가 아니기 때문에 조슈 번이 보낸 메시지를 단박에 알아들었다. 조슈는 돈이 없지만 막부는 부자다. 어디서 뜯어내든 똑같은 300만 달러가 아닌가? 4개국 연합은 조슈 대신 막부를 쥐어짰고, 막부는 울며 겨자 먹기로 300만 달러를 추심당했다.

고향이 쑥대밭이 될 때 교토의 중앙 정계에 진출한 조슈의 번사들도 참변을 당했다. 그동안 조슈는 존왕양이파의 산실로 인정받았고 천황의 지지도 받았다. 교토의 어소에는 조슈 번 인사들이 대거 포진되어 있었다. 하지만 조슈만 천황의 어여쁨을 받은 게 아니다. 사쓰마 역시 기특하기는 마찬가지였다. 1863년은 조슈가 멋대로 전쟁을 일으켜 외세에 패배하고 조정을 곤란에 빠트린 반면, 사쓰마는 사쓰에이전쟁 승전으로 천황을 대신해 일본의 자존심을 세운 해다. 사쓰마 번사들은 이 기회를 놓칠 수 없었다. 그들은 고메이 천황에게 허락을 받은 후 아이즈(会津) 번의 번사들과 힘을 합쳐 중앙 정계에서 조슈 세력을 완전히 몰아내는 '8월 18일의 정변'을 일으켰다.

조슈의 사무라이들은 그래도 포기하지 않았다. 궁지에 몰린 조슈 번사들은 교토에 숨어들어 상상할 수도 없는 대형 사고를 기획했다. 천황을 납치해 조슈로 끌고가려고 한 것이다! 물론 그들끼리는 '모셔간다'고 했지만 말이다. 납치 방식의 과격함도 상식을 벗어났다. 먼저 천황의 거처에 불을 지른다. 그럼 천황은 불을 피해 바깥으로 나올 수밖에 없으니 그때 천황을 붙잡는다는, 아니 모신다는 계획이었다. 그러다가 천황폐하의 옥체가 상하거나, 자칫 조슈가 아니라 저승에 가기라도 하면 어쩐단 말인가. 그들의 계획만 보면 광기에 찬 테러집단으로 보인다. 하지만 나는 조슈 번사들의 충심이 진심이었다고 믿는다. 극단주의자들은 우리 같은 일반인들과는 사고방식이 다른 법이다.

이슬람이든 기독교든 불교든 한 종교의 극단주의자들에게 신은 항상 옳다. 신의 뜻을 행하는 자신들도 항상 옳다. 그러므로 신은 항상 자신들과 함께 계시다. 조슈 번사들은 마찬가지 논리로 천황폐하께서도 조슈 번에 계셔야 마땅하다고 생각했다. 천황의 의사를 묻지 않았다는 치명적 문제가 있지만, 화를 좀 내시더라도 어차피 옆에서 모시다보면 번사들의 진정성을 알아주실 게 분명하다. 애초에 조슈 번사들이 미국 상선을 공격했을 때 그들은 모든 것이 자신들의 계획대로 될 거라고 확신했다. 그러니 천황의 생명과 건강이 위험해질 리 없었다. 그런 불상사는 계획에 없었기 때문이다. 조슈 번사들의 광기는, 광기이되 진정성 넘치는 광기라고 할 수 있다.

조슈 번사들은 교토의 이케다야(池田屋)라는 여관에서 일을 꾸미고 있었다. 교토의 치안을 책임지고 있던 신선조가 이케다야 여관을 습격했다. 여관 안팎에서 치열한 검투가 벌어졌다. 밤새 벌어진 이날의 시가전을 '이케다야사건'이라고 한다. 격렬한 싸움은 조슈 번 무사들 쪽으로 무게추가 기울어졌다. 신선조는 1번대 대장이자 절정고수 오키타 소지(沖田総司, 1842 혹은 1844-1868)와 2번대 대장 나가쿠라 신파치(永倉新八, 1839-1915)의 검술에 의존해 간신히 버텼다. 그러다 신선조 3번대 대장이자 암살의 1인자 그리고 '무적의 검객'으로 불린 사이토 하지메(斎藤一, 1844-1915)가 합류하면서 전세가 역전되었다. 날이 밝

앉을 때는 신선조의 승리가 결정된 후였다. 조슈는 또다시 결정
타를 맞았다.

　밤을 새운 싸움에서 승리한 신선조의 개선 행렬을 구경하
기 위해 인파가 모여들었다. 신선조는 천황의 신변을 지킨 공
적으로 전국에 명성을 떨쳤다. 그들은 조정과 막부, 그들의 고
향인 아이즈 번 모두에게서 칭찬과 함께 은 200냥이라는 두둑
한 상금을 하사받았다. 천황과 쇼군에게 동시에 인정받은 것이
다. 이러면 아이즈 번사들과 신선조 역시 스스로의 가치를 의
심할 수 없게 되기 마련이다. 메이지 유신이 출범하기 전의 일
본은 사무라이들이 '믿음'을 위해 살인은 물론 자신의 죽음까지
도 마다하지 않던 시대였다. 믿음이 얼마나 객관적인지는 중요
하지 않다. 믿음이라는 점이 중요하다.

　이케다야사건으로 이미 승패가 났는데, 조슈 번사들은 이
번에도 포기하지 않았다. 그들은 아예 천황이 있는 교토 황궁
에 쳐들어가 '정직한' 실력행사로 천황을 납치하려고 했다. 이
른바 금문의 변(禁門の変) 사건이다. 조슈는 마지막 남은 힘을
끌어모아 거병을 준비했다. 막부는 철수를 명령했지만, 실제로
는 명령이 아니라 간청하는 수준이었다. 그러나 조슈 번사들의
기대와 달리 고메이 천황은 아이즈 번을 두둔했다. 자신의 신
변을 지켜주었으니 당연하다. 그에 대한 응답으로 조슈는 군사
를 일으켰다. 나는 조슈 번사들이 천황에 대한 기대를 포기했
거나 천황에 화가 났다고 생각하지 않는다. '폐하의 눈과 귀를
가리는' 막부와 아이즈 번에게서 천황을 구해내지 않으면 일본
에 미래는 없을 것이라 믿었다고 확신한다.

　1864년 7월 19일, 조슈 번사들은 황궁의 서쪽 문인 하마구
리 문(蛤御門) 방면으로 쳐들어갔다. 다른 번의 번사들도 있었

지만 조슈 군과 격돌한 방어군의 주축은 역시 아이즈 번과 신선조였다. 창, 칼, 총, 대포가 모두 동원된 대전투가 벌어졌다. 격전 끝에 조슈 번은 황궁 문을 뚫고 천황을 확보하기 직전까지 다다랐지만 이번에도 운이 따르지 않았다. 전투를 지켜보고 있던 사쓰마 무사들이 아이즈와 연합해 조슈 군을 공격했다.

사쓰마는 조슈와 경쟁하는 관계였다. 이미 8월 18일의 정변으로 원수지간이 된 마당에 천황을 빼앗길 수는 없는 노릇이었다. 사쓰마 군의 참전으로 전세는 역전되었다. 3천 명의 조슈 군은 연합군 5만 명에 무참히 패배하고 말았다. 전투에서 살아남은 조슈 번사들은 아마도 기밀 자료의 증거인멸을 위해서 자신들의 숙소를 불태우고 후퇴했다. 여기서 번진 불로 교토에 이틀 동안이나 대화재가 발생했다.

조슈는 또 패배했을 뿐 아니라 그야말로 온 세상을 적으로 만들었다. 천황, 막부, 아이즈 번, 신선조, 사쓰마 번, 도사 번, 구마모토 번, 기타 여러 번들, 교토 주민, 영국, 네덜란드, 미국, 프랑스가 모조리 조슈의 적이었다. 막부에게 '토막'의 중심지를 짓밟을 절호의 기회가 왔다. 조슈가 천황의 신변을 위협한 대가로 전 일본의 적이 된 시점이었다. '막부 토벌'이 '조슈 토벌'로 되돌아왔다. 막부는 조슈를 세상에서 지워버리기 위해 곧바로 총 15만 명의 정벌군을 편성했다. 이제 조슈의 멸망은 예정된 것이나 마찬가지였다. 아니, 이미 두 번은 멸망하고도 남았어야 했다. 그런데도 조슈는 결국 살아남는다.

승리와 멸망 사이

토막의 반대말은 좌막(佐幕)이다. 막부를 보좌한다는 말이다.

토막파가 있으면 당연히 좌막파도 있다. 일본의 젊은 하급 사무라이들에서는 토막이 대세였다. 막부가 동원한 15만 군대의 절반 이상은 원정에 참여만 했을 뿐 적극적으로 조슈를 토벌할 의지가 없었다. 테러를 통해 천황을 독차지하려 한 조슈를 응징하는 일은 옳지만, 그리되면 막부에만 좋은 일이었다. 그들은 조슈보다 막부를 더 싫어했다. 어쨌거나 조슈는 자신들과 같은 존왕양이파였다. 그들을 도륙할 마음이 생기지 않았다.

막부는 막부대로 전쟁에 자신이 없었다. 15만 군대를 유지하는 데는 막대한 돈이 든다. 조슈의 농간에 당해 300만 달러를 날린 막부에게는 버거운 일이었다. 게다가 막부도 바보가 아닌 이상 15만 명의 연합군이 덩치만 클 뿐 결집력이 없다는 사실을 잘 알고 있었다. 모든 여력을 탕진한 조슈 번에도 선택지는 항복밖에 없었다. 결과는 싱거운 타협이었다. 조슈 번은 좌막파 보수세력이 정권을 탈환했다. 그 대가로 막부는 군사를 물렸고 연합군은 해산되었다.

존왕양이파 조슈 번사들은 근거지에서 쫓겨나 일본 전국을 전전했다. 그냥 도망만 다닌 것은 아니다. 그들은 사무라이다. 할 일이 많다. 복수도 해야 하고 재기를 노리기도 해야 한다. 그들의 유랑은 단순한 떠돌이 생활이 아니라 변장, 신분위조, 암살, 결투, 첩보로 이루어진 활극이었다. 젊은 조슈 번사들은 이번에도 포기하지 않았다. 그들은 용케 고향에 되돌아와 조슈 번 안에서 내전을 일으켜 기어이 다시 번의 권력을 손에 쥐었다.

조슈 번의 생존은 얼핏 미스터리해 보인다. 그래서 여러 번의 패배에도 불구하고 결정적인 피해는 입지 않은 채 전력을 유지했기 때문에 대업(大業)에 성공했다는 분석이 있다. 결코 그렇지 않다. 조슈는 각 패배마다 막대한 피해를 입으며 멸망

74

직전에 몰렸다. 그럼에도 조슈 번사들이 성공한 비결이 무엇이냐고 묻는다면 할 말이 없다. 비결이 없었기 때문이다. 실상은 아주 단순하다. 메이지 유신에 성공하고 보니, 아직도 꽤 많은 조슈 번사들이 '그냥' 살아있었다. 전혀 계획적인 일이 아니다. 그들은 '결과적으로' 살아남았다. 같은 방식으로 '결과적으로' 사멸한 번도 있다. 지금의 이바라키현에 해당하는 미토(水戸) 번은 현재 조슈와 사쓰마에 비해 인지도가 낮다. 하지만 막말(幕末)에서 메이지 유신에 이르기까지 미토 번의 역할은 지대하다. 미토 번사들 역시 조슈와 사쓰마 번사들처럼 가치투쟁에 자신들의 목숨을 아낌없이 몰아넣었다. 정작 유신 정부가 수립되자 미토 번은 단 한 명의 정부 요인밖에 배출할 수 없었다. 실력 있는 번사들이 모두 죽은 후였기 때문이다. 이후 미토는 일본 역사에 기억될 만한 영향력을 행사할 수 없었다.

'결과적으로' 살아남은 사람들이 일본을 통치하게 되었을 때, 결과가 과정을 정당화했다. 그들은 미토 번사들의 최후 대신 자신들의 성공신화를 음미했다. 그 모든 무모함과 과격함은 결국 옳았다. 일본은 옳은 나라이므로 이제 밖/세계를 상대로, 즉 청나라와 러시아, 미국에 싸움을 걸어야 한다. '상대가 강대한 데도 불구하고 / 옳은' 전쟁이므로 싸운다는 뜻이 아니다. 여기에는 '상대가 강대한 만큼 무모한 전쟁이므로 / 옳다'는 무서운 관념이 도사리고 있다. 그런 점에서 살아남지 못해 지워진 미토 번 대신 어쨌든 살아남아 역사에 길이 남은 죠슈와 사쓰마의 운명은 이후 일본이 겪은 폭주의 경로와 그 결과를 예고하는 불길한 징후로 남았다.

통치권의 행방

천황과 막부 모두의 적으로 낙인찍힌 조슈는 더 이상 눈치 볼 게 없었다. 눈치란 잃을 평판이 남아 있는 사람이나 보는 법이다. 그들은 시모노세키 항을 멋대로 개방했다. 젊은 쇄국주의자들은 전쟁을 통해 서양 무기의 위력을 절감했다. 막부를 물리치기 위해서도 서양의 힘이 필요했지만, 궁극적으로 서양과 맞서 싸우려면 다름 아닌 적을 모방해야 한다고 생각했다. 이렇게 조슈 역시 사쓰마 번과 입장이 같아졌다. 입장을 180도 바꿔 무역을 했더니, 오히려 막대한 이익을 거두면서 조슈 번은 부국강병의 꿈에 다가갔다. 막부의 눈에는 결코 이뤄져서는 안 되는 발칙한 꿈이었다. 막부는 조슈를 완전한 폐허로 만들기 위해 2차 정벌을 준비했다.

사쓰마는 딜레마에 빠졌다. 막부 편을 들어야 할지 조슈 편을 들어야 할지, 참으로 곤란한 지경이었다. 하지만 조슈는 어디까지나 경쟁상대였고 막부는 적이었다. 적을 도와 경쟁자를 처단한다? 막부가 신세력 조슈를 짓밟고 그다음 순서로 노릴 또 다른 신세력이 누군지는 뻔했다. 다름 아닌 사쓰마였다. 그런데 사쓰마는 두 차례나 조슈를 나락에 빠트렸다. 사쓰마와 조슈는 한편이면서도 또한 철천지원수 사이였다. 이제 와서 화해의 손길을 내밀기도 낯 뜨거운 상황이었다. 이때 일본 열도 중 가장 작은 섬인 시코쿠(四国)의 한 번이 등장해 역사의 결정적 장면을 만들어냈다.

넓게는 혼슈와 규슈, 좁게는 조슈와 사쓰마 사이에서 균형

추 역할을 하던 시코쿠의 도사(土佐) 번*에 사카모토 료마(坂本 龍馬, 1836-1867)라는 젊은 하급 사무라이가 있었다. 사카모토 료마는 머릿속에 떠오른 생각을 고민 없이 실행하는 타입의 인물이었다. 그는 일본 최초로 신혼여행을 다녀오기도 한 트렌디한 사람으로, 두 개 유파의 검술에 달통한 고수면서도 총이 더 위력적이라는 명쾌한 이유로 권총을 애용하였다. 사카모토 료마는 상업활동을 하다가 필요하면 전투에 나서는 용병 집단**을 결성해 성공적으로 운영했는데, 이 정도면 창의력이 매우 뛰어난 인물이었음을 부정할 수 없다.

사카모토 료마가 중재에 나서자 조슈와 사쓰마는 급속도로 공감대를 형성했다. 자세한 기록은 없지만 여기에는 사카모토 료마의 개인적인 성격이 큰 역할을 했으리라 판단된다. 검 대신 총을 쓴 일화에서 알 수 있듯이 그는 목표지향적인 인물이고 목표를 향한 과정도 직선 일변도인 성품이었다. 공동의 적인 막부 타도가 가장 시급한 일이라는 점을 각인시키기에 더없이 좋은 인물형이었으리라. 사쓰마와 조슈는 무기와 식량을 주고받으며 혈맹관계가 되었다. 이것이 일본사를 뒤바꾼 삿초동맹(薩長同盟, 사쓰마-조슈 동맹)이다. 이때가 1866년으로, 동맹이 결성된 시점에 막부의 운명은 결정된 것이나 마찬가지였다.

사카모토 료마가 현대에 누리는 인기가 워낙 높기에, 그가 평생 이룬 업적이라고는 조슈와 사쓰마를 중재한 게 전부가 아니냐는 볼멘소리가 있다. 맞는 말이다. 하지만 역사적 평가는 결과가 만들어낸다. 간단한 일을 단 한 번 했을 뿐이라고 해도 역사에 결정적인 영향력을 끼쳤다면 역사적 인물이다. 사카모

---

* 현재 시코쿠의 고치(高知)현.
** 해원대(海援隊). 현 미쓰비시(三菱) 그룹의 전신이다.

토 료마가 일본인들에게 많은 인기를 누리는 현상에 의아함을 느낄 필요는 없다. 아까운 나이에 요절해* 더 오래 살아남은 이들이 벌인 온갖 추태와 실수를 남발할 기회가 없었으니 사후 평가로만 보면 운이 좋았다고 할 수 있다.

막부의 2차 조슈 정벌은 당연하단 듯이 실패로 끝났다. 시모노세키전쟁부터 참혹한 패배를 반복하던 조슈는 난세에 비로소 첫 승리를 거머쥐었다. 1867년, 삿초동맹이 막부 타도를 천명하자 막부는 나름대로 머리를 굴렸다. 막부는 아직도 젊은 사무라이들이 자신의 생각대로 움직일 거라고 착각했다. 당시 삿초동맹이 내건 명분은 통치권을 천황에게 돌려드리자는 것이었다. 그것이 '존왕'이었으니까. 막부는 일단 삿초동맹의 명분을 없애기 위해 대정봉환(大政奉還)을 결행했다. 천황에게 위임받은 통치권을 되돌려드린다는 뜻이다. 천황이야 통치권을 돌려준다니 일단 받았는데, 막부는 무슨 생각이었을까. 삿초동맹의 명분을 없애 시간을 벌겠다는 심산이었다. 나중에 실력행사를 통해 다시 천황에게 위임받으면 된다는 희망찬 계획이었다.

모든 통치권은 철학적 정당성을 얻기 위한 나름의 설계도면을 갖고 있다. 유럽에서는 유일신 하나님이 군주에게 백성의 통치권을 위임한다. 그런데 하나님과 만나 계약서를 작성하고 사인을 한 후 악수를 나눈 군주는 지금껏 한 명도 없다. 그래서 기독교와 세속군주들은 교황무오류성(敎皇無誤謬性)이라는 억지스러운 해결책에 동의했다. 교황은 특별한 은총을 받아 아무런 오류 없이 하나님의 뜻을 행한다는 교리다. 그래야만 교황의 승인을 받은 세속군주의 통치가 '합법'이 된다. 마찬가지로

* 31살의 나이에 정체불명의 적에게 암살당했다.

일본은 천황이 쇼군의 통치를 정당화한다. 한반도를 비롯한 중국 주변의 왕조들은 형식적으로 중국의 제후국이 됨으로써 문제를 해결했다. 천자(天子), 하늘의 아들인 중국 황제에게 제후로 임명되어 궁극적으로는 하늘로부터 통치권을 위임받는 형태다. 물론 실제로는 중국과 얼마든지 싸운다. 한반도 왕조는 중국과 전쟁을 치를 때도 조공 사절을 보냈고, 중국 조정 역시 하사품을 주고 되돌려보냈다.

철학적 해결책은 현실을 정당화하기 위해 반드시 필요하다. 그러나 현실 자체를 바꾸는 도구는 아니다. 현실에서는 언제나 실력대결에서 승리한 자가 교황, 천황, 천자의 승인을 얻거나 혹은 스스로 천자가 되었다. 승인은 사후결재다. 승인을 얻어 승자가 되는 게 아니라 승자가 된 후 승인을 받는 게 순서인데, 막부는 이를 거꾸로 생각하는 오판을 저질렀다. 삿초동맹은 막부가 물러나자마자 군대를 이끌고 교토에 입성해버렸다. 이어 삿초동맹은 기다렸다는 듯 뚝딱 천황 중심의 신정부를 수립했다. 대정봉환 이면에 숨겨놓은 막부의 계획은 야심 찼지만, 애초에 젊은 사무라이들이 막부보다 순진해야 실현 가능한 야심이었다.

실력행사가 현실을 결정한다는 당연한 진리가 백주대낮에 드러난 이상, 천황을 잃은 막부에게 남은 선택지는 전쟁밖에 없었다. 일본은 보신전쟁(戊辰戰爭)의 폭풍 속으로 전진한다. 혁명과 보수 그리고 토막(막부 토벌)과 좌막(막부 보위). 한 세계가 양분되었을 때 흔히 그렇듯 일본 역시 세계를 차지하기 위한 거대한 일전을 남겨두고 있었다.

무사와 지사

일본 만화《바람의 검심》에는 여자처럼 곱상한 얼굴의 동안인 주인공 히무라 켄신(緋村剣心)이 등장한다. 이 캐릭터의 실존모델은 가와카미 겐사이(河上彦斎, 1834-1872)다. 그는 검술의 달인이자 토막파의 암살자로 활약했다. 가와카미 겐사이는 새하얀 피부와 여성보다 예쁜 얼굴로 암살자와는 거리가 먼 인상이었는데, 진짜 문제는 키가 겨우 150cm에 불과했다는 점이다. 짧은 리치(Reach, 공격 거리)는 무술가에게 치명적인 약점이다. 가와카미 겐사이는 아예 먼저 상대방의 리치 안에 들어가는 검법을 창안했다. 작은 키라는 불리한 조건을 오히려 거꾸로 활용해 거리 싸움을 생략하고 순식간에 상대방의 어깨 밑으로 깊숙이 파고든다. 이때 한쪽 무릎이 땅에 닿을 만큼 낮은 자세를 사용했다. 그런 다음 검을 아래에서 위로 올려 베어 치명상을 입히는 게 가와카미 겐사이의 필살기였다. 일본 검술에서 '올려베기(逆袈裟斬り)'라고 부르는 검법으로, 가와카미 겐사이는 이 검법을 사용해 순식간에 적을 해치우는 것으로 유명했다. 당대에 적수가 없다시피 해 검술의 고수들만 모인 신센구미 대원들도 가와카미를 두려워할 정도였다. 사람을 죽이는 것에 아무런 거리낌이 없었는데, 왜 이렇게 사람을 많이 죽이느냐는 질문에 답한 내용이 무시무시하다. "당신의 밭에 난 가지와 오이라면 어떻게 하겠습니까? 적당할 때 뜯어서 무쳐야지요. 그놈들도 마찬가지입니다. 이러쿵저러쿵 사정을 들어주면 안 돼요. 빨리 찢어발기는 게 제일 좋아요."

가와카미 겐사이는 조슈의 번사로 활약했다. 그런데 그는 원래 구마모토(熊本) 번 사람이다. 그런데도 조슈의 번사로 활약한 이유는 그가 존왕양이파이자 토막파 사무라이였기 때문이다. 구마모토는 좌막파가 우위에 있었다. 이처럼 주관에 따라 자신의 번을 떠나 활동한 사무라이를 낭사(浪士)라고 한다. 전통 막부시대의 낭인(浪人)과 낭사는 본질적으로 다른 존재다.*
사무라이의 정신적 본질은 충(忠)이다. 낭인은 주인을 잃은 사무라이다. 그래서 낭인에게는 명예가 없다. 낭사에게는 주인이 있다. 그 주인은 바로 자신의 가치다. 그래서 막말시대 낭사의 위상은 번사와 동급이거나 그 이상의 낭만을 지닌다.

가와카미 겐사이는 2차 조슈 정벌에서 유격대 검사로 활약했다. 유격대는 조슈 번사들이 시모노세키전쟁 중에 새로 창설한 부대 중 하나다. 조슈 유격대는 요즘으로 치면 특수부대다. 이 시기의 전투에서는 대열의 앞에 선 보병이 적진에 일제사격을 가한다. 양측에서 몇 번의 사격이 이루어지면 희뿌연 화약 연기가 전장을 뒤덮는다. 총을 든 병사들의 시야가 연기에 가려진 틈을 타 어디선가 나타난 소수의 사무라이들이 적진에 침투해 검술로 적들을 베고 연기가 걷히기 전에 사라진다. 이 싸움법을 반복한다. 언제까지? 자신이 죽거나 전투에서 승리할 때까지. 이것이 조슈의 유격대가 전쟁에 참전한 방식이다. 실력도 실력이지만 어째서 이렇게까지 목숨을 내던지고 싸웠는지를 생각해봐야 한다. 조슈 유격대의 싸움법처럼 자기 목숨을 마구 내던지며 돌진하는 것은 드문 일이다. 이는 가치가 절대화된 투쟁에서만 가능한 일이었을 것이다.

가와카미 겐사이는 막말의 활동가를 대표하는 전형적인 인물이다. 그는 시대를 대표하는 조건들을 고급스러운 방식으

* 두 단어는 혼용되기도 하지만 적어도 막말의 낭사는 낭인과 혼용될 수 없다.

로 두로 갖췄다. 뛰어난 검술가이며 자신의 가치가 있었고, 죽이는 것도 죽는 것도 두려워하지 않았다. '막부가 가장 두려워한 검객'이라는 낭만적인 타이틀도 있다. 적대 세력의 탄압으로 여러 차례 감옥에 수감되었고 존경과 증오를 동시에 받았다. 그리고 아까운 나이에 요절했다. 마지막으로 감옥에 갇혔을 때, 그를 가둔 사람들은 기회를 놓치지 않고 재빨리 처형해버렸다. 너무나 많은 원한과 두려움의 대상이 되었던 탓이다.

《바람의 검심》에는 시대를 대변하는 또 다른 전형적 인물상이 있다. 실명 그대로 등장하는 신선조 3번대 대장 사이토 하지메다. 아이즈 번을 먼저 말하지 않고서는 신선조를 설명할 수 없다. 예부터 일본에는 "사쓰마 사무라이는 아이즈만, 아이즈 사무라이는 사쓰마만 상대할 수 있다."는 말이 있었다. 서로 최고의 실력자들이고, 그러니 서로만 상대할 수 있다는 말이다. 하지만 실력은 비슷할지 몰라도 정체성은 달랐다. 사쓰마와 조슈의 사무라이가 비교적 자유로운 사고방식을 발휘할 수 있었던 반면, 아이즈 사무라이는 봉건체제의 핵심에 편입된 '진정한' 사무라이였다. 다시 말하지만 막부 시절 사무라이가 속한 피라미드 조직의 꼭대기는 천황이 아니라 쇼군이었다. 아이즈 사무라이는 아이즈 번 다이묘가 관리하다가 필요할 때마다 쇼군에게 빌려주는 고급 전투력이었다. 아이즈 사무라이는 쇼군과 막부의 직속 멤버였다. 정통 사무라이로서 자부심과 선민의식을 느끼기에 충분한 조건이다. 전통적인 막부 체제에 대한 충성심은 당연했다.

신선조는 아이즈 번 사무라이 중에서도 최정예로 선발된 요원이다. 원래는 에도에서 교토로 가는 쇼군의 호위를 책임지기 위해 모집된 엘리트 무사다. 이들은 1860년대의 난리통 속

에서 신선조로 이름을 바꾸고 치안유지대 겸 특수암살단으로
활약하게 되었다. 반대편 거울끼리는 서로를 비추는 법이다. 토
막파 세력이 저돌적으로 전통 체제를 위협할수록 신선조도 적
들 이상으로 '순수성'에 집착하게 되었다. 신선조는 순수성 투
쟁을 위해 내부 헌병을 두었다. 신선조의 역사를 보면 조직 내
의 암살과 숙청을 통해 사라진 대원이 적과의 싸움에 의해 죽
은 사람보다 더 많을 정도다. 이렇게나 엄혹한 내부 헌병으로
알려진 인물 중 하나가 다름 아닌 3번대 대장 사이토 하지메다.
가와카미 겐사이와 사이토 하지메로 대변되는 젊은 무사들은
1868년, 보신전쟁에서 명운을 걸고 격돌했다.

　　조건만 보자면 보신전쟁에서 유리한 쪽은 막부군이었다.
막부는 새로 양성한 프랑스식 군대를 포함해 15,000명의 군대
를 동원했다. 이에 반해 삿초와 도사 번을 중심으로 한 토막 연
합군은 3,000명 규모였다. 그러나 토막 연합군은 아군의 5배에
달하는 적을 무찔렀다. 막부군은 프랑스식 소총 보병대와 창검
으로 무장한 정통 사무라이군으로 나뉘어 있었다. 이에 반해
토막파 하급 무사들은 모든 역할을 수행했다. 같은 무사들이
어떨 때는 총을 쏘고, 백병전을 감행할 시점이 왔을 때는 검을
뽑아 들고 싸웠다. 포병도 마찬가지였다. 토막파 무사들은 모두
가 검객이자 총잡이이자 포병으로 일사불란하게 움직였다.

　　당시의 지상 전투는 총과 포로 전투의 큰 그림을 만들고,
결정은 백병전에서 나는 방식이었다. 사쓰마, 조슈, 도사 번의
토막파 무사들은 검투에서 좌막파를 압도했다. 유일하게 아이
즈 번 무사들이 분전했지만 전세를 뒤집지 못하고 토막파 무사
들에게 큰 피해를 입으며 패퇴했다. 막부 세력은 일본 열도를
가로질러 후퇴를 거듭해가며 패배했다. 결국 막부는 쇼군 가문

의 영지인 에도까지 내놓는 조건으로 항복했다.

아이즈 번은 자신들은 쇼군 대신 남아 끝까지 싸워 쇼군을 다시 일본의 1인자로 세우겠다고 결의했다. 그들은 도호쿠 지방의 번국들을 통합해 '오우에쓰 열번동맹(奥羽越列藩同盟)'을 결성해 마지막 싸움을 이어나갔다. 아이즈 번사들은 최후의 발악을 위한 동력을 마련하려고 자신들의 지역민을 가혹하게 착취했다. 사무라이들이 자신들이 믿는 '가치'를 위해 장렬히 죽어갈 동안 주민들은 과도한 세금과 병역, 부역으로 고통받았다. 좌막파 사무라이들의 착취에 시달린 주민들은 신정부군의 관군을 '관군 사마(樣, 님)'라고 부르면서 물자를 대주기까지 했다. 사쓰마, 조슈, 도사의 번사들은 아이즈와 신선조 사무라이들을 끝가지 추적해 몰아붙인 끝에 드디어 그들을 격멸하는 데 성공했다. 막부의 권력은 일본 열도에서 완전히 퇴출되었다. 같은 해, 병으로 요절한 고메이 천황의 뒤를 이은 신임 천황이 메이지라는 연호를 사용하기로 결정했다. 메이지 유신 원년인 1868년의 일이다.

지사, 탐미적인 사대부

유신은 선언이 아니다. '이제 일본이 재통일되었으니, 유신이란 것을 선포한다.'는 의식 같은 건 없었다. 1868년은 한쪽에서는 신정부가 수립되고 다른 쪽에서는 치열한 전투가 벌어지는 난세였다. 당시 일본에는 전국민이 접할 수 있는 라디오나 신문 호외 같은 미디어가 없었다. 나중에 유신 원년을 언제로 해야 할지 논쟁 끝에 1868년으로 잠정적으로 정한 것이다.

유신(維新)이라는 말은 사서삼경(四書三經) 중《서경(書經)》

에 기록된 표현이다. 고대 중국의 주나라가 체제를 완전히 새롭게 정비해 멸망의 위기를 극복하고 되살아난 사건을 유신이라고 한다. 막부를 뒤집어엎은 신정부세력은 자신들의 성공을 어떻게 표현할까 고민하다가 《서경》에서 적절한 표현을 찾았다. 수천 년의 시간 차이가 있는 만큼 명칭 외에는 유사성이 없다. 하지만 원조 유신만큼이나 메이지 유신도 참 잘 지은 이름이다.

사정이 이렇다 보니 나는 이 책에서 지금까지 '유신 지사'라는 단어를 쓰지 않기 위해 노력했다. '지사'라는 말도 가급적 조심하며 최소로 사용했다. 유신 지사라는 말은 유신이 성공하고 이름까지 지어진 후에야 일반명사로 굳어질 수 있기 때문이다. 그렇다면 지사란 과연 무엇인가? 좁게 보면 메이지 유신이라는 사건을 일으키는 데 기여한 사람들이다. 그런데 지사는 한편이 아니다. 공통의 가치로 묶인 사람들이 아니다. 사쓰마, 조슈, 도사, 아이즈와 기타 여러 번의 수많은 번사와 낭사들은 서로 죽고 죽이다가도 한편이 되어 공동의 적에 맞서고 또다시 싸우기를 반복했다. 어젯밤 골목에서 검을 맞댄 적과 오늘 술을 마실 수 있고 내일은 전쟁터에서 만날 수 있는 게 지사들이었다. 지사(志士)는 '뜻 있는 사대부'라는 뜻이다. 조선이라면 선비겠지만, 일본이므로 '뜻 있는 사무라이'에 가깝다. 그들이 지향하는 '뜻'이 무엇인지는 중요하지 않다. '자신의 뜻'이 있으면 지사다. 그래서 넓은 의미로 보면 가와카미 겐사이뿐 아니라 신선조의 암살자 사이토 하지메 역시 지사에 속한다.

수많은 지사들이 각자의 방식으로 투쟁했더니 유신이라는 선물이 주어졌다. 그래서 제국주의시대 일본에서는 소위 '지사 문화'라는 게 생긴다. 자신의 신념과 대의에 따라 목숨을 거는 행위를 존경하는 문화다. 비록 법을 저촉하고 사회에 해를 끼

쳐도 '지사'면 존중받았다. 일본제국 치하 식민지 조선에서도 지사 문화의 예를 발견할 수 있다. 일본군에서 성공한 조선인들 중 공공연히 독립운동을 돕던 사람들이 있다. 심지어 독립군에 무기를 넘기다 적발된 사례도 있다. 이들은 큰 처벌을 받지 않았다. 지금 한국인의 눈에는 기이한 일이다. 하지만 일본인 상관이 이적행위를 한 조선인을 한 명의 지사로 봐주면 가능하다. 대동아공영이라는 큰 뜻에 함께하면서, 조선인으로서는 독립을 위해 개인적인 일탈을 한다면 인정해줄 수 있다는 식이다. 유신 지사들 역시 유신이라는 큰 뜻에는 함께해도 자기 고향과 도장의 명예를 위해서라면 서로 죽일 수 있었으니 말이다.

최익현(崔益鉉, 1833-1907)은 대한제국의 항일애국지사지만 오히려 일본 지사 문화의 전형적인 예를 보여준다. 그는 고종의 밀명을 받고 항일운동을 전개하다가 실패한 후 일본군에 의해 쓰시마에 유배되었다. 최익현은 일본인에게 '일본인이 밥을 주니 일본식으로 머리를 깎으라.'는 요구를 받았다. 여기까지만 보면 저급한 이지메다. 그런데 최익현이 보인 행동에 일본인들의 태도가 급변했다. 최익현은 굶어 죽을 것을 선언하고 단식에 돌입했다. 동시에 자신의 결정을 물리지 않기 위해 고종에게 단식을 알리는 상소를 올렸다.

절곡(絶穀), 즉 '곡기를 끊는다'는 것은 조선 선비가 생을 마치는 방식 중 하나였다. 이는 일본 사무라이의 할복과 강렬한 공통점을 지닌다. 한국과 일본의 사대부 문화는 다르다. 귀족적인 고급문화 안에서 두 사대부, '선비'와 '사무라이'는 전혀 다른 인종이다. 사고방식도 행동 양태도 다르다. 하지만 귀족문화라는 점, 평민문화의 상식과 궤를 달리한다는 점에서는 같다. 조선 선비는 조선 농민보다 일본 사무라이와 더 가깝다.

사대부는 가치를 위해 산다. 그러므로 가치를 위해 죽기도 한다. 평민은 살기 위해 명예를 버릴 수 있지만 사대부는 명예를 위해 죽는다. 선비는 절곡을 함으로써 내장 안의 음식물과 배설물을 모두 비운다. 사무라이는 할복으로 내장을 꺼낸다. 두 행위의 의미는 같다. 삶의 비루한 흔적을 버리고 깨끗하게 죽겠다는 의지다. 자신의 죽음에 상징적인 가치를 부여하는 의식이다. 차이가 있다면 할복의 고통은 더없이 극심한 대신 짧고, 절곡의 고통은 반대로 긴 인내심을 필요로 한다는 점이다.

그러므로 최익현이 단식한 후 이틀이 지나자 일본인들은 그를 존경하기 시작했다. 자신의 뜻을 위해 죽기를 겁내지 않는 '지사'임이 증명되었기 때문이다. 물론 조선 선비의 충과 유신 지사의 충은 다르다. 조선의 '충'은 군주의 안위, 국익, 백성의 삶 등 현실적인 목표를 가진다. 유신 지사의 '충'은 자신의 비극적 낭만을 위해 작동한다. 하지만 실상과 상관없이 일본인들의 눈에 최익현은 조선의 지사로 보일 수밖에 없었다. 그들은 갑자기 친절해져서 머리를 깎지 않으셔도 되니 건강을 챙기라며 죽을 권했다. 이후 최익현은 품위 있는 대우를 받았다. 비록 3개월 후 풍토병에 걸려 한 달간 투병하다가 74세를 일기로 사망했지만, 당시의 수명과 의학 수준을 고려하면 그렇게 나쁘지 않은 죽음이었다.

유신과 지사, 두 가지 본질을 놓치면 이틀 만에 최익현에 대한 대우가 180도 달라진 사건을 이해할 수 없다. 이 현상을 설명하기 위해 일제가 조선에서 민심을 얻기 위해 유림을 우대했다거나, 일본 당국과 최익현 사이에 오해가 있었는데 다행히 풀려서 사이가 좋아졌다는 식의 잡다한 억지 해석이 많다. 하지만 유신이라는 프레임으로 들여다보면 간단히 설명되는 일이다. 유신이 종교라면 그 안에서 죽음은 순교가 된다. 밥벌이 따위에 연연하지 않고 칼과 총을 쥔 채 스러져간 수많은 지사들, 태평양전쟁 말기에 미군의 군함을 향해 돌진한 가미카제 조종사, 심지어 일제에 저항한 조선인까지도 성자가 될 수 있다. 자신의 가치를 위해 기꺼이 죽는 한 그것이 어떤 가치인지는 중요하지 않다. 가치를 위해 죽는다는 사실만 중요하다. 자신과 같은 편인지 아닌지의 문제를 넘어선다.

선과 악으로 이루어진 윤리적 세계관에서 '나'는 올바름을 위해서 싸운다. 이때 '나'의 적은 올바를 수 없다. 그는 악이다. 만약 적을 인정하면 나는 싸움을 계속할 이유가 없다. 그러므로 투쟁을 그만두던가, 상대편을 인정하지 않거나 둘 중 하나를 선택해야 한다. 정의가 아니면 불의이기 때문이다.

미학적 세계관에서 '나'의 올바름은 상대적이다. 나는 나의 올바름을, 적은 그의 올바름을 위해 싸우고 죽는다. 이런 죽음은 탐미적이다. 적이라고 인정하지 않을 이유는 없다. 아름다우면 된다. 마초적이고 생사에 초탈하면 인정해 마땅하며 감동하게 된다. '큰 정의'나 '작은 불의' 따윈 없다. 뜻이 크거나 작을 뿐이다. 그러므로 아름다움은 기개, 패기, 혈기, 기세 등의 말로 표현된다. 미학적 세계관은 올바름이 아니라 멋스러움을 추구한다.

또 다른 '멋진 사나이'의 대표적인 예로 안중근 의사가 있다. 최익현이 사망한 지 3년 후, 이토 히로부미를 저격한 안중근 의사가 뤼순 감옥에서 처형되었다. 수감 직후 그는 일본인 간수와 검사에게 격렬한 증오의 대상이었다. 한국인은 안 의사가 야만적인 일제에 참혹한 고문을 당했다고 믿는 경향이 있다. 실제로 고문을 조금 당하긴 했지만 당시의 인권 기준에선 통과의례 수준으로, 안중근은 일본 감옥에 갇힌 일본인보다도 괴롭힘을 덜 당했다. 그는 금세 일본인 판사, 검사, 변호사, 간수 그리고 감옥 소장에게까지도 대단한 존경을 받고 말았기 때문이다. 일제의 사법기관은 지사로 보이는 조선인을 지사가 못 되는 일본인보다 훨씬 우대했다.

안중근은 유신의 세계관에서 탐미적인 신화의 주인공이다. 그가 쏜 세 발의 권총탄은 발사된 순서대로 가장 치명적인 급소를 차례로 타격했다. 안중근의 사격 실력은 어릴 때부터 조선에서 유명했다. 총과 실탄을 자신에 맞게 개조하는 실력도 출중했다. 사쓰마 사무라이가 최고급 '검객'이라면 안중근 의사는 최고급 '총객'이었다. 안중근은 체포되어 처형당하리라는 사실을 알고 거사를 결행했으며 그래서 뤼순 감옥에 수감되고도 죽음을 담담히 받아들였다. 부유한 조선 무관 가문의 후예로서 안중근이 보인 귀족적 태도를 목격한 일본인 인사들은 그의 열렬한 팬이 되고 말았다.

안중근의 매력 포인트 중 하나는 서예였다. 그의 글씨는 조선 정통 서예의 기준에서 결코 명필은 아니다(악필은 더더욱 아니다). 하지만 그의 글씨는 20세기 초반의 작품이라고 하기에는 너무나 트렌디하고 남성적이어서 지금 봐도 멋지다. 정통 서법이라기보다는 캘리그래피에 가깝다. 안 의사가 옥중에서 글씨를 쓸 때마다 담당 간수 지바 도시치(千葉十七, 1885-1934)는 옆에서 무릎을 꿇고 경건한 자세로 먹을 갈았다. 그는 처음에는 안중근의 얼굴에 권총을 들이밀며 분노를 쏟아냈지만, 나중에는 이토 히로부미와 그를 암살한 안중근을 동시에 존경하는 사람이 되었다. 유신의 세계관에서 이는 모순이 아니었다.

정작 안중근은 윤리적 세계관의 인간이었다. 일제는 조국의 적이자 가해자다. 그는 조선의 사대부로서 일제를 결코 인정하지 않았다. 하지만 유신을 통해 미학적 세계관이 내면화된 일본인들은 거꾸로 안중근을 존경하는 아이러니가 연출되었다. 뤼순 감옥 소장은 안중근이 써서 전달한 서예에 감격해 반입 금지 서적을 제공하기까지 했다. 지바 도시치는 안 의사가 마지막으로 남긴 붓글씨인 '위국헌신 군인본분(爲國獻身 軍人本分)'을 선물 받았는데, 그는 이 유묵을 품고 일본에 돌아가 마을 사람들과 함께 안중근을 기리는 신사(神社)를 세웠다. 지바 도시치의 이웃들마저 안중근을 존경하게 되었다는 얘기다.

안중근을 둘러싼 이상한 공기가 감지되자, 본국의 고위관료들은 알 수 없는 불상사를 미연에 방지하기 위해 뤼순에 빠른 사형 강행을 명령했다. 하지만 장담컨대 그들도 안 의사를 직접 겪었다면 뤼순에 있던 일본인들과 비슷하게 행동했을 것이다. 그러므로 현재 유신과 정한론의 후예를 자처하는 일본 우익 인사들이 안중근을 별 볼 일 없는 과격 테러리스트로 격하하려고 노력하는 모습은 매우 흥미롭다. 정작 그들이 유신을 전혀 이해하지 못한다는 증거이기 때문이다. 그들은 양편을 갈라 유신과 일제는 옳고 반대편은 나쁘다는 윤리적 세계관에 입각해 비윤리적인 주장을 한다. 유신의 관념은 윤리를 초월한다. 혹은 윤리에 미치지 못한다. 방금의 두 문장은 표현만 다를 뿐 같은 내용이다.

벼락치기 근대국가

유신은 일본국(日本國)을 일본제국(日本帝國)으로 만들었다. 일본은 쇼군이 다스리는 봉건국에서 천황이 명목상으로나마 직접 통치하는 중앙집권국가가 되었다. 물론 천황은 수백 년이나 실질 통치에서 손을 놓고 있었다. 안 하던 걸 바로 할 수는 없는 노릇이다. 실제로는 막부의 자리를 유신 지사들이 대신 차지했다. 지사들은 여러 번에서 배출되었으니, 신정부가 전국을 단일한 행정체계로 묶는 한편에서 정작 신정부 자체는 파벌싸움으로 혼란스러웠다. 애초에 그들은 막부 타도와 신정부 수립까지만 의견이 일치한 사람들이었다. 전국을 분할해 통치한 막부는 하나의 가문인 반면, 전국을 통합한 신정부는 여러 파벌이었다. 그래서 조선이 파벌싸움이나 하는 붕당정치의 폐해 탓에 천황 아래 전국민이 일치단결한 일본에 패배했다는 식민사관은 틀렸다. 적어도 그런 주장을 하려면 유신 정부도 같이 비판해야 한다. 무엇보다 조선은 붕당정치가 실종된 세도정치 시대부터 급속도로 망국의 길을 걸었다.

신정부는 폐번치현(廢藩置縣)을 단행했다. 각 번이 다이묘가 자신의 영지를 다스리는 체제에서 벗어나 중앙정부의 직접 통치를 받는 국토의 일부가 되는 것이었다. 번국들은 폐지되고 현으로 바뀌었다. 일본은 도요토미 히데요시의 짧은 집권 기간을 제외하고는 중앙집권을 해본 적이 없었다. 유신 지사들은 적당한 명칭을 찾다가 이번에도 중국 역사에서 이름을 찾았다. 그래서 중앙집권 정책을 표현하기 위해 수나라, 당나라 시대에 수립된 중앙집권 법제를 뜻하는 '율령(律令)'이라는 단어를 채택했다. 율령제의 내용은 서구식 근대국가로 나아가려는 유신 정부의 의지를 그대로 보여준다. 모든 남성이 징병 대상이 되는 국민개병제, 보편적인 국민교육 실시, 신분제 폐지 그리고 육식 장려 등이었다. 사회체제뿐 아니라 일본인을 새로운 민족으로 개조하려는 시도였다. 즉 막부 시절 기치로 내걸던 화혼양재가 아니었다. 이것은 정체성까지 서양으로 바꾸는, 말하자면 '양혼양재(洋魂洋才)'였다.

이전까지 한중일 3국에는 일정한 역사적 패턴이 있었다. 중국이 새로운 것을 만든다. 한반도가 받아서 고도화한다. 마지막으로 일본이 받아쓰며 열도에 차곡차곡 누적하고 정리한다. 일본은 유신을 통해 이 오래된 구조에서 이탈했다. 이때부터 조선의 동도서기와 청나라의 중체서용은 유신에 빠르게 추월당한다. 서양의 근대화라는 것은 국가 사회 전반이 서양화되지 않고는 불가능하다. 그런데 일본은 단순한 서양화가 아니라 '급속한 서양화'를 갈구했다. 서양의 강대한 힘이 일본을 집어삼키기 전에 재빨리 서양과 같은 열강이 되어야 했기 때문이다.

서양 세력이 일본을 조각낼 생각이었으면 얼마든지 가능했다. 다행스럽게도 일본 옆에는 중국이 있었다. 서구 열강의 눈에 진정한 엘도라도는 중국이었다. 더욱이 일본은 중국으로 가는 기착지로 좋은 항구였다. 서구 열강들의 탐욕은 영국과 프랑스의 완충지대가 되어 살아남은 태국과 같은 행운을 일본에 선사했다. 열강들은 어느 한 나라가 일본을 휘어잡는 사태를 서로 경계했다. 그 틈에 유신도 가능했다. 일본은 새끼 늑대였다. 하이에나 무리가 살과 지방이 풍부한 커다란 들소를 뜯어먹는 데 정신이 팔려 방치된 상태였다. 들소를 다 먹어치우고 나면 하이에나들은 고개를 돌려 디저트로 남겨둔 새끼 늑대가 잘 있는지 확인하려 할 것이다. 그 짧은 시간에 강력한 늑대로 장성해 있어야 한다.

유신은 서구 열강의 국력을 뒷받침하는 근대민족주의를 속성으로 장착해야 했다. 동서양 학자들이 공통적으로 착각하는 문제가 있다. 민족주의와 민족국가가 서구에서 창조되었으며, 한중일을 포함한 아시아가 서구의 발전을 따랐다고 믿는 관념이다. 서구 학계의 관점을 동양 학자들이 불필요할 정도로 신뢰하면서 이 논리는 정설처럼 취급된다. 실상은 전혀 다르다. 한국인은 10세기 말과 11세기 초에 걸쳐 거란의 침공을 물리치는 과정에서 하나의 민족으로 재탄생했다. 중국의 한족(漢族)은 오랜 역사 동안 이민족의 숱한 침략을 받아내고, 때로는 군사적으로 정복당할지라도 인구와 문화로 정복민족을 흡수해 융해시키며 민족 정체성을 형성했다. 현재 중국 공산당의 슬로건 중 하나인 중화민족주의는 모든 소수민족과 한족이 공존하는 세상을 지향한다고 하지만, 정작 중화민족주의를 창안한 중국의 근대 사상가 량치차오(梁啓超, 1873-1929)의 사상은 철저한 한족주의다. 십분 양보해준들 한족과 '한족이 정치적, 문화적으로 거느리는 기타 민족'의 조합이 중화민족이다.

일본이라고 다르지 않다. 민족의식이란 게 없었던 고대에는 신라가 언어와 의복, 문화가 비슷한 고구려와 백제를 적대하고 당나라와 군사동맹을 맺는 일이 이상하지 않다. 또 백제와 일본이 한편이 되어 신라와 고구려에 맞선들 전혀 어색하지 않다. 나당연합군에 나라를 잃은 백제인의 이민행렬이 일본 귀족층에 편입된 일도 이상하지 않았다. 그러나 여몽연합군의 일본 원정 이후로 일본인의 세계관은 내부세계와 외부세계로 확실히 양분된다. 이는 일본인이라는 정체성의 근간이 되었다.

우리는 '근대민족주의'라는 말에서 근대와 민족을 분리해 생각할 필요가 있다. 민족주의는 한중일에 원래부터 존재했다. 없었던 것은 근대와 결합한 민족주의인 근대민족주의, 근대민족국가의 개념이다. 근대민족국가란 시민이 민족의 일원이고, 민족이 국가를 소유한 체제를 말한다. 시민 개인은 민족의 일원이라는 자격으로 다른 시민들과 연대해 국가를 공동구매한다. 이때 국가는 시민의 재산이자 공공재다. 투표권을 행사하는 만큼은 사유물이고, 남들과 공유한다는 점에서는 공유물이다. 공동구매의 자격을 얻기 위해서는 비용을 치러야 한다. 세금, 국방의 의무, 시민의식 등이다.

근대민족주의가 형성되려면 짧게는 백 년 이상, 길게는 수백 년이 걸린다. 유신은 이 시간을 기다릴 여유가 없었다. 대신 유신에게는 천황이라는 존재가 있었다. 유신은 국가의 자리에 천황을 앉혀놓고 국민에게 천황에 대한 무조건 충성을 강요했다. 근대는 '개인'으로부터 온다. 개인의 이익이라는 절대 명제에서 시작해 민족주의, 시민의식, 애국심과 같은 가치에 봉사하는 게 개인의 이익을 위해서도 '괜찮은 거래'라는 사실을 납득할 수 있을 때 현대인이 알고 있는 근대국가가 탄생한다. 그런데 이 지점까지 오기 위해서는 경험치와 시간이 필요하다. 유신에게는 그럴 시간이 없었다. 그래서 유신 지사들은 일본 국민에게 이미 주어진 가치를 강요했다. 바로 천황이었다. 애국, 충성, 멸사봉공과 같은 가치가 중간과정 없이 천황의 신성함 아래 정당화되었다. 천황제를 중심으로 한 일제의 파시즘은 빠른 시간에 성적을 올리기 위한 벼락치기였다.

한국의 민주화 인사들 중에는 민주주의가 절대적으로 신성하다고 믿는 분들이 있다. 민주주의는 지고한 가치가 아니다. 숭고한 정치체계란 존재해본 적이 없다. 민주주의 역시 인간이 쓸모를 위해 만든 도구다. 현재 민주주의는 숭고해서가 아니라 어디까지나 지금까지 출시된 정치 상품 중 가장 성능이 좋다고 판단되기에 인정받는 것이다. 백성은 체제를 섬기지만 시민은 체제와 거래한다. 유신에 의해 일본인은 겉으로는 천황의 신민,

황국신민(皇國臣民)이면서 실제로는 유신의 노예가 되었다. 유신 이후 일본인은 위계질서를 순응하는 민족이 되었다. 박근혜 대통령을 끌어내리기 위해 수백만 명의 한국인이 광화문에 모였을 때, 전 세계에서 일본 국민만이 부정적인 반응을 보였다. 질서를 무너뜨리려는 움직임은 일본인의 눈에 불경하거나 불량해 보인다.

하지만 예전부터 일본인이 그렇게 순종적인 민족이었던 건 아니다. 역사 속에서 수없이 일어난 잇키(一揆, 민중봉기)는 전근대 일본인이 부당한 억압을 참아넘기지 않는 사람들이었음을 보여준다. 잇키는 농민의 민란이 가장 많았지만 종교의 자유를 위한 저항이나 사무라이들이 주도한 정치적 투쟁도 있었다. 유신이 출범하기 직전까지도 일본인은 얼마든지 저항적이었다. 전쟁에는 돈이 든다. 좌막파 군대의 착취를 받은 농민은 고향의 사무라이들 대신 토막파 지사들에게 물자를 지원했다. 거꾸로 토막파에게 쥐어짜인 나고야(名古屋) 시민들은 대대적인 시위를 일으켜 수개월 동안 도시를 마비시켰다.

유신 역시 기존 질서에 대한 저항으로 탄생했지만, 정작 유신 자신은 체제 부정을 허용하지 않았다. 천황의 신성함 뒤에 숨었기에 가능한 일이었다. 그래서 유신이 일본 국민에 고통을 강요할 때마다 천황은 점점 더 신성해졌다. 유신이 1945년 최후를 맞을 때쯤에 천황은 너무나 신성해져서, 쳐다보면 눈이 멀고 목소리(玉音, 옥음)를 들으면 귀가 머는 초자연적인 존재가 되어버렸다. 정치는 원래 인간의 속물적 욕망들이 서로 타협하기 위한 장치다. 그러므로 정치는 태생을 잊지 않고 세속적이어야만 건전함을 유지할 수 있다. 체제는 신성해지는 만큼 타락한다.

자기 파괴적 동력으로서의 유신

사쓰마, 조슈, 도사 번의 무사들은 신정부의 요직을 모조리 차지했다. 원래부터 세력이 큰 조슈 파와 사쓰마 파가 조정을 양분해 일본을 움직이는 형국이었다. 메이지 유신과 정한론은 처음부터 한몸이었던 만큼, 유신이 단행되고 정부에 진출한 사무라이들은 곧바로 정한론에 들끓게 된다. 사쓰마 출신의 육군 대장 사이고 다카모리(西鄕隆盛, 1828-1877)는 일단은 저자세를 유지해야 한다고 주장했다. 그는 일본이 하급 관료를 조선에 보내니까 국서 거부와 같은 사건이 일어났다고 하며 자신이 직접 조선에 가겠다고 했다.

'국서 거부 사건'의 전말은 이렇다. 일본은 천황제 국가로 되돌아왔다는 사실을 조선에 알리기 위해 국서를 보냈다. 당시 조선의 실권자인 흥선대원군은 국서의 서명자가 쇼군이 아니라 천황이라는 사실에 화를 냈다. 천황이라는 존재가 있다는 사실은 조선시대 내내 문제가 되지 않았다. 어차피 종교적 존재라는 사실을 잘 알았으니까. 안부를 묻는 편지도 실무자인 조선 왕과 일본 쇼군끼리 오갔다. 그러나 천황이 세속군주의 자리에 복귀했다면 이야기가 달라진다. 조선의 군주인 왕이 천황보다 격이 한 단계 낮아진다. 거기다 메이지 신정부는 새로 제작한 도장(圖章)을 찍어서 국서를 보냈다. 그전까지 일본이 보낸 국서에는 조선 국왕이 하사한 도장인 '도서(圖書)'가 사용되었다. 조선이 일본의 상국(上國), 윗나라라는 형식적인 의미였다. 사실 조선 국왕과 쇼군은 서로를 동등하게 대했다. 다만 보수적인 도쿠가와 막부가 불필요한 분쟁을 피하기 위해 필요할 때는 적당히 조선을 상국으로 대접했던 것이다.

국서 거부는 따지고 보면 얼마든지 외교적 조정이 가능한 사안이었다. 그러나 홍선대원군에 대한 인상이 별로 좋지 못했다. 유신 지사들은 사이고 다카모리가 직접 가면 홍선대원군이 그를 죽일지도 모른다고 걱정했다. 가느냐, 마느냐. 정한론과 반 정한론의 싸움이었고, 정한론을 주장한 조슈 번과 사이고 다카모리를 위시한 사쓰마 번 지사들의 권력투쟁이었다. 그런데 한국에서는 반 정한론자라는 이유로 사이고 다카모리에 대한 인상이 좋다. 그렇지 않다. 사이고 다카모리는 "일본이 사무라이 정신을 잃지 않기 위해서라도 조선을 정벌해야 한다."고 말한 사람이다. 당시의 정한론은 '즉시 정벌', 반 정한론은 시간을 두고 정벌하자는 차이가 있었을 뿐이다.

유신정권 최초의 권력투쟁은 정한론을 외친 조슈의 승리로 돌아갔다. 사이고 다카모리는 실각하게 되는데, 사이고를 따르는 사쓰마 무사 출신 인사들이 대거 사임하고 사이고를 따라 낙향했다. 자존심 싸움이었다. 사쓰마 인사들이 울분을 조금 참고 그대로 신정부 요직에 눌러앉았다면 사쓰마는 앞으로 다가올 비극을 피할 수 있었다. 신정부는 조슈의 차지가 되었다. 하지만 조슈의 유신 지사들도 사쓰마 인력의 도움 없이 정부를 운영할 처지가 못 됐다. 그렇다고 먼저 손을 내밀기는 자존심 상하니, 조슈와 사쓰마 사이에는 어색한 공기만 흘렀다.

사쓰마 인사들의 대규모 낙향은 사무라이들의 가슴에 분노의 불을 붙였다. 1874년, 메이지 신정부는 국민개병제를 전면 실시했다. 이제는 평민도 군인이었다. 전국의 사무라이들은 에도 막부 시절에도 힘겹게 지켜온 정체성이 사라지는 위기를 맞았다. 그러다가 1876년 신분제가 완전히 폐지되면서 사무라이들에게 지급되던 녹읍이 사라졌다. 경제적 위기까지 닥친 사무라이들에게 칼을 차고 다니는 행위를 금지하는 폐도령까지 떨어졌다. 검이야말로 사무라이의 정체성이었다. 이 상황에서 사무라이가 인구의 25%를 차지하는 사쓰마가 실각했으니 난리가 나는 것은 당연했다. 더욱이 사쓰마 번사들의 입장에서는 자신들이 힘써 유신시대를 열었는데 유신에 억압받게 된 상황이다. 물론 그 이유야 비겁한 조슈 놈들이 뒤통수를 쳤기 때문이 아니겠는가?

사쓰마의 무사들은 반란을 결의했다. 그들은 학원을 열어 학생들을 가르치며 요양하고 있던 사이고 다카모리를 찾아가 반란군의 수장이 되어줄 것을 부탁했다. 그는 사쓰마 사무라이들의 왕 같은 존재였다. 사이고 다카모리는 이미 사태를 피할 수 없다고 여기고 운명을 받아들이기로 했다.

1877년, 사쓰마를 중심으로 한 구 사무라이들이 군대를 이끌고 출정하면서 일본 역사상 마지막 내전인 세이난전쟁(西南戰爭)이 시작되었다. 그러나 전쟁은 시작부터 사쓰마에게 비극이었다. 정부군은 반란 결행 직전에 천만다행으로 사쓰마 군의 탄약 거의 전부를 빼돌리는 데 성공했다. 그 덕에 정부군은 압도적인 화력으로 싸울 수 있었다. 사쓰마 사무라이들은 그럴 생각은 없었지만, 결과적으로는 정말로 '사무라이로서' 마지막 싸움을 치르게 됐다. 근대식 화약 무기를 거의 쓸 수 없는 상황에서 압도적인 보급을 확보한 정부군을 상대로 그들은 문자 그대로 '검을 뽑아 들었다'.

세이난전쟁에는 의외의 존재들이 등장했다. 바로 서양식 경찰복을 입고 일본도를 든 이들이다. 바로 정부군 편에 선 아이즈 번 무사들이었다. 만화《바람의 검심》에는 경찰들이 유신지사만 보면 때려잡으려고 눈에 불을 켜는 모습이 나온다. 사이토 하지메도 마찬가지다. 이는 실제 역사적 사실을 고증한 결과다. 아이즈 번의 검사들은 유신의 적이었던 만큼 신정부 치하에서 철저히 소외되었다. 이들이 할 수 있는 일이라고는 경찰직 외에 마땅한 것이 없었다. 그래서 메이지 신정부에서 경찰로 많이 활약한다. 사쓰마 사무라이들의 검법에 대적하는 데 큰 곤란에 빠진 신정부는 세이난전쟁에 경찰을 동원했다. 아이즈 사무라이 출신 경찰들은 그들대로 전쟁에 대거 자원한다. 불구대천인 사쓰마 사무라이에게 죽은 동지들의 복수를 할 절호의 기회였다. 비록 똑같은 원수인 조슈 번사들의 명령에 따라 싸우는 처지지만, 사쓰마에게라도 복수하는 게 어디인가. 결국 사쓰마 사무라이들은 원거리 전투에서는 근대 총포에 밀리고, 특기인 백병전에서는 아이즈 사무라이와 싸워야 했다.

마지막 싸움인 시로야마(城山籠) 전투에서, 최후까지 남은 사쓰마 사무라이 14인은 마지막 공격을 감행했다. 열네 자루의 검은 대단한 위력을 과시했지만 14인 모두 장렬하게 전사했다. '몸을 내어줄 따름'이었던 사이고 다카모리는 목숨을 내어주게 됐다. 그는 허리와 다리에 총상을 입은 채 "이쯤 하면 되었다."는 말을 남기고 할복했다. 그들의 최후는 영화《라스트 사무라이》의 모티브가 되었다.

전쟁이 끝난 후 조슈 지사들은 사쓰마를 엄혹하게 처리하지 않았다. 어차피 유신 동지들이었다. 사쓰마 지사들은 이후 별다른 처벌 없이 정부 요직에 복귀했다. 다만 승자 측인 조슈 출신들이 군대의 주류인 육군을 차지했다. 대신 사쓰마는 해군을 차지했다. 또 하나, 유신이 추진한 급격한 근대화에 아무도 이의를 제기할 수 없게 되었다. 그래서 유신은 세이난전쟁이 끝난 시점에서야 비로소 온전히 탄생했다고 말할 수 있다.

세이난전쟁 이후 조슈의 육군, 사쓰마의 해군 그리고 아이즈의 경찰이라는 3각 구도가 형성되었지만, 경찰은 전쟁이 끝난 후 다시 찬밥 신세로 되돌아갔다. 아이즈의 후예인 경찰은 조슈와 사쓰마의 후예인 군부에 제국 시절 내내 차별받았다. 군부는 경찰이 군의 위세에 도전할 기회를 주지 않았다. 세이난전쟁 후 아이즈 사무라이의 삶이 어떠했는지, 사이토 하지메를 통해 알 수 있다.

사이토 하지메는 세이난전쟁 이후 후지타 고로(藤田五郎)라는 이름으로 살았다. 그는 살아있는 전근대의 화석으로 근대를 살다갔다. 그는 박물관이 없는 고등학교의 박물관 수위라던가, 여자고등학교의 소사 등 위장 신분일 게 너무나 뻔한 직업을 가졌다. 당연히 정부의 비밀 수사 요원이었다고 봐야 한다. 사이토 하지메는 아들이 집에 돌아올 때면 현관 뒤에 숨어 있다가 목검으로 내리치는 버릇이 있었다. 아들의 회고에 따르면 "남자는 언제나 습격에 대비해야 한다."는 이유에서였다. '무적의 검'이라는 별명의 소유자인 주제에 검도 도장에 쳐들어가 순진한 수련생들을 초토화하는 만행을 저지르기도 했다. 마지막 순간 사이토 하지메는 가부좌를 하고 앉은 채로 사망했다. 시대가 변해도 그 자신만큼은 끝까지 보수적인 아이즈 사무라이였던 것이다.

조슈와 사쓰마의 지사들은 전근대인으로 남을 여유가 없었다. 그들은 육군과 해군이 필요할 때엔 협력하지만 평소에는 과도한 경쟁을 펼치는 군부국가를 만들어냈다. 군부국가는 곧 병영국가다. 병영만으로는 병영국가가 세워지지 않는다. 병영의 뒤편에는 인간 양계장이 있다. 남성을 응당 나라를 위해 죽어야 하는 산업 전사, 국방 전사로 개조하는 국가는 한편으로

여성에겐 남편을 정성껏 모시고 아이를 낳아 키우는 자궁이 될
것을 강요한다. 일본은 현대인의 착각처럼 원래부터 남녀의 성
역할이 물과 기름처럼 나뉜 나라가 아니었다. 메이지 유신 이
전까지 각종 군대에서 여군인 온나부게이샤(女武藝者, 여무예
자)가 큰 비중을 차지했다. 임진왜란 격전지에서 출토된 일본
군 유골을 분석한 결과 30% 이상이 여군으로 밝혀진 사례가
있다. 현재까지 일본에 남아 있는 다양한 양상의 여성차별 역
시 메이지 유신과 뗄 수 없는 관계에 있다.

목숨을 내던진 젊은이들의 뜨거운 혈기가 만들어낸 유신
은 강력했다. 동도서기와 중체서용은 유신에 완전히 패배했다.
그렇기에 한국과 중국의 지식인들은 유신의 젊은 에너지를 부
러워하면서 무엇이 우리에게는 없고 일본에는 있었을까 고민
했다. 나는 다른 관점을 제시한다. 결기나 절개 같은 건 일본에
만 있는 게 아니다. 신미양요 때 강화도의 광성보 전투에서 조
선군의 정신력은 사쓰에이전쟁 당시 사쓰마 사무라이만 못하
지 않았다. 현장에 있었던 미군의 증언이다.

조선군은 결사적으로 싸웠다. 대부분 무기 없이 맨주먹으로
싸웠고 아군(미군)의 눈에 모래를 뿌렸다. 수십 명은 총탄을
맞아 강물에 나뒹굴었고, 어떤 자는 스스로 목을 찔렀다. 근대
적인 총기 한 자루 없이 노후화한 무기로 미국 총포에 대항했
던 조선군(…) 가족과 국가를 위해 이보다 장렬하게 싸운 국
민을 다시 찾아볼 수 없다.*

* W. S. 슐레이, 〈기함에서의 45년〉(1904), 이기환, 〈신미양요 때 빼앗
긴 '수자기'…"반환 불가능한 미군의 전리품"〉, 《경향신문》(2021년 6월
1일)에서 재인용.

대한제국군 병사들은 한양에서 일본 육군과 시가전을 치를 때도 열세인 상황에서 목숨을 아끼지 않고 치열하게 저항했다. 그들이 무기를 내려놓은 건 항복하고 싶어서가 아니라, 일본군이 고종의 신변을 확보했기에 더 이상 어쩔 방도가 없어서였다. 조슈 번이 중심인 일본군은 자신들이 천황 납치에 실패했던 역사를 조선에서 반복해 이번에는 성공을 거두었다. 대한제국 병사들은 울분에 차 나무와 벽에 머리를 찧고 총을 부러뜨리며 전투를 중지했다. 무사는 외세의 침략 앞에 똑같이 끓어오른다. 그런데도 유신만은 왜 그다지도 강력했는가? 유신은 자기 파괴 숙명을 지니고 있었기 때문이다. 뒤를 돌아보지 않는 자살적 에너지의 힘은 강대하다. 동시에 반드시 멸망으로 끝날 미래가 예정되어 있다. 두 요소는 태생적으로 결합되어 있었다.

　나는 결코 메이지 유신을 무시하는 게 아니다. 그렇다고 존경하지도 않는다. 한국인으로서 '아픈 역사를 반복하지 않기 위해 인정할 건 인정해야 한다.'는 비장한 태도도 아니다. 나는 유신을 하나의 예술 작품처럼 관찰하고 비평한다. 유신이라는 더없이 독특한 인격체를 이야기하는 인물론이라고 할 수도 있다. 유신은 탄생 직후부터 급속도로 팽창하기 시작한다.

팽창

4

전
쟁
중
독

조선의 유신 지사 김옥균

전쟁은 어느 한쪽이 전쟁의 이익이 평화의 대가보다 크다고 판단하는 순간 결정된다. 일본은 한반도를 두 번 침략해 한 번은 실패하고(임진왜란), 한 번은 성공했다(일제강점기). 역사에 다른 우연이 있었더라도 비슷한 시기 비슷한 횟수로 일본은 한반도를 노렸을 것이다. 그 이유는 땅에 있다.

전근대 농경문화에서는 곡물의 생산력이 곧 국력이다. 각 나라나 지역마다 주요 곡물로 삼는 것이 다른데, 한국과 일본, 중국 남부는 쌀을 선택했다. 쌀은 단위면적당 인구부양력이 가장 높은 작물이다. 그런데 세상에 공짜는 없는 법이어서 그만큼 비용도 많이 든다. 바로 많은 양의 물과 노동력이다. 이 둘은 사실 하나인 게, 물을 수원지에서 끌어와 가두고 논에 대는 과정 모두가 노동력이기 때문이다. 그러므로 노동집약적인 쌀농사에서는 인구가 집단의 생산력을 만들고 생산력이 인구를 부양하는 선순환이 진행된다. 그러나 이 선순환은 언젠가 한계를 맞는다. 벼농사에 적합한 땅은 한정되어 있다.

지구본에서 한반도를 보면 작은 땅이다. 그나마 농업이 가능한 땅은 그 안에서도 지극히 좁다. 한국은 거친 산지가 국토의 70%를 차지하는 산악국가다. 한국은 벼농사를 짓는 데 성공한 지역 중 가장 척박하다. 일본의 국토는 남북한을 합친 것의 1.7배다. 농사에 적합한 평야의 질이 훨씬 높고, 기후도 농사에 훨씬 유리하다. 일본인은 일본을 작은 나라로 여기는 경향이 있는데 인구부양력 차원에서 보면 결코 그렇지 않다. 19세기 초 일본의 인구는 중국, 인도, 프랑스에 이어 세계 4위였다. 언젠가는 일본 땅에서 농토 개간이 완료되게 마련이고 그때부터 외부로 눈을 돌릴 것은 정해진 수순이었다. 임진왜란 발발 당시 이미 일본의 인구는 조선의 최소 1.2배, 최대 두 배 이상이었다. 에도시대에는 격차가 더 벌어졌다. 그러므로 일본의 침략은 역사 흐름을 놓고 봤을 때 정해진 일이었다.

전근대적 조건에서도 이미 유리한 일본이 근대화에까지 앞섰다면, 일본의 2차 침략에서 양국의 실력대결 결과는 정해진 것이나 다름없었다. 신미양요와 병인양요에서 조선군은 막대한 피해를 입으면서도 정신력을 발휘해 일본보다 강력한 프랑스와 미국의 해군을 밀어내는 데 성공했다. 사쓰에이전쟁처럼 방어군의 입장에서 거둔 승리였다. 그런데 신미양요 4년 후, 1875년 일본 해군이 구입한 영국제 함선인 운요호(雲揚號) 단한 척이 나타났을 때는 아무것도 할 수 없었다. 신미양요와 병인양요에서 초토화된 함선과 포대를 아직 복구하지 못해서였다. 조선에는 '공장'이라는 것이 없었으니까 말이다. 판옥선과 불랑기포(佛郎機砲)*, 조총으로도 신식 무기를 상대할 수 있다. 아군의 손해가 막심하겠지만 상대하는 건 가능하다. 하지만 전근대와 근대의 생산력 차이는 결코 극복할 수 없다.

일본은 운요호사건에서 페리 제독의 무력시위를 흉내내면서 조선에 대한 국권 침탈을 시작하였다. 뒤이어 체결된 강화

* 포르투갈 식 대포란 뜻으로 한중일 모두에서 사용되었으며, 동아시아식 포와 달리 후미장전식(後尾裝塡式, 포신 입구가 아니라 뒤에서 장전하는 방식)이라 장전에서 발사까지 빠르다는 장점이 있었다.

도조약은 미일화친조약의 직계 자식이다. 여기엔 정한론이라는 사상적 동기뿐 아니라 일본이 서구 열강들에게 당했던 피해를, 조선에 피해를 입혀서라도 복구해야겠다는 현실적 이유도 있었다. 그러다가 임오군란(壬午軍亂)이 터지면서 조선의 실체가 세계에 드러났다. 소수의 군인, 그것도 지방 반란군이 아니라 조정과 왕실에 충성을 바쳐야 할 직속 중앙군이 파업을 일으켰고 파업이 쿠데타로 연결돼 정권이 뒤집혀버린 사건이다. 조선이라는 나라가 약한 줄은 알았는데, 이렇게 속까지 썩어 있었을 줄이야. 조선이 너무나 손쉬운 먹잇감이었음이 드러나자 열강들이 입맛을 다시며 벌떼처럼 모여들었다. 그중에는 오랜 이웃인 중국과 일본도 있었다. 중국 역시 아편전쟁을 통해 서구에 당한 방식을 조선에 그대로 되돌려주고 싶어 했다. 여러모로 급했던 일본은 조선을 친일 국가로 만들 기회를 찾았다. 김옥균(金玉均, 1851-1894)이 그 기회를 실현해줄 인물이었다.

한국에서 김옥균이 주도한 갑신정변에 대한 평가는 별로 좋지 않다. 일본의 지원을 받아 결행한 쿠데타이고, 그나마도 문자 그대로 '삼일천하(三日天下)'로 끝났다. 한국에서 김옥균은 좋게 봐줘야 순진한 열정가 정도다. 조선을 개화(開化)하려는 의도는 좋았겠으나, 너무 성급했고 지나치게 일본을 믿었다고 평가된다. 무엇보다 결과적으로 갑신정변이 실패한 후 외세의 침탈이 가속화되면서 조선은 빠르게 망국의 길로 치달았다. 그러니 한국인은 김옥균을 좋게 보기 힘들다. 하지만 김옥균에게도 나름 합당한 이유가 있었을 것이다. 먼저 그는 한일합방이라는 미래를 모른 채 죽었다. 그가 알지 못했던, 알 수 없는 미래의 일을 가지고 그를 비난할 수는 없다. 일본의 야욕을 몰랐다고 지적하는 것도 역시 비난까지 하기는 힘들다. 어쨌거나 서구식 근대화에 먼저 성공한 일본을 모델로 삼아야 한다고 믿은 지식인은 조선에도 청나라에도 많이 있었으니까 말이다.

일본으로서는 김옥균이 일본에 우호적이었고, 그로 인해 조선이 친일 국가가 되었다면 좋은 선택지가 됐을 것이다. 그 선택지는 실패했지만 김옥균으로 인해 갖가지 사건이 연이어 일어나고, 결국 일본은 조선을 차지하게 되었다. 그러니 일본이 김옥균을 호의적으로 평가하는 것은 당연하다. 또한 일제가 김옥균의 죽음을 조선 침탈의 핑계로 삼았다는 지적도 맞다. 조선을 '영웅이 출현했음에도 답이 없었던 나라', '애국지사를 죽인 나라'로 만들기 위해서는 김옥균을 대단한 인물로 추앙하는 편이 유용하다. 그래야 그 대신 일본이 조선을 근대화시킨다는 핑계를 댈 수 있으니까. 남의 나라를 침략하려면 어떤 핑계든 긁어모으게 되는 법이다. 이상이 김옥균과 일본에 대한 일반적인 이야기라고 할 수 있다. 그런데 위와 같은 이야기로는 김옥균이라는 인물에 대한 일본인들의 진심 어린 애정을 설명할 수 없다. 그는 당대에 일본에서 정말로 추앙받았을 뿐 아니라 현재의 일본 문화 콘텐츠에도 제법 괜찮은 인물로 등장한다. 일본인의 눈에 그는 '조선의 유신 지사'였다.

윤리가 아닌 멋의 차원에서 보자면 김옥균은 일본인이 생각하는 '완벽한 지사'에 부합한다. 문과 과거급제 장원이라는 성적표에 한복, 양복, 기모노를 멋지게 소화하는 패션 감각, 시서화(詩書畵) 모두에 달통한 전통적 풍류, 젊은 나이, 잘생긴 얼굴, 바둑 실력, 근대화에 대한 지식 등 동서양의 귀족적 풍모를 두루 갖췄다. 당대 일본 최고의 바둑 고수와 오키나와에서 실력대결을 벌일 때는 한 판을 이기는 기염을 토하기도 했다. 당시 바둑 수준은 일본이 가장 높았다. 이 시합의 기보는 현재 일본의 문화재로 지정되어 있다. 일본의 유력자들은 김옥균과 바둑을 두는 풍류를 누리기 위해 그의 거처를 기웃거렸다.

무엇보다 젊은 나이에 구체제에 도전해 찰나였지만 한 나라를 손에 움켜쥔 경력은 한때 사무라이였던 유신 지사들의 로망을 자극했다. 어떤 도전이 실패로 끝나더라도 유신의 세계관에서는 실패 역시 낭만이 된다. 게다가 유신의 낭만은 요절로 완성된다. 김옥균은 청나라의 여관에서 《자치통감(資治通鑑)》을 읽다가 근왕주의자인 홍종우(洪鍾宇, 1850-1913)에게 권총으로 암살당했다. 《자치통감》은 동아시아에서 전통적으로 군주들의 교과서다. 죽는 순간까지도 큰 뜻을 품고 있었다는 증거까지 되니, 김옥균은 유신의 미학에 완벽하게 부합한다.

김옥균은 일본의 공포스런 외로움을 위로해주는 존재였다. 일본은 한자문화권의 전통적 교양에 있어서만큼은 조선 선비를 인정했다. 문과 장원급제는 조선뿐 아니라 일본에서도 세상에서 가장 공부를 잘하는 사람이라는 뜻이다. 그런 사람이 일본의 개혁이 옳다고 선언했다. 당시에는 큰 사건이다. 일본은 아직 청일전쟁과 러일전쟁을 치르지 않았고, 유신이 과연 성공할 것인지도 확신할 수 없었으니까. 한편으로는, 일본이 아무리 아시아를 벗어나 서구의 일원이 되는 탈아입구(脫亞入歐)에 매진한다 한들 어차피 문화의 근간은 한자 문명이다. 조선통신사가 반세기 넘게 일본을 방문하지 않은 것도 일본을 고독하게 만들었다. 사쓰마 사무라이들이야 워낙에 순도 높은 무사들이었다고 해도, 조슈 번과 미토 번의 지사들은 유신에 이르기까지 유학의 영향을 강하게 받았다. 조선통신사의 교류를 끊은 것은 일본으로 하여금 자신이 속한 문명에서 단절된 느낌을 주었다. 유신이 조선에 악감정을 품게 된 이유 중 하나다. 사실을 말하자면 급속도로 몰락해가던 조선의 처지에서 통신사를 보낼 재정이 없었을 뿐이지만, 일본이 그런 사정까지 알 수는 없다. 김옥균은 여러 가지 의미에서 일본에 성큼 '다가온' 존재였다.

김옥균은 죽어서 사지가 찢어진 후 효수되었다. 그리고 그가 죽은 해에 동학농민혁명이 발발했다. 조선 관군으로 농민군을 막아내지 못한 고종은 어리석게도 청나라에 군사개입을 요청하는 실수를 저질렀다. 일본과 청나라는 어느 한쪽이 조선에 군사적으로 개입하면 상대도 바로 개입할 수 있는 권리를 보장하는 약조를 맺고 있었다. 이렇게 청일 양국의 군사들이 한반도에 진출하고, 두 나라는 조선에 대한 권리를 놓고 드디어 격돌한다. 이것이 청일전쟁이다.

유신, 양무운동에 승리하다

결과를 뻔히 아는 우리는 일본이 당연히 이길 전쟁에서 이겼다고 생각하는 경향이 있지만, 그렇지 않다. 중국은 병든 거인*이었지만 그래도 역시 거인이었다. 중국은 현대인의 느낌과 달리 1차 아편전쟁에서 일방적으로 패배하지 않았다. 아편전쟁 당시 중국은 이미 영국 증기선의 짝퉁을 만들어내는 데 성공했다. 임칙서(林則徐, 1785-1850)가 이끄는 청나라군은 영국 함대를 저지했다. 육지에 상륙하는 데 실패한 영국군은 임칙서를 피해 강을 따라 북상하면서 무능한 북경의 관료들을 상대로 승리를 거뒀다. 아편전쟁은 현대인의 생각만큼 중국인들에게 큰 충격을 주지 않았다. 중국에게 영국군은 유구한 역사 속에서 중국

* 당시에 '동아병부(東亞病夫)'라는 표현이 있었다.

을 괴롭혀온 수많은 오랑캐 중 하나였다. 오랑캐가 난리를 일으키면 좋은 조건으로 달래서 돌려보내는 것이야말로 중국의 오랜 지혜 중 하나였다. 그 편이 전쟁 비용보다 값싸기 때문이다. 아편전쟁으로 중국과 영국이 직통으로 무역을 하게 된 결과, 오히려 중국이 막대한 무역 흑자를 기록했다.

2차 아편전쟁은 확실히 중국의 굴욕으로 기억될 만하다. 하지만 청나라에게는 영국-프랑스 연합군보다 비슷한 시기 일어난 태평천국의 난이 더 시급한 문제였다. 청 조정은 대부분의 국방력을 난을 진압하는 데 소모하고 있었다. 거기다 청나라는 예수게이*의 직계 후손인 보르지기트 셍게린첸(1811-1865)이 이끄는 만몽팔기(滿蒙八旗)**를 지나치게 믿었다. 한때 만몽팔기는 세계 최강의 기병이었다. 오래된 엘리트부대여서였을까, 자부심도 전술도 옛날 그대로였다. 그들은 불을 뿜는 영국군과 프랑스군의 총과 대포를 향해 용감하게 돌격했다. 그리고는 적전열에 닿기도 전에 녹아내렸다. 만몽팔기는 적의 무기를 두려워하지 않고 돌진하는 정통 기병의 정신만큼은 잘 지켰다. 대신 베이징은 지키지 못했다. 청나라는 몇 가지 악운이 겹치면서 황제가 도망가고 궁이 파괴되는 능멸을 겪었다.

청일전쟁 전 중국은 양무운동(洋武運動)을 통해 서구식 무기와 군사로 국방력을 재편했다. 중국은 여전히 세계에서 가장 부유한 제국이었다. 자국에 무기 생산 체계가 없으면 돈을 주고 사면 된다. 양무운동 결과 중국의 함대 규모는 세계 최대급이었다. 흔히 양무운동이 청일전쟁을 통해 실패로 드러났다고들 한다. 역사적 맥락이 너무 생략된 이야기다. 양무운동은 분

* 칭기즈칸의 아버지.
** 만주족과 몽골족 전사로 구성된 연합 팔기군.

명한 성과가 있었다. 1884년, 청나라는 베트남을 놓고 프랑스와 전쟁을 치렀다. 청불전쟁이다. 이때 청나라는 비록 패배했지만, 무승부에 가까운 근소한 판정패였다. 그래서 프랑스는 청나라에 새로운 불평등조약을 강요할 수 없었다. 즉 잠자던 사자가 드디어 깨어나고 있다고 말할 수 있는 시절이었다.

일본의 도전장에 국제적인 반응은 어땠을까? 세계는 일본이 미친 모양이라고 생각했다. 일본의 정신상태를 가장 의심한 건 청나라였다. 흥미롭게도 일본 역시 스스로 무모한 결정을 내렸다고 생각했다. 그러나 무모함은 오히려 매력이 되어 일본은 홀린 듯 전쟁에 빠져들었다. 조슈와 사쓰마를 비교하자면, 조슈가 더 과격하고 막무가내였다. 일본 육군의 준비 상태는 비상식적이었다. 일본 육군은 보불전쟁에서 독일이 승리한 것에 깊은 인상을 받은 뒤 군기가 엄정하고 획일적인 독일식을 따라했다. 그러나 전투에 있어서만 독일식일 뿐 나머지는 전근대적이었다.

국력을 있는 대로 쥐어짜 전쟁을 준비하느라 청군과 맞붙은 육군에는 불과 이틀 치 식량밖에는 없었다. 그 식량이란 게 쪄서 말린 주먹밥이었다. 먼 옛날 전국시대의 전투식량 그대로였다. 그런데도 어떻게 이길 수 있었을까? 청일전쟁에 동원된 중국군은 사실 군벌인 이홍장(李鴻章, 1823-1901)이 소유한 사병이었다. 사기와 훈련도에서 일본군과 차이가 날 수밖에 없었다. 더욱이 이홍장은 자기 사병의 희생을 염려했다. 사병이 희생을 치르면 중국 내 다른 군벌들과의 경쟁에서 불리해질 뿐이다. 그래서 청군은 소극적으로 싸우며 여차하면 후퇴를 거듭했다. 바꿔 말하면, 그렇게 싸워도 일본을 이길 거라고 계산했다.

이홍장의 계산이 틀린 것만도 아니다. 일본군은 평양 전투에서 식량과 탄약을 모두 소진했다. 조슈 출신 장교들은 천황 폐하의 황군은 후퇴도 항복도 할 수 없다며 최후의 자살 돌격을 준비했다. 바로 그 순간 청군이 항복했다. 일본군의 모습을 본 청군은 저렇게 강경한 태도를 보이는 군대가 식량도 탄약도 모두 떨어졌다는 사실을 상상조차 할 수 없었다. 무모함이 상식의 선을 넘으면, 거꾸로 상식이 속아 넘어가는 법이다.

해전에서는 영국제 전함 두 척이 승부를 갈랐다. 칠레가 주문한 최신형 전함 두 척이었는데, 경제 문제로 칠레가 주문을 취소하자 영국은 급하게 새 고객을 찾았다. 1순위로 중국에 좋은 조건에 넘기겠다고 제안했지만 중국이 거절했다. 서태후의 생일상에 올라갈 요리의 가짓수를 염려한 거절이었다는 소문이 돌 정도였다. 그 두 척의 배를 일본이 산 것이다. 일본은 국가 재정을 탈탈 털어 기어이 전함 두 척을 사는 데 성공했다. 이 차이가 경기도 안산 앞바다에서 벌어진 풍도(豐島) 해전의 승패를 갈랐다.

다른 요인도 있었다. 청군의 대포알이 일본의 배 위에 떨어졌을 때, 화약 대신 콩가루가 터지는 일이 벌어졌다. 청나라의 방산 비리가 엄청났던 것이다. 그러나 사실관계를 분명히 하자면 일본은 일본대로 심각했다. 만 명 이상의 사망자가 발생했는데 대부분이 전투가 아니라 전염병에 의한 사망이었다. 전투력과 훈련에만 근대화를 해놓았을 뿐, 의무 시스템과 약품에는 돈을 쓰지 않은 결과다. 국민이 약값보다 저렴했기 때문이다. 비용의 문제를 신성함이 채웠다. 천황에 대한 충성심으로 참고 아끼고 이겨내면 하늘이 일본에 승리를 안겨줄 것이다. 과연 일본은 청일전쟁에서 승리했다. 무모했더니 성공했다. 그러면 성공한 이의 머릿속에서는 무모함이 주인공이 된다. 어쨌거나 유신은 양무운동에 승리를 거뒀다. 유신의 위상은 견고해졌다.

그레이트 게임과 일본

1895년, 청일전쟁의 승리는 일본 국민에 감격을 선사했다. 그
간의 고통도 잊을 만한 승리였다. 동아시아에서 중국의 의미는
그만큼 대단하다. 일본은 중국으로부터 배상금으로 청나라의
1년치 세입의 2.5배에 해당하는 2억 냥을 받아내는 데 성공했
다. 청나라는 조선에 대한 종주권을 포기했다. 이 '종주권 포기'
라는 말은 한국인의 입장에서는 뒷맛이 몹시 안 좋다. 중국의
주변국이 중국과 형식적인 조공 관계를 맺는 일은 역사적으로
반복되어온 예법이다. 청나라는 서구열강의 근대식 침탈을 조
선에 저지르기 위해 조선이 전통적인 조공국이라는 점을 악용
했다. 제멋대로 조선을 청의 속국, 즉 근대적 식민지로 소개한
것이다. 조선의 입장에선 반칙이었다.

고종은 '조선왕국'을 끝내고 '대한제국'을 선포했다. 고종의
선포가, 일제가 조선을 청나라의 영향력에서 떼어놓으려는 환
경 안에서 일어난 일인 것은 맞다. 하지만 고종 역시 나라의 급
을 한 등급 올려 쇄신의 기회로 삼으려고 했다. 대한제국은 비
록 유라시아의 약소국이었지만 힘이 닿는 대로 조선을 함부로
노린 청나라에 복수를 하기도 했다. 고종은 관리들을 청나라 국
토인 간도로 보내 세금을 징수하는 방식으로 국토를 넓히려 했
다. 비록 군사행동을 할 역량은 없었지만 그래도 역공을 가했던
셈이다.

일본은 전쟁의 대가로 타이완과 요동반도, 펑후열도를 할
양받기로 했다. 여기서 요동이 서양의 심기를 제대로 건드렸다.

일본이 요동을 차지하면 중국의 조정이 있는 베이징을 압박하게 된다. 중국의 목줄을 쥐는 것이다. 프랑스, 영국, 러시아는 '삼국간섭'을 통해 일본이 기껏 손에 넣은 요동반도를 토해내게 했다. 전쟁을 부양하느라 많은 고통을 분담한 일본 국민들은 분노에 휩싸였다. 러시아에 대한 분노가 특히 선명했다. 이 악감정은 4년 전, 1891년에 일어난 오쓰(大津)사건과 연결되어 있다.

당시 러시아제국은 영국과 함께 세계의 2강*이었다. 적어도 러시아에 대항할 힘이 생기기 전까지는, 일본이 러시아에 잘 보일 필요는 차고 넘쳤다. 1891년, 러시아의 황태자 니콜라이(Николай, 1868-1918)**가 시베리아철도 기공식에 참석하기 위해 함대를 타고 블라디보스토크로 가던 중이었다. 그는 휴식을 겸해 일본을 잠시 방문하기로 했다. 일본은 명절도 아닌데 축포를 쏘며 니콜라이를 극진하게 모셨다. 황족이 직접 나서서 니콜라이를 수행했으며, 니콜라이를 위한 접대에 모든 행정력을 동원하다시피 했다. 그런데 시가현(滋賀縣) 오쓰시에서 쓰다 산조(津田三蔵)라는 경찰관이 니콜라이를 호위하다 말고 갑자기 칼을 휘둘러 황태자의 목에 상처를 입혔다. 쓰다 산조는 천황을 예방하지 않고 유람을 즐기는 니콜라이의 행태에 분노해 있었다. 그런 면에서 그는 존왕양이파의 정신적 후예라고 할 수 있다. 하지만 눈치가 너무 없었다.

강대국 황태자가 죽을 뻔한 사건에 일본은 공포에 떨었다.

* 지금 미국과 중국을 G2라 부르듯(물론 미국과 중국의 국력 차이가 아직 제법 되지만) 19세기말을 영국과 러시아의 G2시대라 부를 수 있을 것이다. 물론 독일과 프랑스, 미국의 세력도 만만치 않았다.
** 훗날의 니콜라이 2세. 러시아혁명 이후 처형당함으로써 러시아의 마지막 황제가 되었다.

러시아가 일본의 영토를 요구하거나, 더 나아가 식민지로 삼기 위해 침략하면 어찌 한단 말인가? 일본 전국에서 니콜라이에게 사죄하는 풍경이 펼쳐졌다. 천황이 직접 러시아 군함까지 찾아가 누워 있는 황태자를 병문안하며 사과의 뜻을 전했다. 모든 학교에 휴교령이 내려졌다. 신사와 절, 교회 모두 황태자의 쾌유를 비는 기도를 함으로써 일시적으로나마 종교 통합이 이뤄졌다. 쓰다 산조의 고향 인근에서는 '쓰다'와 '산조'를 신생아의 이름으로 짓지 않는다는 조례안이 발표되었다. 이미 같은 이름을 쓰던 사람들은 개명했다. 일본 학생들은 니콜라이 앞으로 문안 편지를 썼는데 전보가 1만 통이 넘어갔다. 한 여성은 사죄의 의미로 교토에서 자결하기도 했다. 그녀의 자결은 일본 언론에 대서특필되며 칭송받았다. 일본 육군은 따로 쓰다 산조를 납치해 암살한 후 시체를 러시아 측에 보여줄 계획까지 고려했다. 니콜라이 황태자는 일본의 정성에 놀라 오히려 기분이 조금 좋아질 정도였다. 그러나 나중을 위해서라면 러시아뿐 아니라 자신의 미래를 위해서라도 이때 일본을 짓눌렀어야 했다.

삼국간섭으로 요동을 토해낸 일본은 4년 전 니콜라이에게 바쳤던 정성이 배신당한 기분이었다. 게다가 거의 다 실현된 줄 알았던 정한론이 또다시 멀어졌다. 청나라 다음에는 러시아가 버티고 있었다. 러시아는 한반도를 노릴 만한 이유가 있었다. 세계 최강대국 영국은 해양제국이었다. 반면 러시아는 육상제국이었다. 영국은 세계 바다의 2/3를 지배했다. 러시아에는 광대한 영토와 짜르의 권위, 인구와 자원이 있었다. 하지만 영국의 해양력이 우세했다. 러시아는 바다에서도 살아남기 위해 영국 함대의 규모에는 미치지 못하지만 세계 최강의 소수정예 함대를 보유했다. 바로 발트함대다. 그러나 함대란 것은 육지가 없으면 아무 힘을 발휘하지 못한다.

　19세기와 20세기 초까지의 함대는 21세기의 핵잠수함과 다르다. 필요할 때마다 육지에 배를 대고 석탄을 공급받지 않으면 배는 그저 바다를 표류하는 비싼 고철이 되고 만다. 전투력이라는 것은 사시사철 필요할 때 언제든 발휘할 수 있지 않으면 소용이 없다. 그래서 함대를 운용하기 위해서는 1년 내내 얼지 않는 부동항(不凍港)이 필요하다. 충분한 부동항을 확보하지 않고는, 세계 최강이라 불리던 발트함대도 영국에 대적할 수 없다. 영국이 '세계 최강'의 함대가 활동할 수 있도록 조건을 허락해줄 리가 없기 때문이다. 그런데 한반도는 부동항이 넘치는 곳이다. 러시아가 가장 매력을 느끼는 부동항 후보지는 한반도 남해였다. 백 년간 이어진 영국과 러시아의 군비 경쟁을 '그레이트 게임(Great Game)'이라고 한다. 영국이 2년간 거문도를 무단 점령한 '거문도사건'은 그레이트 게임의 일환이었다. 해양력에서 앞선 영국이 러시아가 한반도 남해에 진출할 것을 예상하고 미리 거문도에 '알박기'를 한 것이다. 국제정세의 큰 그림 안에서 거문도는 영국과 러시아가 벌인 도박판의 칩이었다.

　러시아는 영국의 해양력에 대항해 시베리아 횡단철도를 부설했다. 유라시아 대륙을 동서로 가로지르는 어마어마한 대역사였다. 철도는 곧 군사력이다. 국민을 동원하고, 훈련소에 집어넣어 군인으로 찍어내고, 무기를 쥐어 전선까지 보내는 일은 보통 일이 아니다. 근대 전쟁은 바이킹의 모험과 다르다. 인간, 식량, 무기는 물론 화약과 같은 보급품까지 대량으로 실어날라야 한다. 모든 것을 실시간으로 끝없이 동원해야 한다. 철도 부설은 동원체제의 완성이었다. 러시아는 육지에서 동아시아를 침탈할 인프라를 만들었다. 침탈 대상에는 당연히 한반도의 부동항도 포함되어 있다. 영국은 바짝 긴장할 수밖에 없었다. 그레이트 게임의 당사자인 영국에 있어 일본의 전국적인 반러시아 감정은 입에 군침이 도는 일이었다.

일본에서는 러시아를 응징해야 한다는 여론이 다른 상식적인 논의를 짓눌러버렸다. 무슨 자신감이었을까? 청일전쟁의 승리가 선사한 관념이었다. 상식적인 집단이라면 불과 이틀 치 식량을 가지고 지상전에서 이긴 일을 하늘이 내린 행운으로 여겨야 한다. 그래야 다음에는 행운을 인력으로 대체할 수 있다. 거꾸로 식량이 절박한 상황이 병사들의 정신력을 무장시켜 '배부른 중국 돼지'를 무찔렀다고 해석하면 순환논증이 도출된다. '일본인은 불리하기 때문에 모든 불리함을 극복하고 이길 것'이라는 논증이 되고 마는 것이다.

영국은 일본이 마음에 들었다. 일본이 러시아를 조금만 귀찮게 해도 영국에는 이익이었다. 1902년 영국은 일본과 동맹을 맺었다. 일본에는 전함 경쟁에 뛰어들 만한 기술이 없었다. 대신 청일전쟁 승전으로 중국에게 받아낸 돈이 있었다. 일본의 해군력이 증강될수록 러시아는 손해를 보고 영국에는 이익이 된다. 게다가 영국은 전함을 팔 수 있으니 겹으로 이익이다. 영국은 청나라가 일본에 지불한 전쟁배상금을 군함을 팔아 싹 털어왔다. 전쟁에 고생한 일본 국민이 보상받아야 할 돈을 모두 챙긴 것이다. 실리적인 영국답게 초기 생산모델은 완제품으로 비싸게 넘겼다. 일본이 완제품을 살 돈이 떨어지자 그다음에는 일본 현지 라이센스 생산으로 발생하는 로열티를 통해 남은 돈을 긁어갔다. 그 돈마저도 고갈될 때까지 기다린 후에야 설계도면을 넘겼다. 일본 국민의 극심한 노동의 대가를 영국 조선 산업이 집어삼켰다.

일본도 나름대로 퇴로를 마련해두었다. 일본은 러시아에 한반도를 반으로 나누자고 제안했지만 거절당했다. 그다음엔 한반도는 일본이, 만주는 러시아가 차지하는 게 어떻겠느냐고 제안했지만 역시 퇴짜를 맞았다. 러시아 입장에서는 어처구니가 없었을 것이다. 한반도와 만주는 승자가 모두 가져갈 구성품, 더 비정하게 말하자면 '세트메뉴'였다.

러시아가 선수를 쳤다. 러시아는 청일전쟁 패배로 일본에 이를 가는 청나라를 구워삶아 뤼순항을 차지했다. 꿈에 그리던 부동항이었다. 이것만으로도 일본의 목에 칼날이 겨누어진 상황이었다. 상식적이라면 이미 여기서 포기하는 게 정상이다. 그러나 청일전쟁의 기적 같은 승리는 제사에 하늘이 응답한 결과였지 않은가. 일본은 언제나처럼 또 다른 제사를 준비했다.

일본은 본격적인 전쟁국가로 진화한다. 역사 속에 출현한 전쟁국가는 전쟁기업의 형태를 띤다. 일례로 칭기즈칸이 세운 몽골제국은 전쟁을 지속함으로써 성장동력을 유지했다. 전쟁국가에 있어 전쟁은 어디까지나 도구다. 그러나 일본은 달랐다. 일본의 전쟁국가화는 전쟁을 위해 국가가 존재하는 방식이었다. 모든 것을 제사에 쏟아붓고 결과를 하늘에 맡기는 관념적 의식이 시작되었다. 러일전쟁에 소요된 일본의 전비는 17억 3000만 엔으로 집계된다. 청일전쟁 전비의 8배 이상이며, 당시 일본의 한 해 국민총생산액의 6배가 넘는 규모였다.

뤼순의 떼죽음

황태자였다가 이제는 황제가 된 니콜라이 2세는 일본의 도발을 이렇게 평가했다. "일본이 생각이란 걸 한다면 감히 먼저 선전포고를 하지는 못할 것이다." 과연 일본은 선전포고를 하지는 않았다. 대신 도고 헤이하치로 제독이 지휘하는 일본의 연합함대가 뤼순항을 급습하면서 러일전쟁이 발발했다. 뤼순항에는 러시아의 극동함대가 있었다. 연합함대는 극동함대를 넓은 바다로 나오지 못하게 하는 데는 성공했지만 격멸하지는 못했다. 두 함대는 포격전을 벌이며 공방을 이어갔다. 만약 일본해군의 모든 자원이 집중된 연합함대가 패배하기라도 한다면, 극동함대는 즉시 텅 빈 일본의 바다를 장악할 게 분명했다. 일본의 멸망으로 이어질 일이었다. 이에 대한 대안은 일본에 없었다. 애초에 모든 것이 계획대로 되지 않으면 멸망하는 전쟁이었다.

일본은 뤼순항을 육군으로 점령해야만 했다. 전쟁이 시작될 때 러시아와 북유럽 사이의 바다인 발트해에 떠 있던 세계 최강의 러시아 발트함대가, 뤼순항에 있는 극동함대를 구원하러 오는 순간 일본은 멸망한다. 일본 해군이 전멸하는 것은 물론이고 대륙에 출정한 육군이 돌아올 바닷길도 사라지기 때문이다. 그 전에 무조건 뤼순항을 점령해야만 했다. 시곗바늘은 바다뿐 아니라 육지에서도 돌아가고 있었다. 시베리아 횡단철도는 아직 완공되지는 않았지만, 그래도 상당한 구간을 사용할 수 있었다. 러시아 본토라 할 수 있는 서쪽의 '유럽 러시아'의 병력과 물자가 전쟁터에 도착하기 전에 뤼순항을 확보해야 했다. 일본은 애초에 러시아의 진짜 '몸통'과 싸울 힘이 없었다. 러시아의 광대한 영토가 일본군을 살려주고 있을 때 결판을 내야 했다.

일본 육군은 진저우(錦州)와 난산(南山)을 함락했지만, 단 한 번의 전투에 3,000명의 보병이 사라졌다. 러시아는 단 하루

의 전투에만 220만 발의 총탄을 쏟아부었다. 진정한 '근대의 힘'
에 일본은 경악했다. 경악했으므로 병사들을 기관총 사격 앞에
더 몰아넣었다. 그렇지 않으면 두려움에 지는 꼴이 된다.

　일본 육군은 제3군이라는 단위를 새로 편성했는데, 조슈
번 출신의 노기 마레스케(乃木希典, 1849-1912)가 사령관으로 임
명되었다. 한편 사쓰마 번 출신의 도고 헤이하치로가 연합함대
의 배 위에서 망원경으로 적진을 관찰해보니, 러시아군이 다른
곳은 꼼꼼하게 기관총과 야포를 배치해놓았지만 유독 203고지
만은 허허벌판이라는 사실을 알게 되었다. 당연히 도고 헤이하
치로는 아군에게 203고지로 진격하라고 권유했다. 노기 마레스
케는 "사쓰마 해군의 명령은 듣지 않는다."며 "육군에게는 육군
만의 작전이 있다."고 공언했다. 그는 기관총과 야포가 기다리
고 있는 러시아의 방호시설 앞으로 부하들을 밀어넣었다. 한
번의 공격에 아무 성과 없이 대량의 일본군이 증발했다. 보다
못한 도고 헤이하치로는 연합함대에서 대포로 지원사격을 해
주겠다고 제안했다. 하지만 노기 마레스케는 사쓰마의 도움을
받을 마음이 없는 진정한 조슈 사무라이였다. 그는 해군의 포
격 지원을 깨끗하게 거절했다. 결국 도고 제독은 배 위의 대포
를 떼어내 육군에 기증했다. 하지만 문제는 해결되지 않았다.
벌써 15,000명의 장병이 사라진 판인데, 전선에 있는 일본군 전
체의 총탄도 함께 소진되었기 때문이다.

　일본은 급한 대로 영국과 독일에 총탄 주문을 넣었다. 물론
대금은 전부 일본 국민의 세금에서 나온다. 세금을 내기 위해
딸을 유곽에 팔아넘기는 일이 있는가 하면, 어떤 가장은 입영통
지서가 날아오자 아내와 딸을 죽여서 묻고 전선으로 떠나기까
지 했다. 그런데 유럽제 총탄은 21세기 택배 서비스가 아니었

다. 주문을 받고 제조하고 보내서 구매자가 수령한 다음, 전선에 보급하는 데까지 긴 시간이 걸린다. 제3군은 도고 헤이하치로 제독이 떼준 대포를 쏜 후 부족한 탄약을 가진 보병이 함성을 지르면서 진격하는 전술을 사용했다. 그것도 6개월간 매달 26일에 똑같은 패턴을 반복했다. 영국과 독일에서 출발한 화약과 총탄이 전장에 도착하는 날짜가 26일이었기 때문이다. 여기엔 노기 마레스케의 참모장 이지치 코스케(伊地知幸介, 1854-1917)의 미신 같은 믿음도 있었다. "26은 홀수 13이 두 개로 쪼개지는 길한 날"이라는 것이다. 러시아군은 한 달간 푹 쉬다가 26일이 되면 느긋이 기관총을 잡고 과녁이 대량으로 뛰어오기만을 기다리면 그만이었다. 그러면서 3만여 명의 일본군이 추가로 사라졌다.

오야마 이와오(大山巖, 1842-1916) 육군 원수가 노기 마레스케를 해임하고 싶어서 몸이 달았던 것을 보면, 노기보다는 정상인이었음이 분명하다. 그러나 사쓰마 출신인 오야마 원수는 노기 마레스케를 전장에서 치울 수 없었다. 사쓰마 인사가 육군 지휘관을 해임하면 조슈가 주류인 육군 전체의 사기가 떨어진다는 정치적 이유에서다. 대신 오야마 원수는 도쿄만의 해안 포대를 해체 조립해 전쟁터까지 보냈다. 기관총도 새로 구해서 전달했다. 하지만 노기 마레스케는 "보병이 기관총을 휴대한다는 것은 명예롭지 못한 행동"이라는 이유로 사용하지 않았다. 노기 마레스케 덕에 여전히 '조슈 사무라이'로 남은 일본 육군 보병은 계속해서 명예롭게 학살당할 수 있었다.

마침내 노기 마레스케가 도고 헤이하치로가 권유한 방식대로 203고지를 탈환하기로 했을 때는 이미 러시아군이 고지를 보강해놓은 후였다. 일본군 결사대가 드디어 203고지를 오를 때, 러시아가 매장한 지뢰가 터져 모두 한 줌 재가 되었다. 하루에만(이번에도 역시 26일이다) 4,500명의 일본군이 전사한 날도 있었다. 203고지는 높이가 해발 203m이기 때문에 붙인 이름으로, 현지 명칭은 얼링샨(尔灵山)이다. 별로 높지도 않은 야산 하나에 일본 전체가 녹아내리고 있었다. 일본군은 이 야산에서만 8,000명의 사망자와 15,000명의 부상자를 냈다. 더 이상 가만있을 수 없었던 오야마 원수는 자신의 참모장이자 그나마 조슈 번 출신인 고다마 겐타로(児玉源太郎, 1852-1906) 대장을 제3군에 파견했다. 고다마 참모장은 제3군의 지휘권을 접수한 후 불과 4일 만에 203고지를 점령하는 데 성공했다.

노기 마레스케는 그제야 자신이 조국의 젊은이 수만 명을 공연히 죽게 했다는 사실을 깨달았는지 갑자기 천황에게 할복으로 죄를 갚겠다는 뜻을 전했다. 메이지 천황은 참고 있던 화가 터지고 말았다. 자기 백성을 떼죽음 당하게 하고도 모자라서 국운을 건 전쟁 중에 장군이 자살하겠다니. 천황은 자신이 살아있는 한 그런 꼴은 절대 보지 않겠다고 못 박았다. 당연히 죽음으로 도망칠 생각하지 말고 살아서 책임지라는 뜻이었지만, 노기 마레스케는 어명을 문자 그대로 받아들였다. 그는 훗날 메이지 천황이 서거한 다음 날 아내와 함께 자결했다. 그는 젊은 시절 세이난전쟁에서 정부군으로 참전해 사이고 다카모리가 이끄는 사쓰마 사무라이군에게 연대기를 빼앗긴 적이 있다. 이때도 할복을 깊게 고려했었다. 일종의 '자결 마니아'였다.

피의 일요일과 인신공양의 승리

전쟁이 1905년으로 넘어가자 일본은 이미 견딜 수 있는 한계점을 지난 상태였다. 일본군 10만여 명이 죽었는데, 전사자가 아닌 영양실조와 전염병으로 인한 사망자가 태반이었다. 보급과 의약품은 국민의 목숨보다 비싼 물건인 데다가, 설령 살 돈이 있더라도 탄약이 먼저였다. 일본은 이미 전비를 모두 쓰고도 모자라 정부가 독점해서 생산·판매하던 담배의 전매권을 미국과 영국에 넘겼다. 그러고도 모자라서 국채를 마구 찍어내 국제금융시장에 풀었다. 국가 경제의 근본이 무너지고 있었다.

일본 국민의 일상도 붕괴하는 중이었다. 일본은 민간에서 솥, 냄비, 농기구를 공출해 녹여서 포탄을 만들었다. 그렇다고 항복할 수는 없다. 일본은 러시아에 이쯤에서 서로 나쁘지 않은 조건으로 협상하는 게 어떻겠느냐고 제안했다. 러시아의 반응은 코웃음이었다. 작년에 출발한 발트함대가 극동에 다가오고 있었다. 또한 시베리아 철도를 통해 러시아의 군사력이 느리지만 동쪽으로 모이는 중이었다. 일본의 멸망이 코앞에 다가왔다.

한 명의 유대계 미국인 금융가가 일본을 구원했다. 제이콥 헨리 시프(Jacob Henry Schiff, 1847-1920)다. 랍비 가문에서 태어난 그는 열렬한 유대민족주의자였다. 시프는 유대인을 탄압한 나라 중 러시아를 가장 미워했다. 유대인을 가장 괴롭힌 나라가 러시아라고 믿었기 때문이다. 무엇보다 러일전쟁이 발발하기 1년 전, 지금의 몰도바 지역에서 러시아인들이 유대인을 학살하는 사건이 벌어졌다. 이때 러시아 당국은 현지 주민의 '기분'을 위해서 유대인의 피눈물을 수수방관했다. 러일전쟁 기간은 미국에서 가장 부유한 유대인인 시프가 러시아에 대한 악감정을 생애 가장 뜨겁게 불태우고 있을 시기였다.

제이콥 헨리 시프는 러시아에 대항하는 자신만의 싸움을 시작했다. 그는 일본의 국채를 각국 정부에 소개하고 본인도 직접 대량으로 사들였다. 그가 일본 국채의 가치를 적극적으로 방어해주었기에 일본은 전쟁을 지속할 수 있었다. 그 이전까지 일본의 원군을 자처했던 영국도 일본 국채에는 손을 대지 않았다. 일본이 러시아를 귀찮게 하겠다니 어디까지나 자국의 이익을 위해 일본을, 그것도 돈을 있는 대로 뜯어내고 지원했을 뿐이다. 그런데 그 어느 나라보다 계산적인 영국마저 시프가 일본 국채의 가치를 떠받치고 일본군이 203고지를 점령하자 일본의 국채를 사기 시작했다. 영국이 구매하자 미국도 따라 국채를 사들였다. 물론, 일본이 하나도 남김없이 모두 갚아야 할 빚이었다. 그러나 패전하거나 멸망해서 갚지 못해도 그만이다. 일본이 스스로 멸망의 길을 걸어가며 러시아의 발목을 물어뜯는 모습은 영국에게는 한 폭의 아름다운 그림과 같았다. 느긋하게 러시아가 망신당하는 꼴을 구경하는 재미도 각별하지만, 일본이 멸망해서 채권자가 사라진다 해도 어떠한가. 러시아와 직접 싸우는 것보다는 훨씬 싸다. 어쨌든 러시아도 전쟁에 돈과 인력을 갈아넣어야만 하니까 말이다. 만에 하나 일본이 이기면 이자까지 쳐서 남김없이 받아내면 된다. 이미 모든 힘을 소진한 후일 텐데, 무슨 힘이 남아서 감히 영국의 채권추심을 거부하겠는가.

영국이 미소 지을 때, 메이지 천황은 사상자와 빚의 숫자에 벌어진 입을 다물 수 없었다. 이러다가는 자기 대(代)에 일본이 멸망할 판이었다. 천황은 군부에 나라가 사라지게 생겼다고 호통을 쳤다. 천황의 호통을 들은 군부는 군부대로 파병한 육군에 단 한 번의 전투에 명운을 걸고 승리하지 않으면 일본은 멸망한다고 호통쳤다. 이렇게 일본은 1차 세계대전 이전의 가장 치열한 대전투인 봉천회전(奉天會戰)에 운명을 걸게 된다. 이때 러시아에서 '피의 일요일 사건'이 터졌다. 우연이 일본을 구원하고, 동시에 우연이 일본의 역량을 극한으로 착취하는 일이 또 반복됐다.

러시아는 내부적으로 완전히 썩어들어간 상태였다. 러시아의 프롤레타리아(무산계급)들은 도시와 빈민가에서 가혹한 착취를 당하고 있었다. 러일전쟁으로 러시아의 금속공업은 유독 착취의 강도가 심해졌다. 금속 노동자들이 동맹 파업에 들어갔다. 이 파업은 러일전쟁에서 러시아군의 보급이 일본만 못하게 되는 결정적인 역할을 했다. 파업은 곧 대규모 시위로 이어졌다. 각지에서 모여든 프롤레타리아 시위대는 짜르*에게 먹고 살길을 마련해달라고 청원하기 위해 짜르가 머물던 겨울궁전 앞까지 행진했다. 짜르 니콜라이 2세는 어리석게도 군인이 시위대를 무차별 사격하며 진압하는 사태를 방치했다. 무려 3,000여 명의 사상자가 발생했다. 이 사건으로 러시아 민중은 짜르에게 등을 돌리게 된다. 러시아제국 체제의 내부적 붕괴가 시작된 것이다. 이런 상황에서 프롤레타리아 계급이 병사의 대부분인 러시아군의 사기는 바닥까지 떨어졌다. 더군다나 일반 백성을 징집해 전쟁터에 보낼수록 러시아 민중은 더 분노할 수밖에 없었다. 그러니 러시아 조정은 먼 동쪽의 전쟁보다 내부 수습이 훨씬 급했다.

그럼에도 불구하고 봉천회전에서 더 불리하고 절박한 쪽은 일본이었다. 일본과 러시아의 격차는 그 정도였다. 오야마 육군 원수가 직접 전장에 도착해 현장 총사령관을 맡았다. 그

* 제정(帝政) 러시아 시대의 황제를 부르던 말. 러시아어로 царь, 영어로는 Tsar나 Czar 등으로 표기한다. 로마의 군인이자 정치인이었던 카이사르(Caesar)에서 온 호칭이다.

렇게 국운을 건 한판 승부가 시작되었다. 그리고 전투가 진행되던 도중, 노기 마레스케는 지휘부와의 연락을 끊어버리고 독자적으로 움직이기 시작했다. 사쓰마와의 경쟁에서 당한 수모를 만회해야 한다는 '현실적인' 과제에 맞닥뜨리자 그는 제대로 실력을 발휘했다. 노기 마레스케가 이끄는 일제 육군 제3군은 봉천회전에서 머릿수와 물량에서 압도적으로 우월한 러시아군을 분쇄해가며 전진을 계속하는 기염을 토했다. 다시 말해 마음만 먹으면 얼마든지 잘할 수 있는 인간이 203고지 전투와 같은 인신공양 축제를 벌였다는 얘기가 된다. 그러나 이것은, 국운을 건 단 한 번의 전투에서 발생한 주요 지휘관의 명령 불복종이기도 하다. 그야말로 엄청난 사태다. 그런데 이조차 일본의 행운으로 되돌아왔다.

노기 마레스케의 독자적인 전진과 전투는 러시아군의 이목을 집중시켰다. 그들은 상부와 연락을 끊고 따로 노는 적 부대가 존재할 수 있다는 생각은 도무지 할 수 없었다. 분명히 핵심적인 역할을 맡은 적 부대가 틀림없는데, 움직임을 이해할 수는 없지 않은가? 러시아군 지휘부는 혼란에 빠진 채 어떻게든 제3군을 우선적으로 포위 섬멸해야겠다는 판단에 사로잡혔다. 제사의 차원에서는 하늘이, 과학적 견지에서는 기막힌 우연이 일본을 도왔다. 때마침 제3군은 뒷일을 생각하지 않는 무조건 전진으로 공세종말점*에 도달한 상태였다. 그때쯤 러시아군은 노기 마레스케에 홀려 그의 부대를 잡으려 쫓아다니다가 일본군에 포위된 상태가 되고 말았다. 전투란 기본적으로 상대를 포위하기 위한 싸움이다. 포위 이후는 싸움이 아니라 처형이다.

* 장병의 체력, 물자의 보급 등이 다해 부대의 공세가 더 이상 지속될 수 없는 한계점.

이렇게 러일전쟁 지상전에서 일본의 승리가 결정되었다.

이번에도 '결과적으로' 승리했다는 점이 중요해졌다. '해군의 도고, 육군의 노기'라는 말이 유행했다. 여기에는 결정적 장면이 하나 있다. 노기 마레스케가 귀국하는 항구에 성난 인파가 그를 기다리고 있었다. 노기 마레스케의 인신공양에 희생된 전사자의 유가족들이 노기를 때려죽일 준비를 하고 있었다. 그런데 배에서 내리는 노기 마레스케는 유골함 두 개를 품고 있었다. 203고지에서 전사한 그의 두 아들이었다. 화낼 명분을 잃은 유가족들은 그만 고개를 떨구고 흩어질 수밖에 없었다. 러일전쟁이 끝난 후 노기 마레스케는 평상시의 자기 자신으로 되돌아왔다. 그는 자기 휘하 부상병들을 문병하러 다녔으며 유가족을 위해 많은 기부를 했다. 부상병을 위한 의수와 의족을 제작하는 일에도 힘을 보탰다. 노기 마레스케는 차기 천황이었던 히로히토 황태손의 스승이기도 하다. 그는 아부하기는커녕 신념을 가지고 엄격히 교육해 황태손의 존경을 받았다. 원래는 실력에서나 인품에서나 뛰어난 인물이었던 것이다. 유신의 정념에 취해 인신공양의 제사장 노릇을 자행한 일은, 말 그대로 전쟁터에서 유신에 '빙의'되었기 때문이라고 밖에는 설명할 수가 없다.

전쟁의 승패를 가른 등불

봉천회전에서 승리의 대가로 7만 명의 병사를 잃은 일본은 러시아에 정전 협상을 제의했다. 발트함대가 다가오고 있었기 때문이다. 러시아는 거절했다. 발트함대가 다가가고 있었기 때문이다. 일본은 여전히 멸망할 운명에 빠져 있었다.

1904년에 출발한 발트함대는 220일간 지구의 반 바퀴, 항해 거리로는 2/3바퀴를 돌았다. 전 세계 바다의 주요 기착지와 항구는 모조리 영국의 손아귀에 있었다. 발트함대는 아프리카 대륙을 통째로 한 바퀴 돌았다. 인도양을 가로지를 때에는 육지에 기착하지도 못했다. 함대원들은 먹지도 자지도 못하며 도고 헤이하치로가 이끄는 연합함대와 조우할 때까지 인간의 한계를 시험했다. 인류 역사상 가장 극악한 대장정에 빠지지 않을 만한 그런 여정이었다. 발트함대는 석탄으로 움직였다. 동력을 모두 잃고 바다의 미아가 되지 않기 위해 독일에 큰돈을 주고 바다 한복판에서 석탄을 보급받기까지 했다. 배 안의 가구까지 부숴서 증기기관의 연료로 사용했다. 발트함대 대원 12,000여 명은 신체적, 정신적 한계에 다다라 있었다. 대원 중 1,500명이 알레르기에 시달렸다. 800명은 우울증, 700명은 정신병 증세를 보였다. 그들은 조국을 패전의 위기에서 구하라는 니콜라이 2세의 명령 한마디에 인간의 인내심을 극한까지 내모는 대장정을 감행했던 것이다.

그동안 일본의 연합함대는 러시아 극동함대를 상대하고 있었다. 연합함대는 뤼순항의 극동함대와 포격전을 펼치다가 본격적인 해전에 돌입했었다. 여기서 도고 헤이하치로 제독은 평소 마음에 품고 있던 정자진(丁字陣, T포메이션)의 함대 전투 진형을 실험했다. 그런데 생각만큼 되지 않았다. 도고 헤이하치로의 정자진은 실패했다. 그러나 이때도 우연에 의한 행운이 일본을 덮쳤다. 별다른 피해 없이 전투 현장에서 이탈한 러시아 극동함대는 차례로 와해되었다. 당시 러시아는 전 유럽의 적이었다. 극동함대의 전함들은 중국과 동남아시아의 항구에 정박하는 족족 현지에 세력을 뻗치고 있던 프랑스와 독일 기관에 억류되었다. 그래서 극동함대는 어쩔 수 없이 남은 함대의 대포를 해체해 해안포대로 개조했으며, 승무원들도 육군 보병으로 편입시켜 놓았다. 일본 연합함대는 그 사실도 모르고 더이상 존재하지 않는 극동함대의 유령을 찾고 피하며 황해(서해)를 헤매고 다녔다.

이 모든 기막힌 우연의 결과, 도고 헤이하치로는 정자진을 약간 손볼 수 있었다. 결국 적당히 수정한 정자진으로 일본은 쓰시마 해전에서 승리하게 된다. 그러나 쓰시마 해전 전까지 발트함대가 일본에 질 가능성은 한없이 '제로'에 가까웠다. 영국의 농간에 휴식 없이 전 지구의 바다를 돌며 심신이 모두 소진된 발트함대는 블라디보스토크까지만 가면 모든 문제가 해결되었다. 블라디보스토크에서 석탄 보급을 받고, 병사들이 며칠 쉬기만 하면 연합함대를 전멸시키는 건 정해진 일이었다. 당시 발트함대가 블라디보스토크까지 가는 경로는 세 가지였다. 일본과 조선 사이의 쓰시마해협(대한해협), 혼슈와 홋카이도 사이의 쓰가루해협, 홋카이도와 사할린 사이의 소야해협. 도고 헤이하치로 제독은 그중 하나를 선택해야만 했다. 한 곳에 일본의 해군력 전부를 집결하고 기다리다가 발트함대를 만나야 한다. 일본이 멸망하지 않을 확률, 그건 정확히 1/3이었다. 과감하지 않을 이유는 없었다. 어차피 일본은 멸망 직전이었으니까. 연합함대는 1년 치 포탄을 하루 연습사격에 모두 퍼붓기까지 했다. 그리고 도고 제독과 발트함대는 모두 쓰시마해협을 선택했다. 일본은 가까스로 멸망을 피할 기회를 얻었다. 우연은 이 정도에서 그치지 않는다.

발트함대는 자신들의 예상 경로로 연합함대가 쓰시마해협을 선택할 경우(1/3의 확률!)를 대비해 모든 동력과 불을 끄고 소리 없이 좁은 쓰시마해협의 밤바다를 지나쳐갔다. 연합함대는 쓰시마해협에서 기다려놓고도 발트함대를 발견하지 못했다. 그런데 발트함대의 배 한 척에서 수병 한 명이 실수로 등불을 켜고 말았다. '또 우연히' 마침 근처에 있던 일본의 경순양함이 불빛을 발견했다. 보고를 받은 도고 제독은 발트함대를 잡을 위치와 대형을 준비했다. '또다시' 우연이 일본을 구원한 것이다. 한낮에 좁은 해역을 통과하던 발트함대가 연합함대를 만났을 때, 미리 기다리고 있던 연합함대는 5분 만에 공격 진형을 완성했다. 그 직후 일본 해군이 보유한 모든 화력을 쏟아부었다. 일본의 승리였다.

쓰시마 해전이 끝나고 난 후에도 러시아는 여전히 풍부한 힘을 갖고 있었다. 그러나 내부 단속이 더 급했다. 프롤레타리아 계급의 분노가 사회를 흔들었다. 짜르 니콜라이 2세에게는 일본보다도 국내 정치가 훨씬 시급했다. 그래서 러시아는 일본의 승리를 인정했다. 포츠머스 회담에서 한반도가 러일전쟁의 전리품으로 일본에 넘어갔다. 물론 당사자인 조선인들은 전혀 모르는 사실이었다. 러시아와 영국의 그레이트 게임이 일본에 의해 종료되었다. 일본과 영국의 승리였다. 니콜라이 2세는 큰 실수를 저질렀다. 러시아 민중은 나약한 태도를 보이는 지도자를 인정하지 않는다. 그는 자신과 가족의 죽음을 앞당겼다.

환영받지 못한 승전

러일전쟁 결과는 전 세계에 엄청난 충격으로 다가왔다. 동양과 서양 모두가 비슷한 강도의 충격을 받았지만, 동양의 충격은 더 각별했다. 조선을 제외한 아시아의 지식인들이 일제히 일본을 지지했다. 물론 가장 기뻐한 사람들은 일본 국민이었다. 당연하다. 뒤이어 당연한 현실이 닥쳤다. 일본은 일어나 한 발짝 걸을 힘도 없었다. 그동안 일본 국민들은 승전하기만 하면 그간의 고통을 모두 보상받을 줄 알았다. 청일전쟁에서도 승전을 통해 막대한 전쟁배상금을 받아내지 않았는가. 러시아의 힘과 크기만큼 배상금도 대폭 상승할 줄 알았다. 그러나 러시아는 전쟁의 고통을 보상해줄 생각이 없었다.

애초에 패전하고 배상금을 물어야 할 때는, 상대가 생사여탈권을 가지고 있어서다. 일본은 이겼다. 그러나 이기기만 했다. 모든 역량을 소진하고 껍데기만 남은 일본은 러시아에 대포 한 발 쏠 힘도 남아 있지 않았다. 러시아라고 이 사실을 모를 리 없었다. 러시아는 받아내고 싶은 게 있으면 다시 쳐들어와서 실력으로 받아내라고 일본에 큰소리쳤다. 결국 일본은 배상금 없는 전후처리에 합의할 수밖에 없었다.

일본은 어마어마한 빚더미에 올랐다. 이기기만 하면 천문학적인 배상금을 받고 삶에 숨통이 트일 거라고 기대했던 일본 국민의 분노가 폭발했다. 마침 전사자의 시체와 팔다리를 잃은 부상병들이 거리에 넘쳐났다. 군인들의 영웅적인 희생으로 얻은 결과를 무능한 정치인들이 망쳤다는 여론이 대세가 되었다. 도시 곳곳에서 폭동이 일어났다. 일본 내각은 책임을 지고 총사퇴했다. 그래서 정치인들이 대거 사임한 자리를 군인들이 채웠다. 결과적으로 군부의 힘이 더 강해지는 아이러니한 현상이 일어났다. 정치인들은 국민과 대화하고, 대화에 실패하면 사임하기라도 하지만 군부는 아니다. 장기적으로 봤을 때 일본은 국민적 저항의 결과 국민을 인정사정없이 찍어누르는 나라가 된다. 하지만 당장은 빚이 더 급했다. 영국과 미국 그리고 조셉 헨리 시프가 청구서를 내밀었다. 일본 국민들의 세금이 4배로 뛰었다. 불만도 그만큼 늘어나기 마련이다. 군부는 국가의 상징인 천황을 소환했다. 국가 시책에 반대하는 행위를 천황에 대한 불충으로 간주해 처단했다. 그러나 이미 일본 경제는 프로파간다로 수습할 수 없을 지경으로 붕괴한 채였다. 일본에 남은 운명은 좋아 봐야 국가 부도 사태였다. 이게 다가 아니었다. 쓰시마 해전을 주의 깊게 관찰한 영국은 미래 해전을 위해서는 한 단계 발달한 형태의 군함이 필요하다는 결론을 내렸다. 바로 드레드노트(Dreadnought)급 군함이다.

자금과 역량이 풍부한 서구 열강이 드레드노트급 개발 경쟁에 뛰어들자 일본이 그때껏 피눈물을 흘려가며 손에 넣은 모든 전함은 구식이 되고 말았다. 무기라는 게 그렇다. 우월한 무기가 나오면 그전까지의 무기는 일제히 고철이 된다. 기껏 무수한 풍파를 겪으며 러시아를 꺾는 열강의 지위에 오른 일본은, 드레드노트의 시대가 오면서 순식간에 그라운드 제로(Ground Zero), 아무것도 없는 공백의 상태로 되돌아갔다. 이미 폭력의 트랙을 질주하던 일본은 관성대로 드레드노트 경쟁에 뛰어들었다. 그러나 일본 국민은 인간인 이상 더는 견딜 수 없었고, 러일전쟁을 통해 내부적으로 파멸해온 일본 역시 비참한 몰락이 예정돼 있었다. 기적이 없는 한 일본과 유신은 끝장이었다.

5

정결한 세계를 지키는 야만

광무개혁과 대한제국의 죽음

러일전쟁은 일본을 거덜냈다. 러시아에게서 얻어낸 사할린 일부는 딱히 경제적 이익이 될 만한 곳이 못 됐다. 일본이 전쟁에서 얻은 손해를 만회할 곳은 조선뿐이었다. 서구 열강은 조선에 대한 관심을 거두고 고개를 돌렸다. 이미 조선은 일본의 소유였다. 미국과 유럽 국가들이 정복민족의 후예다운 기질을 보일 때가 가끔 있다. 그들은 누군가가 '싸워서 얻은' 결과를 순순히 인정하는 경향이 있다. 청일전쟁은 동양인끼리의 싸움이었다. 러일전쟁은 다르다. 서구에겐 일본이 자신들 중 하나와 싸워 이긴 것이다. 일본은 존중받았다. 일본은 속은 텅 비어버리다시피 했지만 겉으로는 열강으로 인정받았으며, 이제는 빈속을 채울 차례였다.

철학자 윌 듀란트는 "외세에 정복당하는 문명은 이미 내부에서 멸망해 있는 법이다."라고 말했다. 이미 동력을 다한 구한말 조선이라면 맞는 말이다. 당시 조선은 일본에 저항할 힘 따위는 엄두도 내지 못할 정도였다. 하지만 대한제국 시기는 달랐다. 일본의 유신과 30년이라는 시간 격차를 두고 실시된 대한제국의 광무개혁(光武改革)은 짧은 시간에 엄청난 성과를 보였다. 광무개혁은 한국인들의 머릿속에서 사라진 불꽃이다. 한국인은 한국 특유의 선진국 캐치업이 1960년대의 경제개발 5개년 계획부터 시작되었다고 믿는다. 그러나 첫 번째 캐치업은 광무개혁이다.

대한제국은 광무개혁과 함께 급속도로 발전했다. 더 정확히 말하자면 20-30년 간의 장기적인 발전을 위한 토대를 급속도로 깔았다. 광무개혁 7년 만인 1901년, 서울을 방문한 독일 기자 지크프리트 겐테 박사는 서울을 "전신, 전화, 전차, 전기조명을 동시에 갖춘" 아시아 1위의 도시라고 기록했다. 1900년대의 서울은 여러 서양인들에게 베이징, 도쿄, 방콕보다 높은 평가를 받았다. 하야시 곤스케(林權助) 일본공사는 본국에 보내는 공사관 보고서에서 "단순한 상업시대에서 공업시대로 들어서는 데 이르렀다. 세계적 경쟁의 영역에 진입하고 있다."(1900.2.19), "한국의 무역액은 해마다 성장율의 하락과 증가가 다르지만, 발달 추세가 현저하다."(1904.10.29)라고 적고 있다.

대한제국 시기에는 거의 하루에 하나 꼴로 새로운 기업이 생겨났다고 추산될 정도로 근대 자본주의가 급속도로 성장했다. 이중 일제에 병합되기 전까지 종업원 100명 이상의 대기업은 700개 이상으로 추산된다. 금융업, 농림업, 제조업, 광업, 상업, 운수업, 수산업, 토건업, 출판업, 제약, 유통, 유흥 등 갖가지 분야의 기업이 설립되었으며 국가는 이들 산업을 보호하기 위해 독일식 보호주의 모델을 추구했다. 그런데 대한제국의 보호주의 모델은 열강들의 협박으로 실행되지 못했다. 대한제국은 국내 기업에 독점을 주는 방법으로 우회적으로나마 결국 독일식 모델을 실현했다. 서구식 경제성장의 결과는 의외로 빠르게 나타났다. 대한제국은 9년 만에 국가 예산이 4배 이상 늘었다. 그야말로 폭발적인 성장이었다. 실제로 1901년부터 1910년까지 해외 수출액이 5배 이상 증가했다. 멸망 직전이었지만 대한제국은 일본, 중국, 러시아, 미국, 영국에 수출시장을 확보한 상태였다. 생활수준도 빠르게 향상되었다. 1915년 식민지 조선은 일본에 이어 아시아 2위의 GDP를 달성했으며 서유럽의 변방 수준에 진입했다(그리스, 포르투갈과 비슷했으며 스페인의 절반 수준이었다). 그때는 일제의 식민지가 아니었냐고 반문할 수 있지만, 이것은 대한제국 시기의 발전이 관성에 의해 연장된 결과다. 일제의 식민통치계획 문서 중 하나인 〈대한시설강령〉에는 '재정기관을 감독하고 정리할 것', '교통, 통신 기관을 장악할 것', '척식(拓植, 경제적 약탈)을 기도할 것' 등의 항목이 정확히 기재되어 있다. 일제는 한반도에 통치 기반을 위한 인프라를 까는 데에는 많은 비용을 썼지만, 한반도 산업의 자체적인 발달에는 별다른 투자를 한 기록이 없다.

대한제국은 국방력과 사회간접자본에도 전력 질주하듯 투자를 쏟아부었다. 1909년 기준 대한제국의 근대 학교는 모두 2,236개였다. 그러나 일제에 병합된 후 근대적 교육의 기회는 급격히 줄었다. 그래서 병합 10년이 안 되어 거꾸로 서당과 서당 학생의 수는 두 배 가까이 늘었다. 청나라의 신식 군대가 서구와 일본에 궤멸당한 상태에서, 대한제국은 일본에 이어 아시아에서 가장 많은 신식 군대를 보유했다.* 신분제 철폐의 효과도 생각보다 빠르고 가시적이었다. 일본은 메이지 유신으로 신분제가 철폐되었지만, 개인이 직업을 가지기 위해 작성하는 문서에는 본래의 출신성분을 기재하게끔 되어 있었다. 대한제국은 일본보다 빠른 성과를 위해 신분제 철폐는 물론 전통적인 신분이 공식 문서에 기록되는 것조차 금지했다. 그 결과 대한제국 말엽에는 이미 서민과 천민 출신이 대거 공직자로 일하는 상황이었다.

* 당시 대한제국의 신식 병사 수는 육군 최대 9,000명, 해군 3,000명 이상의 규모였다.

일제는 대한제국 시기에 이루어진 근대적 발전을 철저히 파괴했다. 식민지는 값싼 노동력과 1차 산업 생산물을 제공하는 대신 완제품을 소비해주어야 한다. 그러므로 식민지는 본토보다 후진적이어야 값어치 있다. 일본은 1905년 을사조약을 통해 대한제국의 외교권을 포함해 국가적 결정권을 싹 접수해갔다. 을사조약이 체결된 시점에서 이미 대한제국은 멸망한 것이나 다름없었다. 민간에서도 을사조약의 의미를 정확히 알았다. '을사년스럽다'는 '을씨년스럽다'의 어원이 되었다. 을사조약이 체결된 해, 일본은 '화폐정리사업'을 통해 대한제국의 화폐경제를 붕괴시켰다.* 자연히 대한제국 내에서 자체 발전하던 상업자본과 공업자본이 도미노처럼 무너져내렸다. 1910년, 한일병합조약으로 대한제국이 멸망할 때 이미 일본은 한반도를 '후진적인' 식민지로 관리할 준비를 마친 상태였다.

광무개혁은 일본과 러시아의 대결이 무승부로 끝날 단 하나의 가능성에 희망을 두고 추진되었다고 할 수 있다. 영국과 프랑스 두 제국주의 세력의 완충지대로 남아 독립을 지킨 태국처럼, 러시아와 일본 두 외세에 일방적으로 정복당하지 않을 만큼의 발전을 재빨리 이루겠다는 전략이었다. 그래서 러일전쟁 결과에 전 아시아의 지식인들이 감격에 겨워 일본을 칭송할 때, 조선인들만큼은 암담한 미래에 고개를 떨굴 수밖에 없었다. 승자가 일본이라서가 아니었다. 승자가 정해졌다는 사실 자체가 비극임을 모두가 알아서였다. 그래서 나는 고종을 평균적인

* 대한제국의 화폐발행권을 박탈하고 기존의 통화인 백동화와 엽전의 유통을 금지했다. 그 결과 백동화의 가치가 폭락하면서 백동화를 소유, 유통하던 조선 상인들이 대거 몰락했으며, 그간 대한제국 내에서 급성장한 근대 자본주의 역시 결정적인 타격을 받았다.

한국인만큼 저평가하지 않는 편이다. 물론 그는 국가를 빼앗긴 군주였으니 고평가를 받기는 어려울 것이다. 오랜 기간 재위하면서 많은 실수를 저질렀다는 점, 광무개혁 시기가 결과적으로 너무나 늦었다는 사실은 인정하지 않을 수 없다. 동시에 광무개혁의 방향과 성과가 고종의 결단 없이 이루어지기는 불가능했다는 점도 인정해야 한다. 그러나 전근대의 30년과 근대의 30년은 차원이 다른 시간이다. 1900년대의 대한과 일본, 두 제국 사이에 놓인 시간과 인구수의 격차는 극복할 수 없는 벽이었다.

한국과 일본을 트랙 위의 달리기 선수로 간주하면, 대한제국 시기에 한국이 일본을 따라잡는 속도는 아시아에서 가장 빨랐다. 절대적인 '캐치업' 속도 역시 세계에서 가장 빨랐다. 그러나 19세기 말에서 20세기 초의 트랙에는 심판이 존재하지 않았다. 일본은 대한제국의 다리를 부러뜨렸다. 한국은 1960년대부터 2차 레이스를 시작할 수 있었다. 이번에는 미국과 소련이라는 엄격한 심판이 트랙을 관리했다. 단점이라면 태평양전쟁과 한국전쟁에 의해 다 파괴된 상태였다는 점이다. 한국은 처음부터 다시 뛰어야 했다. 다행이라면 심판의 존재 덕에 선두주자에 폭행당하는 일 없이 달리기에 집중할 수 있었다는 점이다.

한반도의 쌀을 탐낸 일본

일제가 조선을 병합했을 때, 한반도의 천연자원은 미국을 위시한 구미가 실컷 털어간 후였다. 특히 조선의 금광은 서양에서도 유명할 정도로, 금 매장량이 결코 적지 않았던 것으로 보인다. 물론 남은 천연자원도 일제강점기 35년간 일본의 전쟁을 위해 고갈되긴 했지만, 일본에 있어 가장 중요한 수탈 대상은 조선의 쌀이었다. 이는 대한제국 시기의 근대적 상공업 발달을 저지해 조선을 농업경제에 머무르게 한 일과 정확히 맞물려 있다. 모두가 알다시피 일제는 조선의 경제적, 문화적 수준을 대한제국 이전의 망국적 상태로 되돌려놓는 데 성공했다. 이 상태는 일본에 매우 중요하다. 일본인은 굶고 있었기 때문이다.

경제적 풍요가 흐르던 에도시대를 거치며 일본인은 체중과 신장이 점점 줄었다. 상업의 발달이 다수의 삶의 질을 높인다는 관념은 현대인의 착각이다. 1차 산업사회에 비해 무한정에 가까운 생산력을 지닌 2차 산업사회라면 자본경제의 발달이 사회구성원 대부분의 소비력을 늘린다. 끝없는 생산력이 받쳐주는 덕분이다. 기후변화와 환경파괴 등 지구의 조건이 인간이 살기에 나빠졌긴 하지만 자원 자체만을 놓고 보면 지구엔 아직도 너무나 많은 자원이 남아 있다. 하지만 전근대 농경 사회에 있어 정치와 경제의 근간이 되는 농업의 생산력은 무한정이 아니다. 쌀 생산량엔 명확한 한계가 있다. 이 상태에서 상업과 자본이 발달하면 물가가 오르고 자연히 가장 먼저 쌀값에 반영된다. 다른 곡물의 가격은 자동적으로 쌀값을 따라간다. 식량은 귀해지고 굶는 사람은 많아진다.

본질적 이유는 근대화에 있다. 일본인이 원래부터 개미처럼 근면하다는 환상은 일본인과 외국인 사이에서 널리 유통된다. 또 한국인과 마찬가지로 일본인 역시, 과거로 갈수록 선조들이 더 강인하고 부지런했다고 인식하는 경향이 있다. 그렇지 않다. 일본인은 원래 하루에 두 끼만 먹던 민족이었고, 메이지 유신으로 탄생한 신정부가 육식을 장려하기 전까지 오랫동안 일상에 육식이 존재하지 않았다. 육식 없이 두 끼만 먹으면서

폭주

5

정결한 세계를 지키는 야만

근면할 수 있는 민족 같은 건 없다. 일본인들은 일상의 세세한 노동을 느긋한 동작으로 이어가며 살았다. 전통적인 일본인들은 '뛰지' 않고, 잰걸음으로 빠르게 걷는 게 다였다.

전근대 일본인은 전근대 조선인보다 결코 부지런할 수 없다. 농업에 있어 일본의 지리적 조건이 한반도보다 비교할 수 없이 풍요롭기 때문이다. 19세기 초 일본의 인구가 3,300만 명에 도달했을 때, 일본의 전체 쌀 생산량은 5,000만 석 이상이었다. 같은 시기 조선의 인구는 1,400만 명이었다. 그런데 쌀 생산량은 고작 1,200만 석이었다. 인구 대비 생산량 차이가 두 배에 가깝다. 태생적으로 일본인보다 컸던 조선인은 체격을 유지하기 위해 아무리 노력해도 쌀을 생산할 수 없는 농지에 잡곡을 키우고, 텃밭을 가꾸고, 수렵과 채집을 병행하고, 담벼락과 지붕까지 이용해 호박과 참외 같은 넝쿨 식물을 키우고, '추운 사막'인 한반도의 겨울을 나기 위해 셀 수 없을 종류의 발효음식과 염장식품을 개발해야 했다. 많이 일하려면 많이 먹어야 한다. 많이 먹고 나면 더 많이 일해야 한다. 조선인은 노동량도 식사량도 많았다. 한국인은 유전적으로 아시아에서 가장 큰 체격과 농경 문명 전체에서 가장 척박한 생산환경이라는 극단적인 불균형 속에서 유별난 인내력과 집요함을 개발해야 했다.

과거의 기질이 현재에 어떻게 남았는지를 비교하면, 일본인이 세계 평균에 비해 굉장히 부지런한 건 사실이다. 일본인은 하루 종일 무언가를 계속해서 한다. 한국인은 한술 더 떠 심신의 진액을 짜내듯이 일한다. 대중예술계를 예로 들자면 일본 J-pop 아이돌은 천재가 아닌 한 한국 K-pop 아이돌의 무대 수준을 절대로 따라잡을 수 없다. 한국 아이돌 연습생은 문자 그대로 '미친 것처럼' 연습한다. 길게는 10여 년 동안 매일 실신하기 직전까지 춤과 노래를 훈련한다. 일본인은 조선인보다 훨씬 휴식이 많았다. 그렇다고 나는 일본인이 게으르다고 주장하는 게 결코 아니다. 근면함의 정도는 삶에 주어진 조건에 따라 결정된다. 메이지 유신 이후에 조선인이 일본인을 보았을 때, 그들은 갑자기 바쁘고 부지런한 민족이 되어 있었다. 같은 시기 일본인의 눈에 조선인은 영 게을러 보였다.

근대화가 되면 사회의 모든 분야가 공장처럼 굴러간다. 유신의 야망 속에서 일본인은 전투적으로 공부하고 일하는 전사가 되어야 했다. 산업 전사가 되기 위해 학교에서 먼저 공부 전사가 되었다. 산업 전사 남편을 받들어 모시기 위해 여성들은 주부 전사가 되었다. 일본인은 아침에 일어나면서부터 잠들 때까지 쉼 없이 황국 신민의 의무를 수행하는 민족이 되었다. 일본의 쌀 생산량 증가는 일본인의 칼로리 소비량 증가를 따라잡을 수 없었다. 청일전쟁과 러일전쟁을 거치며 일본에는 영양실조와 질병이 유행했다. 그러므로 유신이 두 번의 전쟁으로 빈사 상태가 된 일본을 유지하기 위해서는 조선의 쌀, 궁극적으로는 '후진적인 상태에 머무른 조선'이 필수적이었다.

일본 우익 학계와 한국 뉴라이트 학계가 주장하는 '식민지 근대화론'에 따르면 일본은 조선을 수탈하지 않았고, 식민지 조선인의 삶은 특별히 나빠지지 않았거나 오히려 식민지 이전보다 더 나아졌다고 한다. 일본이 조선의 쌀을 수탈하지 않았다는 주장의 첫 번째 근거는 일본 본토에 대한 식민지 조선의 무역 흑자다. 일본에 유출된 쌀은 수출품이며, 수출이익은 조선에 도움이 되었다는 것인데, 그냥 엉터리 산수다.

지금의 한국인과 일본인은 별다른 자원 없이 인력과 기술로 수출을 해서 먹고사는 조국을 둔 까닭에, 무역 흑자는 무조건 좋은 것이며 '승리'라는 인식의 함정에 빠져 있다. 아베 신조 (安倍晋三, 1954-2022) 총리는 한국에 대해 무역분쟁을 일으키면서 한국 산업이 필요로 하는 일본 제품의 수출을 금지했다. 수출은 곧 이기는 것이라는 단순한 논리를 기계적으로 적용하면 수출 중지는 약자를 때리는 신나는 가학행위가 된다. 극우 성향 지지자들을 결집하게 하는 효과를 거두기에는 편리한 방법이다. 물론 경제적 실상은 전혀 달라서 아베 총리의 '공격'은 일본 경제에 장기적인 손해만 입히고 끝났다. 한국은 중국에, 중국은 일본에, 일본은 한국에 막대한 무역 이익을 거두고 있다. 서로 물고 물리는 한중일 3국의 무역 흐름을 하나의 경제 단위나 하나의 가상국가라고 가정해 보면, 이 국가는 외부 세계로부터 막대한 이익을 거두고 있다. 이 구조가 현재 한중일의 경제를 유지하는 젖줄이다.

아베 신조와 일본 자민당이 이런 구조를 모를 가능성은 0%라고 본다. 유신 지사들은, 비록 죽음의 정념에 취해 과격한 낭만에 빠졌을지언정 국가를 위해 자신의 목숨을 던졌다. 그런데 유신의 후예를 자처하는 현재의 일본 우파 정치세력은 순서를 뒤바꿔 자신들의 정치적 이익을 위해 국익을 땔감으로 쓴다. 만약 일본의 의사결정 집단이 자국의 이익을 위해 한국을 착취하려고 노력한다면, 나는 분노하겠지만 그들의 판단 자체는 인정할 것이다. 하지만 현재 일본 자민당의 정치적 판단은 종종 외국이 아니라 자국민에게 비정하다. 유신 지사들도 자국민을 쥐어짰지만, 적어도 그들은 자신의 생사에 가장 비정했다.

우리는 전체적이고 상식적인 관점에서 현상을 파악해야 한다. 일본이 페리 제독의 강요에 의해 미일수호통상조약을 체결한 결과, 미국 상인들은 싼 일본의 쌀을 사 중국에서 비싸게 팔았다. 쌀의 이동 경로만 보면 일본의 무역 흑자다. 그러나 실제로는 쌀값이 폭등하고 일본인은 굶주렸다. 일본은 이 구조적 모순을 조선에 똑같이 되돌려주었다. 일본은 식민지 조선의 쌀값을 인위적으로 일본의 1/2로 책정했다. 조선의 쌀이 싼값에 일본에 수출되면 일본 전체의 곡물 가격이 안정되어 일본인의 식생활이 좋아진다. 전투력과 노동력에 '연료'를 주입하기에 유리한 환경이 되는 것이다. 이러한 구조는 일제 체제와 한반도의 친일 지주가 상부상조하는 형태로 이루어졌다. 채만식의 장편소설 《태평천하》의 주인공인 친일 지주에게 일제강점기는 제목 그대로 '태평천하'였다. 친일 지주는 일제 경찰이 재산권을 지켜주는 안전한 환경에서 소작농들이 땀 흘려 거두어 바친 쌀을 그저 일본에 수출하기만 하면 돈방석에 앉는다. 당시 소작농의 피폐한 삶은 김유정의 소설 〈만무방〉이 잘 보여준다. 소작농은 1년 내내 피땀을 쏟아 쌀농사를 지어도 정작 자신은 쌀밥을 먹을 수 없었다.

　식민지 근대화론이 내놓는 또 다른 근거는 일제강점기 한국인이 소비한 곡물의 종류와 양을 종합해 전체 칼로리를 계산한 수치다. 통계를 보면 주로 좁쌀이 쌀을 대체한 사실을 알 수 있다. 칼로리의 양에는 아무런 문제가 없어 보인다. 그런데 쌀은 단위면적당 인구부양력이 가장 높은 작물이다. 같은 노동을 하고 쌀 대신 좁쌀을 먹었다는 것은 칼로리 섭취 대비 칼로리 소모가 늘어났음을 의미한다. 설사 쌀농사의 인구부양력을 무시한다고 해도, 몸 안에 영양이 축적되는 실질적인 효과를 보아야 한다. 도정한 쌀, 즉 백미는 영양 흡수에 방해되는 성분이 없는 신비한 곡물이다. 백미는 곡식의 왕이다. 전 세계의 쌀 문화권 중 전통적으로 현미를 먹는 문화는 없다. 현대에야 건강식으로 주목받았을 뿐이다. 기계적으로 계산하면 같은 무게당 칼로리는 현미가 높다. 백미로 도정하면 영양분도 날아가지만, 영양분 흡수를 방해하는 섬유질도 사라진다. 기계적인 칼로리가 아닌 결과적인 영양은 백미가 현미뿐 아니라 모든 잡곡에 앞선다. 한국과 일본, 중국 남부에서 흰쌀밥이 우대받은 이유는 단순 명확하다. 가장 우수하기 때문이다.

이중수탈, 일본인 수탈을 위한 조선인 수탈

일제강점기 식민지 조선 민중의 삶이 나빠졌다는 증거 역시도 너무나 명백하다. 한국에서 보릿고개는 과거 가난의 상징처럼 쓰이는 말이다. 보릿고개는 농민들이 추수 때 걷은 농작물 중 소작료, 고리대, 세금 등 여러 종류의 비용을 떼인 후 남은 식량을 가지고 초여름에 보리를 수확하기 전까지 견디는 시간이다. 일제강점기 이전에 한반도에는 보릿고개가 존재하지 않았다. 보릿고개에 해당하는 시간을 견디는 사람이야 있었겠으나, 연례적이고 전국적인 현상이 되어 일반명사로 사용되는 일은 없었다.

　　일제 관공서의 문서 자료*에 의거하면 한국인의 평균신장은 일제강점기 시절 3cm 이상 줄었다. 1920년대까지는 신장이 늘었다는 통계도 있으나 여기엔 함정이 있다. 첫째, 최상류층 자제인 근대 학교(가령 양정고보 같은) 학생들의 통계는 표본에서 빠져야 한다. 이들은 근대화의 최일선 수혜자들이다. 둘째, 사람은 태어나 자라는 데 일정한 시간이 걸린다. 쌀 수탈의 결과가 평균신장으로 드러나기까지 역시 시간이 필요하다.

* 〈사할린 화태청(樺太廳) 경찰부 문서〉, 〈조선인 관계 서류철〉, 〈행정수사 서류철〉, 〈조선인 관계 소재불명 요시찰인 수배에 관한 서류철〉.

1920년대에 신장이 측정된 조선인들 대부분은 대한제국 시절에 출생하거나 성장했다. 그러므로 일제강점기 전기에 '식민지 근대화'의 혜택으로 신장이 늘었다가 후기에 전쟁의 여파로 줄었다는 해석은 끼워 맞추기식 오류다.

일본의 조선 쌀 수탈은 양봉업자가 벌통에서 꿀을 수거하고 대신 설탕물을 주는 것과 같다. 꿀을 먹은 일본인의 신장이 한국인을 역전한 것은 당연하다. 한국인은 과거의 체격을 회복하는 데 오랜 시간이 걸렸다. 한국인의 평균신장은 1990년대가 되어서야 비로소 일제강점기 이전처럼 다시 일본을 넘어섰다. 그렇다면 유신의 목적은 조선을 착취해 일본을 살찌우는 것이었을까? 그렇다는 대답은 반만 맞고 반은 틀리다.

유신은 자아를 갖게 된 인공지능이 인간을 배신한다는 SF 스토리의 설정처럼 어느 순간부터 일본을 위해 일하지 않고 자신의 관념을 위해 일본을 동원했다. 물론 유신 지사들은 스스로 천황에 충성하고 국가에 멸사봉공한다고 진심으로 믿었다. 그러나 그 국가는 어디에 있는가? 민주주의 국가에서 국가의 주인은 국민이고, 국민이 곧 국가다. 일본제국에서는 천황이 주인이자 국가다. 그런데 아무리 천황을 신격화해봐야, 결국 그는 생물학적으로나 현실적으로나 한 명의 개인이다. 국민이 국가를 위해 살고 국가란 곧 천황인데 천황의 실체가 한 명의 남성이라면, 국가란 과연 어디에 존재하는가? 국가는 없다. 국가가 있을 자리에 유신이 존재한다.

2차 산업화 이후의 경제에서 노동자는 끝없이 생산하고 소비하면서 경제를 떠받쳐야 한다. 노동자는 생산과 소비의 해류(海流)를 걸러 먹고 사는 여과섭식동물 같은 존재다. 여기에 더해 일본인은 유신의 정념을 위한 '노력 봉사'까지 바쳐야 했다.

유신의 조선 수탈은 일본인을 위한 수탈이 아니다. 일본인 수탈을 위한 조선인 수탈이다. 일본은 1910년에 드레드노트 건함 경쟁에 뛰어들었다. 조선을 병합한 해다. 두 가지 일이 한 해에 일어난 이유는, 이들이 조선의 쌀로 '연결된' 사건이기 때문이다. 그러므로 조선인이 먹은 설탕물도 일본인이 먹은 꿀도 사료라는 점은 마찬가지다. 저질 사료와 고급 사료라는 차이가 있을 뿐 본질은 같다. 일본인에게도 쉴 권리 따위는 없었다.

러일전쟁 시기 일본의 부모들이 과도한 세금을 감당하기 위해 인신매매 업자에게 팔아치운 딸들이 해외로 팔려나가는 현상이 일어났다. 매춘부로 성장한 그들의 수가 너무 많아서 일제의 매춘업은 공급이 수요를 크게 초과했다. 하지만 일본 매춘부들이 해외에 나간 이유가 국내 경쟁에서 낙오했기 때문만은 아니다. 일본에서 인신매매에 의해 해외로 팔려간 여성들은 '가라유키상(唐行きさん)'*으로 불렸다. 가라유키상 수출은 19세기 초부터 유행했지만 메이지 시대에 커다란 사업으로 성장해 정부와 경찰의 보호를 받았다. 유신에게 그들은 유용한 수출품이자 서양과 싸울 무기값을 벌어주는 외화벌이 수단이었다. 일본 1만엔 권 초상화의 주인공이자 유신 지사인 후쿠자와 유키치(福澤諭吉, 1835-1901)는 가라유키상을 장려했다. 그는 근대 계몽주의자로 알려져 있으며, 아시아를 벗어나 서구와 함께한다는 '탈아입구' 관념의 핵심적인 인물이다.** 서구의 계몽

---

* 말 자체로는 '당나라에 간 사람'이지만 여기서 당나라는 일반적인 외국을 뜻한다. 실제로는 '해외로 팔려간 아가씨'라는 뜻이다.
** 후쿠자와 유키치 본인은 입구(入歐)나 탈아입구(脫亞入歐)라는 말을 쓴 적이 없다. 그의 제자들이 스승의 영향을 받아 이런 용어들을 처음 사용했다.

주의는 '그 자체가 목적'으로 모든 시민을 대상으로 한다. 반면 후쿠자와 유키치의 계몽은 서양 열강과의 대결을 위한 '수단'이며, 선택받은 자들만이 계몽의 주체이자 대상이다. 우민(愚民, 어리석은 백성)은 계몽의 대상이 아니라 착취하기 좋은 '자원'으로 보았다. 따라서 그는 산업현장에서 아동노동에 시달리는 어린이는 교육을 받아선 안 된다고 주장했다. 자신의 권리를 자각한 우민은 쓸모가 떨어지기 때문이다.

일본제국주의 체제에서 먹이사슬의 밑바닥에는 바로 일본인이 있었다(그 아래엔 카스트제도의 불가촉천민처럼 한반도와 대만의 민중이 자리했다). 유신처럼 지극히 낭만적이고 관념적인 제국주의는 자국민조차 그 손아귀를 피해갈 수 없다. 그러므로 손아귀에서 탈출하려는 자유주의의 움직임이 일어나는 것은 당연하다. 마찬가지로 유신이 손가락 사이를 비집고 빠져나오려는 생물을 터트려 죽여버리는 것도 예정된 운명이었다. 그 생물의 이름은 다이쇼 데모크라시(大正 Democracy)다.

국가의 소유권자

드레드노트는 엄청나게 비싼 물건이었지만 영국은 개의치 않았다. 몇 척만 건조하면 전 세계 바다에서 외국의 해군을 압도하리라 생각했다. 그렇게 될 거였다. 다른 열강들이 드레드노트 건함 경쟁에 뛰어들지 않았다면 말이다. 드레드노트 이전의 함선들이 구시대의 유물이 되자, 열강들은 생각했다. '드레드노트 경쟁에 뛰어드는 한, 영국이나 다른 나라나 조건이 같다. 영국이 오랜 시간 심혈을 기울여 구축한 세계 최강, 최대의 함대는 어차피 앞으로는 화물선이나 고깃배 신세다.' 주요 열강들은 영

국의 예상을 깨고 드레드노트에 매달렸다. 이중 가장 열의를
보인 나라가 독일이다. 독일에게 바다로 나가는 길은 좁은 발
트해와 북해밖에는 없다. 그래서 바다를 통해 세계를 지배하고
식민지의 꿀물을 착취하는 경쟁에서 뒤처진 한을 품고 있었다.
드레드노트 건함 경쟁은 원점에서 새로 시작된 경쟁이다. '해가
지지 않는 제국'을 따라잡을 기회를 엿본 독일은 드레드노트에
막대한 돈을 쏟아붓기 시작했다.

　독일과 영국의 군비 경쟁은 양국을 재정난에 허덕이게 했
다. 치킨게임에 숨통을 트이게 할 구원자가 나타났다. 일본이었
다. 간신히 얻은 열강의 지위를 놓치고 싶지 않았던 일본은 드
레드노트를 만들고 싶어도 만들 기술이 없었다. 그래서 드레드
노트를 수입할 수밖에 없었다. 수입 다음에는 현지 라이센스
생산이다. 당연히 이번에도 마지막에 가서야 설계도면을 준다.
고급 사료를 먹는 일본인과 저질 사료를 먹는 조선인의 고혈은
두 열강의 군비 경쟁을 위한 불쏘시개였다. 설계도면까지 넘기
면 이익이 줄어드는 것 아니냐고 생각할 수 있지만 현실은 반
대다. 부품과 관리보수 서비스는 설계도면을 준 쪽에서만 제공
할 수 있다. 일본이 많이 만들수록 영국과 독일에 이익이었다.
일본은 국부 유출의 폐해를 국민의 정신력으로 해결했다. 드레
드노트 건함은 새로운 전쟁이자 '생산 전투'였다. 공사 기일을
맞추지 못한 현장 책임자가 자결하는 일까지 일어났다.

　일본은 청일전쟁에서 승리한 후 러일전쟁에서도 승리했고
대만과 조선을 식민지로 삼았다. 드레드노트 건함 경쟁에 참전
했을 때 중국은 이미 일본의 관심 밖이었을 것이다. 일본이 유
신 지사라면 중국은 이미 과거에 자신이 속한 유파의 검술로
처치해버린 정적(政敵)이다. 그런데 대한제국이 멸망한 다음 해

1911년, 중국은 신해혁명(辛亥革命)에 덜컥 성공했다. 중국의 지식인들은 청일전쟁 패배 후 중국도 일본처럼 서구적 근대화를 이루지 않으면 안 되겠다는 신념을 가졌다. 패전의 굴욕이 컸던 만큼 반성도 깊게 했다. 그래서 아이러니하게도, 일본보다도 철저하게 사상적 근대화를 이루게 되었다.

신해혁명은 현재의 중국(중화인민공화국)과 대만(중화민국)을 탄생시켰다. 원류를 따지자면 대만과 중국은 원래 신해혁명 정부의 여당과 야당이라고 봐야 하며, 두 '국가적 정당' 혹은 '정당적 국가'는 현재 정치적으로는 '내전'을 벌이고 경제적으로는 '협치'를 하는 중이다. 그래서 두 나라 사이에는 양국관계라는 말이 없다. 대신 양안(兩岸, 서로 마주보는 두 해안)관계라고 한다. 신해혁명으로 국부(國父)가 된 쑨원(孫文;손문, 1866-1925)은 일본에 유학 중이던 1905년, 도쿄에서 결성한 중국동맹회의 강령으로 '삼민주의(三民主義)'를 제창했다. 이는 '민족의 독립(민족주의)', '민권의 신장(민권주의)', '민생의 안정(민생주의)' 등을 표방한 것으로서, 신해혁명 이후 중화민국의 정치 이념이 되었다.

신해혁명은 중국의 모든 권력과 적법성은 중국 인민으로부터 나온다는 원칙을 명시한 민주주의 혁명이다. 사상적으로는 위대한 성취를 이루었지만, 1912년 1월 난징에서 중화민국을 선포하고 임시정부 초대 총통이 된 쑨원에게는 군사력이 없었다. 그에게 집중되어야 할 권력은 군벌들에게 분산되었다가 결과적으로 위안스카이(袁世凱;원세개, 1859-1916)의 손아귀에 넘어갔다. 중국은 민주공화국이 되는 일에 실패했다. 그러나 신해혁명이 성공했을 때 외국인들의 눈에는 성공 밑에 가려진 물리적 한계가 보이지 않았다. 일본 국민과 식민지 조선인은 중국 인민에 대한 부러움과 자신의 처지에 대한 분노를 동시에 느꼈다. 조선인이야 식민지 백성 처지였으니 언제나 비참함을 느끼는 게 당연했지만, 일본인의 감정은 그보다 복잡미묘하다. 일본인들은 스스로 중국인보다 나은 처지임을 믿어 의심치 않았다. 그런데 중국인들이 자신들보다 먼저, 더 확실한 자유와 주권을 갖게 되었다.

신해혁명과 같은 세계사적 사건은 관찰자들로 하여금 새삼 자신의 세계를 되돌아보게 만드는 효과를 발휘한다. 현재의 부유한 중동 산유국가 국민들에겐 민주주의와 누구에게나 평등한 인권이 없는 대신 석유에 푹 젖은 풍요가 보장해주는 생활수준이 있다. 같은 시기의 일본인에게는 둘 다 없었다.

다이쇼 데모크라시의 역사에는 헌법학자 미노베 다쓰키치 (美濃部達吉, 1873-1948)라는 이름이 빠지지 않는다. 그는 쑨원이 군벌들에게 시달리고 있던 1912년, '천황기관설'이라는 이론을 발표했다. 천황은 하나의 '기관'이되, 일본의 최상위 기관이라는 이론이었다. 대체 무슨 뜻인가? 일본제국은 존왕양이 운동으로 탄생한 체제다. 선천적인 정체성인 천황제일주의를 바꿀 수는 없다. 일본제국의 헌법 제1조와 3조는 다음과 같다.

제1조: 대일본제국은 만세일계의 천황이 이를 통치한다.
제3조: 천황은 신성하며 침해하여서는 아니 된다.

이 두 개의 문장을 자연스럽게 받아들이면, 일본의 주인은 천황이라는 뜻으로 읽힌다. 더 냉정하게 표현하면 일본은 천황이 아버지에게 유산으로 물려받은 소유물이다. 이렇게나 절대적인 천황의 권위를 무기로 조슈와 사쓰마 번벌(藩閥)*들은 일본을 전쟁국가로 만들었다. 제국헌법 1조와 3조를 단순하고 직관적으로 해석해 일본제국의 주권이 천황에게 있다고 주장하는 이론이 '천황주권설'이다. 천황주권설과 천황기관설은 라이벌 관계였다.

천황기관설의 주장대로 천황이 하나의 기관이 되면, 천황과 국가가 분리된다. 기관은 도구다. 기관은 국가와 국민의 이익이라는 목표를 위해 존재한다. 국가가 천황을 위해 희생되어 마땅한 것이 아니라, 거꾸로 천황이 국가를 위해 봉사해야 한다. 그렇다면 도대체 주권이란 것은 어디에 있는가? 국민에게 없는 건 확실하다. 일본제국의 신민에게 원래 그런 대단한 권리는 주어진 적이 없다. 그런데 천황기관설에 따르면 천황에게도 주권이 없다. 이 문제를 해결하기 위해 미노베 다쓰키치는 수십 년 전 독일에서 유행한 국가법인설을 원본으로 수입해, 일본식으로 현지화하여 천황기관설을 만든 것이다.

국가법인설의 요점은 이렇다. 국가는 하나의 법인(法人)으로, 인간처럼 주체적 권한을 지닌다는 이론이다. 국가법인설은 국가가 국민을 위한 도구라는 점을 부정하고, 국민의 권리를 제한할 수 있는 결정권을 가진다는 이론이라는 점에서 극우주의적이고 국가주의적인 특징을 지닌다. 원작인 국가법인설과 리메이크작인 천황기관설에서 국가의 주권은 국가 자체에 있다. 세계적 기준에서는 극우적인 법학 이론이 일본에서는 더없이 진보적인 이론이 되었다는 점에서, 일본제국 헌법이 얼마나 심하게 우경화된 문서였는지 알 수 있다.

* 조슈와 사쓰마를 정치적 배경으로 하는 '파벌'이자 '군벌'인 세력.

그러나 헌법학자는 혁명에 성공해 개헌을 단행하지 않는 한 기존의 헌법을 존중할 수밖에 없다. 헌법학이 할 수 있는 최대치는 '의도에 맞게' 헌법을 해석하는 일뿐이다. 입헌군주국의 경우, 아무리 국민이 형식적으로만 군주를 모신다고 해도 사법 시스템에 치명적인 빈틈이 생기게 마련이다. 예를 들어 영국의 군주는 살인을 저질러도 원칙적으로는 국가권력에 의해 처벌받을 수 없다. 소유물이 주인을 처분할 수는 없는 노릇이기 때문이다. 천황기관설 역시 한계는 명백하다. 천황은 기관이되 가장 높은 기관이다. 그렇다면 그 기관을, 다른 어떤 기관이 감시하고 통제할 수 있단 말인가? 천황을 일개 기관으로 끌어내린 천황기관설조차, 천황의 권위를 어찌할 방법은 찾지 못했다. 천황기관설의 한계를 두 문장으로 요약하면 다음과 같다.

천황께는 '법리적으로' 국가를 위해 봉사할 '의무가 있다'는 뜻이 아니다.
천황께서 '도의적으로' 국가를 위해 봉사해주시면 '감사하겠다'는 뜻이다.

결국 '천황의 마음대로'라는 점은 그대로인 것이다. 그래도 천황을 기관의 위치로 끌어내렸다는 점에서는, 어디까지나 당시 일본의 현실에서는 급진적이었다. 천황기관설은 1910년대를 통해 일본제국 헌법 해석의 주류가 되었다. 그렇다고 천황기관설이 이제부터 이야기할 다이쇼 데모크라시를 이끈 것은 결코 아니다. 아무리 대단한 학자라도 시대 속의 개인일 수밖에 없다. 시대가 학자를 만들고, 시대가 그의 사상을 무대 위에 올려 박수를 보내거나 땅속에 파묻어버린다. 미노베 다쓰키치도 천황기관설도 어디까지나 당대의 일본 민중이 국가에 지쳐 있었기 때문에 역사의 무대에 호출된 것이다. 일본인들은 이미 화가 나 있었고, 분노를 폭발하기 위해서는 하나의 계기만 필요했을 뿐이다.

다이쇼 데모크라시

1913년, 일본에서 세계사에 유례가 없을 규모의 방산 비리 사건이 터졌다. 일본 해군은 영국의 빅커스 사와 암스트롱 사, 독일 지멘스 사의 고객이었다. 역대 최고의 VVIP였는데, 이런 고객을 다시 말해 '호구'라고 한다. 세 회사는 호구 잡기 경쟁을 펼쳤다. 온갖 뇌물과 리베이트가 판을 쳤다. 매출이 높을수록 일본 해군과 유럽 회사 양측에 '윈윈'이었다. 해군은 말도 안 되는 높은 가격에 드레드노트 관련 제품을 구입하기로 결정한다. 그러면 빅터스, 암스트롱, 지멘스는 매출액의 15% 가량을 일본 해군에 상납한다. 일본 국민의 고혈을 유럽 자본과 사쓰마 번벌 세력이 나눠 가졌다.

해군은 타락했던 걸까? 그렇기도 하고 아니기도 하다. 원칙적으로는 이들을 애국자라고 할 수 없다. 그러나 나는 일본 제국 해군의 고위 관계자들이 자기 나름의 애국심이 있었을 거라고 확신한다. 두 번벌, 조슈와 사쓰마는 노골적인 경쟁 관계였고 번벌 내에도 과격파와 온건파로 파벌이 나뉘어 있었다. 파벌정치에는 비자금이 필요하다. 이들이 유신의 관념에 의해 움직였다는 사실을 잊으면 안 된다. 이들은 자신이 속한 파벌의 승리가 자신뿐 아니라 일본을 위해서도 좋다고 확신한 사람들이다. 그들의 애국심은 왜곡된 애국심이면서 또한 진심이었다. 단순한 이기주의로는 이들을 설명할 수 없다. 그래서 일본 제국시대에는 정경유착, 방산 비리, 횡령을 아무 죄책감 없이 저지르고도 최후의 순간에 망설임 없이 자결하는 인물들이 발견된다. 다만, 군국주의를 위한 일개미로 전락한 국민 눈에는 들키지 말아야 했다.

한 지멘스 직원이 일본 해군과 자신이 다니는 직장의 뒷거래를 알게 되었다. 이 직원은 고민 끝에 회사를 협박했다. 뒷거래 사실을 폭로당하기 싫으면 거액을 내놓으라는 협박이었다. 그러나 지멘스는 코웃음을 쳤다. 피해자가 독일이 아닌 일본 국민이었기 때문이다. 외국 국민을 착취하는 게 조국에서 죄가 될 리 없다고 판단했다. 협박이 통하지 않자 직원은 로이터 통신에 정보를 팔았다. 그런데 로이터 통신은 기사를 일반 시민에게 팔지 않았다. 더 많은 이익을 제시한 지멘스 사에 팔았다. 로이터는 돈을 받고 기사 원고와 관련 자료를 소각해버렸다. 지멘스가 건넨 뇌물도 결국은 일본인의 세금에서 나온 영업이익을 한 입 떼어준 것이니, 로이터 역시도 '근면한' 일본인이 바친 단맛을 제대로 보았다고 할 수 있다.

당시 일본의 총리는 야마모토 곤노효에(山本權兵衛, 1852-1933)다. 사무라이의 아들로 태어나 사쓰에이전쟁에 참전했던 그는 전형적인 유신 지사였다. 조슈 번사보다 합리적인 경향이 있는 사쓰마 번사답게 그는 문민주의자였다(어디까지나 조슈의 관점에서다). 야마모토 곤노효에는 육군과 해군 대신에 현직 무관이 위임할 수 없게 하는 정책을 추진하는 등 신해혁명이 아시아에 던진 숙제를 해결하려고 노력했다. 그러나 그가 속한 사쓰마-해군 세력에 의해 일본이 '나약하게 타락하는' 모습을, 조슈 번벌은 앉아서 지켜볼 수 없었다. 사쓰마를 막기 위해 야마가타 아리토모(山縣有朋, 1838-1922)가 나섰다. 그는 안중근 의사에게 암살당한 이토 히로부미(伊藤博文, 1841-1909), 조일수호조약으로 한반도와 인연을 맺은 정치가이자 외교관 이노우에 가오루(井上馨, 1835-1915) 등과 함께 '조슈의 3대 인물'에 꼽히는데, 특히 야마가타 아리토모는 일본제국 군국주의의 기초를 닦은 것으로 유명하다.

야마가타 아리토모는 해군과 지멘스 사이의 비리를 독일 정부에 일러바쳤다. 회사를 협박한 직원은 현지에서 체포되었다. 일본인들은 드디어 해군의 비리를 알게 되는데, 그 내역은 국민의 입장에서 용납할 수 있는 수준이 아니었다. 일본은 전체 국방비도 아니고, 드레드노트 하나에만 국가 재정의 30%를 쏟아붓고 있었다. 현재 일본의 GDP 대비 국방비 비율은 1%가 조금 넘는 수준이며, 그나마 1%의 벽도 수십 년 만에 간신히 깨졌다. 세계에서 가장 극단적인 병영국가인 북한의 GDP 대비 국방비 비율이 23% 수준이다. 1913년 당시 일본인의 삶의 질은 드레드노트라는 괴물에 잔혹하게 짓밟히고 있었다. 이 상태에서 해군과 외국 자본의 협잡이 드러난 것이다. 국민들은 분노했다. 그런데 조슈의 예상보다 더 분노하고 말았다.

조슈 번벌은 사쓰마가 퇴진하고 자신들이 정권을 탈환하는 정도까지만 국민이 분노할 줄 알았다. 하지만 일본 민중은 길거리에서 시위를 벌이는 것은 물론이고 국회의사당에까지 쳐들어갔다. 일본 민중은 사쓰마는 물론 조슈까지 포함한 번벌 세력 전체를 타도 대상으로 삼았다. 일이 이렇게 커질 줄 몰랐던 조슈 세력은 사쓰마 앞에서 고개를 숙일 수밖에 없었다. 두 세력은 군부 내 파벌이라는 점에서는 경쟁자였지만 군부라는 점에서는 한편이었다. 지멘스 사건을 계기로 일본에는 문민정부가 출범했으며, 최초로 정당정치가 시작되었다. 이때부터 이어진 십수 년간의 시기를 다이쇼 데모크라시라고 부른다.*

여기에는 주의가 필요하다. 한국인은 구시대를 청산할 때 '새 술은 새 부대에 담는다.'는 속담처럼 문자 그대로 뒤집어 엎어버린다. 한국인은 확실한 변화가 아닌 것을 개혁이라고 부르지 않는다. 김영삼이 하나회를 단박에 소멸시켜 군부를 청산해버린 데에는 그의 개인적인 성품도 큰 몫을 했지만, 결국은 그러한 과단성을 한국인들이 지지했기 때문에 성공한 것이다. 일본은 다르다. 1910년대 일본의 문민정부와 김영삼의 문민정부는 같은 단어로만 표현될 수 있을 뿐이다. 한국에서 문민정부 출범은 군부에 대한 완전한 승리를 의미한다. 다이쇼 데모크라시는 문민통치가 군부통치에 근소한 판정승을 거둔 상태다. 더 냉정하게 진실을 말하자면, '군부가 어쩔 수 없이 문민 세력의 존재를 용인해주는 상태'다. 당시의 일본에서는 사이토 마코토(齋藤實, 1858-1936) 같은 사무라이 출신 군인이 일본 총리나 조선 총독이 되어도**, 조슈와 사쓰마 번 출신이 아니라는 이유로 '데모크라시'로 불릴 수 있었다. 실제로 야마가타 아리토모는 다이쇼 데모크라시 시대에 일본 정치의 막후로 정계를 주름잡았다. 군부정치라는 간판을 내려 보이지 않는 곳에 잘 비치해

* 다이쇼 데모크라시 시기가 언제부터 언제까지인지는 여러 의견이 경합한다. 가장 보편적으로 지지받는 가설 두 개를 비교하면 신해혁명부터 1925년까지로 보는 관점과 신해혁명부터 1932년까지로 보는 관점이 있다. 나는 개인적으로 지멘스 사건부터 시작되었다고 본다(그래서 지멘스 사건을 중요하게 다룬 것이다). 다만 다이쇼 데모크라시가 종료되는 시점은 특정하지 않는 편이 합리적이라고 생각하기에 '십수 년'이라는 표현으로 시간을 뭉뚱그렸다.
** 사이토 마코토는 둘 모두를 역임했다.

두었을 뿐이다.

민주주의와 민폰슈기

한국인은 다이쇼 데모크라시라는 용어를 보고 고개를 갸우뚱
하게 마련이다. 왜 '민주주의'가 아니라 구태여 불편하게 영어
를 써서 '데모크라시'인가? 간단히 말해 민주주의가 아니어서
다. 다이쇼 데모크라시의 사상적 틀을 완성한 요시노 사쿠조(吉
野作造, 1878-1933)는 데모크라시가 '민주주의'가 아닌 '민본주의
(民本主義)'를 번역한 용어임을 명확히 밝혔다. 애초에 민주(民
主) 즉 국민주권은 불가능하다. 일본제국 헌법은 국민에게 주권
이 없음을 명시해놓았기 때문이다. 대신 요시노 사쿠조를 위시
한 학자들은 다이쇼 데모크라시의 사상적 근거를 찾아 고전까
지 파헤친 끝에 맹자의 철학에서 '민본(民本)'이라는 개념을 발
견했다. 민본주의는 천황, 군부, 국가가 가급적 백성을 위한 정
치를 해 달라는 권고다. 실제로는 아무것도 명령할 수 없다.

헌법은 현대의 신탁이다. 헌정 가치는 정치투쟁의 무기이
며, 투쟁이 결코 넘어설 수 없는 장벽이다. 한국이 아시아에서
가장 민주화된 국가로 평가받는 이유는 헌정 가치에 민주주의
가 보장되어 있어서다. 3·1만세운동을 통해 건국 이전부터 민
주공화국 헌법이 논리적으로 완결되어 있었기 때문이다. 3·1만
세운동을 오해하기는 한국인이나 일본인이나 마찬가지다. 한
국인은 만세운동을 항일투쟁으로 인식한다. 일본인은 만세운
동을 단순한 폭동이나 무질서한 소요사태로 해석하고 싶어 한
다. 여기서 양쪽의 관점이 완전히 '같다'는 점을 알 수 있다. 본
래 피지배자의 '저항'은 지배자에겐 '소동'이므로, 두 단어는 같

은 개념이다. 3·1만세운동의 본질은 그게 아니다.

　3·1운동의 본질은 저항이 아니라 완성에 있다. 만세운동은 민중의 동의를 얻어 기미독립선언문을 완성하기 위한 운동이었다. 즉 해방 후 한국의 정치체제가 민주공화정이 되어야 함을 정당한 방식으로 정해두기 위한 작업이었다. 이 때문에 해방 후 한국의 모든 헌법은 한국은 민주공화정이며, 권력은 국민의 의지로부터 나온다는 기본 설정을 바꿀 수 없었다. 한국의 민주화운동은 4·19혁명부터 일관되게 헌법을 근거로 전개되었다. 3·1만세운동은 전국적인 규모라서 아시아에 깊은 영감을 제공한 게 아니다. '논리적 완결성' 때문에 주목받은 것이다.

　현재 한국인은 일제강점기 조선 민중이 나라를 빼앗긴 말제(末帝, 망국의 마지막 군주)인 고종을 어째서 그토록 존중했는지 간과하는 경향이 있다. 식민지 조선인들은 고종까지만 인정하고, 그의 아들인 순종을 포함한 왕실 친족은 싫어하거나 무관심했다. 그래서 해방 후 다른 신생 독립국과는 달리 한국에서 왕정복고 논의는 철저히 무시당했다. 광무개혁의 성과는 일제에 의해 분쇄된 후 깨끗이 증발했지만, 한국인도 자체적으로 근대화에 성공할 수 있다는 기억을 남겼다. 한국인은 고종과 대한제국의 실패를 '유의미한 실패'로 받아들였다. 고종의 장례에 맞춰 일어난 3·1운동은 한국인이 군주로 인정한 마지막 인물을 떠나보내는 방식이었다. 대한'제국'을 대한'민국'으로 수정하고 계승하자는 의지였다. 군주는 추모의 대상인 동시에 청산 대상이 되었다. 그러므로 만세운동에 의해 태극기, 무궁화, '대한'이라는 이름은 민족적 근대화의 상징으로 그대로 남은 동시에 민주공화정은 당연한 민족적 과제가 된 것이다. 일본이 러시아를 이긴 사건에 아시아 전역이 열광하고, 같은 아시아인들이 3·1만세운동에 찬사를 보낸 일은 얼핏 모순처럼 보인다. 하지만 대부분의 아시아 국가가 식민지거나 반식민지 상태였음을 상기하면 전혀 모순이 아니다. 그들은 러일전쟁은 '아시아의 승리'로, 3·1운동은 '식민지의 성취'로 받아들였다.

다이쇼 데모크라시의 한계는 명백하다. 요시노 사쿠조가 개인적으로 양심적이고 진보적인 지식인이었다는 사실은 의심할 여지가 없다. 하지만 그가 사상적 근거를 찾아 헤매다 끝내 발견해 의지한《맹자》를 파고 들면 다음과 같은 논리가 도출된다. 백성의 삶의 질이 좋은 편이 지배자에게도 낫다. 그래야 백성이 군주나 체제에 저항심을 갖지 않기 때문이다. 백성이 뭉쳐서 들고 일어나면 지배층은 자신의 권력을 유지하기 곤란해진다. 그래서 자기 자신을 위해서라도 백성을 위한 정치를 펼치는 편이 남는 장사다.

이것은 '거래'의 공식이다. 민본주의에 입각한 거래를 할지 말지는, 민중이 아니라 조슈와 사쓰마의 번사들이 결정할 일이다. 다이쇼 데모크라시의 태생적 한계의 전형적 예가 3·1운동에 대한 입장이다. 요시노 사쿠조는 조선에서 벌어진 만세운동을 적극적으로 지지했다. 그러나 그는 일본의 민본주의자인 이상 조선인이 천황제를 부정하고 독립해서 민주주의를 실현하겠다는 운동의 '논리적 내용'은 지지할 수 없었다. 실제로 그는 일본이 조선을 계속해서 식민지로 유지해야 한다고 주장했다. 엄밀히 말해 요시노 사쿠조는 민중이 자유롭게 시위를 할 수도 있는 '상황'을 지지한 것이다. 그 정도 자유쯤은 일본 정부가 통 크게 내버려두는 '상태'에 대한 지지다. 다이쇼 데모크라시의 민본주의, 그러니까 일본 독음으로 '민폰슈기'는 군부가 민중에 대해 가급적 관용적 태도를 가져주길 바라는 '기대'에 불과하다.

명백한 한계에도 불구하고 다이쇼 데모크라시는 삭막한 일본에 자유주의 열풍을 불러왔다. '다이쇼 로망'이라는 낭만적인 문화 풍조가 유행했다. 일본의 신흥 졸부(成金, 나리킨)들이 새 유행을 주도했다. 사상에도 자유주의 열풍이 불어 일본 본토와 식민지 조선에 사회주의, 아나키즘 등 갖가지 혁명적 사상이 유행했다. 일제는 3·1운동을 잔혹하게 진압했지만, 진압이 완료되었다고 판단한 후에는 '문화통치'라 불리는 비교적 관대한 방식으로 조선을 달래고자 노력했다. 다이쇼 데모크라시는 일제 치하 본토와 식민지에 불어온 봄바람이었다. 그런데 이런 훈풍(薰風)에는 경제적 조건이 필요하다.

일본의 기사회생

두 번의 국제전과 드레드노트에 혈액과 장기까지 팔아치운 일본은 중환자였다. 다이쇼 데모크라시 정도로 건강을 회복할 상태가 못 됐다. 여전히 일본은 장기적으로 멸망할 운명이었다. 그런데 청일전쟁과 러일전쟁에서 계속된 우연적 행운이 이번에도 갑자기 불어닥쳤다. 유럽에서 1차 세계대전이 터진 것이다. 일본은 훗날 비슷한 행운을 한국전쟁을 통해 한 번 더 누리는데, 두 번 모두 세계 1류 국가로 일어서는 데 결정적인 역할을 한다. 1차대전에서 유럽 열강들은 자신들끼리 엄청난 소모전을 벌였다. 그토록 자멸적인 대전쟁을 치를 줄은 유럽인들도 몰랐다. 전쟁이 발발했을 때 유럽의 젊은이들은 전쟁이 몇 주면 끝날 모험이라고 생각했다. 신이 나서 환호하는 청년들도 있었다. 그러나 전쟁은 4년간 유럽을 철저히 파괴했다.
　　1차대전에 참전한 지휘관과 병사들의 관념은 과거의 전술에 머물러 있었다. 희생을 각오하는 용기를 발휘해 전진하고 돌격해서 적 전열을 무너뜨리고 적을 밀어내는 것이다. 그러나 무기 기술은 전술 관념을 초월해 발전했다. 러일 전쟁이 끝나고 10년도 지나지 않아 세상은 성능이 급속도로 향상된 기관총과 대포의 시대가 되어 있었다. 아군이고 적군이고 진격하는 족족 대량으로 죽어나갔다. 무기만 발전한 것이 아니라 인간이 끝없이 죽음을 향해 대량 돌진하는 환경 역시 근대의 발전에 힘입어 잘 마련되어 있었다. 유럽 전역에 걸쳐 철도망이 완성되어 쉼 없이 병력과 물자를 전선에 공급할 수 있었기 때문이다. 즉 1차대전은 산업혁명이 완성한 거대한 '죽음의 공장'이었다. 가령 서부전선의 솜(Somme) 전투에서는 약 5개월 간 10km를 전진하기 위해 영국, 프랑스, 독일 병사들을 합쳐 120만 명의 사상자가 발생했다. 유럽 각국의 군대는 참호를 파서 숨어들어가는 '참호전'을 발전시켰다. 하지만 참호를 만드는 것도 유지하는 것도 그리고 적의 참호를 공격하는 것도 모두 대량의 인명과 물량을 쏟아부어야 가능했다. 총력전이 모든 생산 시스템을 잡아먹었다. 유럽은 생산 공백이 발생한 모든 물건을 수입해야만 했다. 바로 미국과 일본에서다.

1차대전 당시 미국산 공산품은 21세기 초반인 현재의 기준으로 중국제 정도의 위상을 지녔다. 일본 제품에 대한 신뢰성은 지금의 베트남제 정도였다. 양쪽 다 그만하면 충분했다. 전쟁 당사국들은 미국과 일본에 앞다퉈 공산품을 주문했다. 두 나라는 그야말로 끝없이 생산하고 수출하기를 반복했다. 현재 일본의 제품은 장인정신으로 이름이 높다. 일본인들은 일본 제품의 신뢰성이 적어도 에도시대까지 거슬러 올라가는 유구한 역사를 지닌다고 믿는 경향이 있다. 그러나 역사는 생각보다 변화무쌍하다. 일본 산업은 국가적 멸망을 피할 절호의 기회 앞에서 양심을 잠시 치워두기로 했다. 일본 제품은 유럽에서 불량률과 비양심으로 악명이 높았다. 예를 들어 참호에서 병사들이 일본산 통조림을 열었더니, 식품 대신 흙이나 톱밥이 채워진 경우가 속출했다. 당연히 피해를 본 국가는 일본의 다른 회사에 주문을 넣는다. 역시 불량품이 도착한다. 간판만 바꿔 단 같은 회사였기 때문이다. 유럽에 막대한 무역 흑자를 기록하며 일본은 되살아났다. 아니 부활한 정도가 아니라 다시 태어났다. 일본은 채무국에서 채권국으로 화려한 변신에 성공했다. 1차대전이 끝나고 나면 남의 전쟁으로 우뚝 선 두 나라, 미국과 일본이 태평양 지배권을 놓고 대결하는 시대가 온다.

1차 대전에서 일본은 영일동맹에 의해 자동적으로 참전했다. 진실을 말하자면 '자동적으로 참전할 명분'을 활용했다고 할 수 있다. 일본의 목표는 독일이 아시아에 깔아둔 조차지였다. 유럽의 전투력이 본토에서 소진되고 있을 때 명분상 적이 된 국가의 재산을 빈집털이하겠다는 계산이었다. 당연한 말이지만 일본이 영국에 실질적인 도움을 준 건 없다. 이 일로 영국은 일본에 고까운 마음을 갖게 된다. 그런데 그 이전에 영국이 일본에 자국 무기를 공짜로 주거나 할인해준 적은 없다. 일본을 위해 희생한 적은 더더욱 없다. 순진하게 영국의 이익을 위해 고군분투해야 마땅한 아시아 국가가 유럽처럼 자기 실속도 챙기는 모습을 보였다고 언짢아하다니 웃기는 일이다. 영국이 러일전쟁에서 신나게 꿀물을 빤 것처럼, 일본 역시 아시아에 힘의 공백이 생긴 틈을 최대한 이용해 먹으려 했을 뿐이다. 일본은 산둥반도를 점령하고 위안스카이를 협박해 21개조 불평등조약을 뜯어냈다. 구미는 일본이 열강일 뿐 아니라, '현명한'

자신들 못지않게 '영악한' 열강이기도 하다는 사실을 깨달았다.

중심 세계 일본의 원죄와 야만

당시로 되돌아가 일본의 눈으로 보자면, 1차대전이 준 기회가
끝도 없이 펼쳐지는 상황이었다. 1917년 10월 러시아에서 공산
혁명이 일어났다. 공산당이 집권하자 붉은 군대(적군)와 반혁
명파인 전통 보수파 군대(백군)가 싸우는 적백내전(赤白內戰)이
일어났다. 백군은 열강들에 원군을 요청했다. 사회주의가 기존
체제를 위협하니, 당연히 '기존 체제'인 열강이 군사지원을 할
명분이야 충분했다. 그러나 1차대전 현장에 자국 병사들의 목
숨을 낭비하기 바쁜데다가 미래를 알 수는 없는 노릇이다. 적
군과 백군 중 누가 승자가 될지 어떻게 안단 말인가. 그래서 열
강들은 구색을 맞추기 위해 고작 수천의 병사만 보냈을 뿐이다.
일본을 제외하고는 말이다. 일본은 무려 75,000명의 대군을 편
성해 보냈다. 이것을 일본에서는 시베리아 출병(シベリア出兵)
이라고 부른다.* 한 번 싸워 이겼던 러시아가 이번에는 내전까
지 치르는 중이다. 러시아를 얕잡아본 일본은 시베리아 출병에
자신만만했다.

대규모 시베리아 출병에는 물론 현실적인 명분도 있었다.
첫째, 백군 수뇌부가 임시정부를 세운 시베리아는 그 어떤 열
강보다도 일본과 가깝다. 일본은 다른 열강과 달리 지리적 이
점으로 대규모 원군을 지원해줄 수 있다. 그런데 잠깐만 다시
생각해보면 지원해주지 않을 수도 있다. 애초에 의무사항이 아

* 일본사를 중심으로 하는 서술이므로, 이 표현을 그대로 쓰기로 한다.

니라 일본의 마음이다. 둘째, '데모크라시'로도 충분히 힘든데 '사회주의'까지 일본에 넘어오면 감당하기 힘들다는 이유도 있다. 이 역시 몇 초만 생각하면 이상한 점을 발견하게 된다. 데모크라시든 사회주의든, 사상의 자유로 곤란함을 느끼는 건 어디까지나 군부의 입장이었다는 점이다. 즉 대규모 시베리아 출병은 어디까지나 군부의 욕망으로 이루어졌다. 전쟁이 커질수록 군부의 입김이 강해지는 법이다. 출병을 단행한 데라우치 마사타케(寺内正毅, 1852-1919)는 강경파 조슈 번사다. 한국에서는 제1대 조선 총독으로 "조선인은 복종하든지 죽든지 둘 중 하나를 택하라."는 폭력적인 취임사로 악명 높다.

시베리아 출병의 숨은 목적은 너무 노골적이어서 숨겼다고 하기도 민망하다. 일본은 아직 1차대전이 끝나지 않은 틈을 타 만주와 연해주, 시베리아를 찜쪄먹고 러시아 내에 괴뢰국을 세우려고 했다. 시베리아 출병의 전비는 무려 4억 4천만 엔이다. 여전히 일본 민중은 1차대전으로 회복한 일본의 경제를 누릴 자격이 없었다. 전쟁을 통해 생긴 결핍을 남의 전쟁으로 채우고 다시 전쟁에 돌입하는 악순환 속에서 국민은 희생만 할 뿐이었다. 실제로 다이쇼 데모크라시와 1차대전의 돈 잔치로 '다이쇼 로망'을 즐긴 계층은 일본 본토에서도 극소수에 불과하다.

시베리아에 출병한 일본군은 두 가지 실수를 저질렀다. 첫 번째 실수는 지난 두 번의 국제전에서 진리의 말씀이 된 '정신력'이다. 물자의 부족이 패배의 핑계가 되지 못한다는 관념이다. 여전히 물자보다 값싼 일본군 병사들은 충분한 방한 장비와 먹거리 없이 시베리아에 던져졌다. 두 번째는 도덕적 실수다. 일본군은 민간인에 대한 약탈, 강간, 학살을 아무렇지 않게 저질렀다. 특히 러시아 여성에 대한 강간 문제가 심각했다. 당시 일본군은 포주와 계약해 매춘업소를 운영하고 있었다. 일본인 포주와 매춘부가 군대를 따라 시베리아까지 장사를 하러 갔다. 당연히 이동거리만큼 이용료는 비싸진다. 지나칠 정도로 박봉에 시달리는 일본군 병사들은 매춘 시설을 이용할 만한 돈이 없었다. 일본인 매춘부들은 손님으로 돈도 잘 쓰고 팁도 주는데다 친절하기까지 한 미국 병사들을 더 환영했다. 미군의 월급은 일본군의 열 배였다. 그런데 돈 문제는 핑계가 못 된다. 시베리아 출병군은 무려 20%가 성병에 걸려 전투력에 심각한 차질이 올 정도로 강간에 열심이었다. 돈이 없으면 참으면 되지, 왜 그토록 아무렇지 않게 범죄를 저질렀냐는 질문이 뒤따라온다.

시베리아 출병부터 학살과 강간은 일본군의 확고한 특징으로 자리 잡았다. 나는 이 현상의 원인을 섬 주민 특유의 배타적인 자기중심성이라고 본다. 일본인은 '자신의 세계'인 일본열도를 우주의 중심으로 보는 경향이 있다. 중심은 중심이라는 이유로 그저 옳다. 중심을 위협하는 외계의 힘은 악하다. 거꾸로 중심에 속한 내가 외부세계를 착취하는 일에는 아무런 문제가 없다. 옳고 그름이 중심을 기준으로 정해진다. 이는 인간은 다 똑같은 존재라는 세계적인 보편과는 동떨어진 관념이다. 일본인은 전통적으로 일본 여성의 자궁을 일본의 '자연물'로 본다. 지금도 일본의 모든 성매매 업소는 원칙적으로 외국 손님의 출입을 금지한다(물론 어디까지나 '원칙'일 뿐으로, 실제 이용에서 제한받는 경우는 많지 않다). 신성한 일본의 일부이기 때문에 외세의 무기(페니스)와 오염물질(정액)에 침공당해선 안된다는 관념이다.

일본의 '자기세계중심' 사고방식은 뿌리 깊다. 도호쿠 대지진으로 인한 원전 붕괴 사고로 일본은 많은 방사성 물질을 떠

안게 되었다. 방사성 물질은 반감기가 너무나 길어서 체르노빌처럼 꽁꽁 싸매서 관리하기가 불가능하다. 가장 확실한 방법은 외부세계에 떠넘기는 것이다. 일본 정부는 한국이 도호쿠의 농수산물을 수입해 한국인의 신체가 방사능을 처리해주길 바랬다. 당연히 한국은 일본 농수산물 수입을 제한했다. 여기에 일본 정부는 진심으로 화를 냈다. 외국의 방사능을 자국민의 신체로 처리해주는 따위의 국가가 존재할 리 없을 텐데 어째서 화가 난 걸까. 내부를 정화하는 일을 방해하는 '악행'이었기 때문이다.

모든 민족에게는 지리적, 역사적 조건에 의해 나름의 위험한 기질이 있게 마련이다. 일본인도 마찬가지다. 그런데 유신이 만든 시대는 위험한 기질을 관리하기는커녕 마음껏 증폭시켰다. 일본인만이 신성한 '만세일계의 천황'의 신민인 이상 외부세계에 사는 인간의 지위는 야생동물과 비슷해진다. 그래서 제국시대의 일본군은 '야생동물'이 인간처럼 조직적인 저항을 펼칠 거라고 상상하지 못하는 것처럼 행동했다. 현지인들은 인간이므로 시베리아 출병군이 전쟁범죄를 저지르자 당연히 분노해 행동에 나섰다. 그들은 파르티잔이 되어 게릴라 전법으로 일본군을 괴롭혔다. 일본군은 아군이 피해를 입으면 입을수록 '적 게릴라의 배후가 아니라는 보장이 없는' 마을들을 마구 불태웠다. 악순환이 계속되었다. 1922년 소련, 즉 소비에트 사회주의 공화국 연방이 정식 출범하자 일본군은 수천 명의 사상자만 내고 실패한 채 돌아올 수밖에 없었다.

일본제국은 다방면으로 공산주의의 도우미 노릇을 했다. 산둥반도에서는 독재자인 위안스카이를 협박해 중국을 착취함으로써, 중국 인민에게 독재자는 쓸모없는 존재라는 인식을 심어주었다. 이는 훗날 국민당과 공산당이 세를 키우고 국공내전을 통해 공산당이 중국 대륙을 재통일하는 데 적지 않은 영향을 끼쳤다. 마찬가지로 시베리아에서는 백군의 편을 든 일본군의 만행으로 현지 주민들이 적군을 지지하게 만들었다. 한국의 독립운동가들은 적(일본)과 싸우는 사회주의 세력을 아군으로 인식했다. 양측은 든든한 우군이 되었다.

폭력을 통해 적을 키우는 일본적 실수는 일본제국이 멸망할 때까지 계속되었다. 시베리아 출병은 또 다른 어두운 그림자를 남겼다. 성병 문제로 고생한 일본 군부가 종군위안부라는 새로운 전쟁범죄를 창안하게 된 계기가 되었으니 말이다.

국민을 삼킨 유신

시베리아 출병은 마지막까지 북사할린에 남아 있던 병력이 철수함으로써 1925년에 완전히 종료되었다. 1925년은 일본의 번벌 군부세력에 특별한 해다. 한편으로는 시베리아 출병의 실패를 받아들여야 했지만, 그들이 일본의 정신과 물질을 완전히 장악하는 전환점을 맞이했다. 4년 전인 1921년, 드레드노트 경쟁에 시달린 열강들은 워싱턴 군축조약에 서명했다. 각자의 '국력에 맞게' 전함의 수를 줄여서 유지하자는 합의였다. 미국과 영국은 일본에 신식 군함을 자신들의 60% 수준만 유지할 것을 요구해 관철했다. 복잡한 군축의 내용과 과정은 생략하겠지만, 일본 국민에겐 숨통이 트일 일이었다. 반대로 군부는 '이기적인' 서구 열강에 분노를 터뜨렸다. 그리고 1923년, 모든 것을 집어삼킬 관동대지진이 일어났다.

관동대지진의 피해액은 전년도 일본 국민총생산의 1/3에

달했다. 이후 이 정도 규모의 자연재해는 일본에 발생하지 않았으며, 그 근처에도 간 적이 없다. 당시 재난의 정도가 심각했던 만큼이나 대지진 직후 조직적으로 벌어진 재일 조선인에 대한 학살의 규모도 너무나 컸다. 피해자의 수는 한일 양국이 잠정적으로 합의한 6,661명과 독일 외무성이 조사한 결과인 23,058명 사이 어딘가이거나, 그 이상일 것이다. 어느 쪽이든 희생자가 지나치게 많다. 학살이 의도적인 '기획'이었기에 가능한 일이다.

관동대학살에 대해 대부분의 일본인과 상당수의 한국인은 '어디선가 조선인이 우물에 독을 탔다는 유언비어가 돌았고, 재난에 이성을 잃은 일본인들이 조선인들을 마구잡이로 죽이고 말았다.' 정도로 알고 있다. 그러나 실상은 군부의 기획이었다. 일본 내무성은 재난 직후 계엄령을 선포했다. 그리고 내무성은 각 경찰서에 '조선인들이 사회주의자들과 결탁하여 방화와 폭탄테러, 강도 등을 획책하고 있다.'는 내용의 지시사항을 하달했다. 조선인의 상당수가 일본 군대와 경찰에 학살당했다. 무엇보다 군대와 경찰이 민간인보다 먼저 학살을 시작했다. 일본인 대부분은 처음에는 자신과 가족을 지키기 바빠 조선인에 무관심했다. 그러나 군경이 조선인을 공격하면서 모든 불행이 조선인의 잘못 때문이라는 게 공식화되었다. 학살에 동원된 일본군은 상부의 명령에 따라 조선인을 적으로 지칭했다. 민간인들이 자경단을 결성해 조선인을 학살하고 다닌 건 그다음의 일이다.

일본 학자 요시노 사쿠조는 처음에는 조선인 학살 피해자의 수를 2,711명으로 추정했다. 그는 나중에 독일 외무성 자료를 접하고 자료에 기록된 23,058명 중 군경에 의한 사망자가 14,747명임을 확인했다. 학살의 60% 이상이 공권력에 의해 자행되었다. 그렇다, 무질서로는 그만한 인명이 죽을 수 없다. 질서만이 대규모 학살을 일으킬 수 있다. 그러므로 학살로 인해 사법적, 도의적 책임을 진 기구가 단 하나도 없었던 건 당연하다. 물론 조선인 학살을 막으려고 노력한 군인이나 경찰도 일부 있었다. 그중에는 고위 인사도 있다. 하지만 그들이 할 수 있는 일이라고는 소수의 조선인을 피신시켜주는 게 전부였다. 광기와 상식이 부딪히면 대체로 광기가 이기는 법이다.

일본제국의 번벌 세력은 관동대지진이라는 기회를 틈타 '내부의 적'을 설정해 제국주의에 반항적이던 일본 국민을 결집하는 데 단번에 성공했다. 일본 군부에 있어 재일 조선인은, 히틀러에게 있어 독일에 사는 유대인과 같은 의미의 땔감이었다. 일제 군부는 자신들이 도취한 유신의 정념에 일반 국민을 포섭하기 위해 가장 효과적인 방법을 사용했다. '폭력의 공범으로 만드는 것'이다. 설득에는 오랜 시간이 걸리며, 반박에 재반박을 반복해야 한다. 공범끼리는 토론할 필요가 없다. 외부의 더러움으로부터 신토를 지켜야만 하는 유신의 관념 안에서 학살은 성전(聖戰)이 되었다. 일본 군국주의는 조선인들의 시체 위에서 완성되었다. 그리고 정해진 수순처럼, 다음에 차릴 제사상을 일본인들의 시체로 채우게 된다.

관동대지진 2년 후 1925년, 유신은 군국주의 일본의 틀을 완성한다. 치안유지법을 통해서다. 치안유지법은 한국의 악명 높은 국가보안법의 아버지다. 대지진으로 인한 사회 혼란을 수습한다는 핑계로 실행된 치안유지법의 핵심은 두 가지다. 감히 천황제의 신성함을 의심하지 말 것 그리고 사유재산 제도를 부정하지 말 것이다. 천황은 다시 절대적인 군 통수권자가 되어 군부가 자행하는 모든 행동을 정당화시키는 마법의 장치가 되었다. 군부가 행사하는 무력에 의문을 품는 일은 천황폐하에 대한 불경죄로 여겨졌다. 사유재산에 관한 항목은 사회주의를 탄압하기 위해서 만들어졌다. 더 정확히 말하자면 군부독재 체제에 의문을 품는 모든 이들을 사회주의자로 몰아 처단하기 위한 장치다. 치안유지법의 그물망에 걸려 75,000여 명의 일본 국민이 고문당하고 처형되었으며, 실종자는 셀 수도 없이 많다.

치안유지법 실행으로 다이쇼 데모크라시는 사망했거나, 적어도 사망이 '정해졌다'고 할 수 있다. 이런 명백한 한계에도 불구하고, 아니 어쩌면 그 한계 때문에 일본인에게 다이쇼 데모크라시는 낭만으로 남았다. 다이쇼시대의 유행과 복식, 소비생활은 동양과 서양이 혼재된 복합적인 멋을 선사하는 덕에 현대 일본 콘텐츠의 단골 소재로 사용된다. 세계적으로 인기를 얻은 《귀멸의 칼날》도 다이쇼 로망을 배경으로 한다. 그런데 일본이 다이쇼시대를 로망으로, 낭만적으로 여기는 것에는 그저 멋져 보인다는 점 외에 더 큰 국가적 콤플렉스가 작동하고 있다.

일본은 패전 후 승전국인 미국에 의해 민주주의 국가가 되었다. 일본은 세계적으로 성공한 국가가 되었기 때문에, 현재 일본인이 누리는 자유와 풍요가 미국이 '허락'한 결과물이라는 잠재적인 콤플렉스에 시달린다. 한국은 일본과 마찬가지로 주한미국이 주둔하는 나라지만 운동권* 출신을 제외하면 비슷한 콤플렉스가 거의 없다. 항일독립투쟁기에 한 번, 한국전쟁에서 한 번, 월남전에서 한 번, 총 세 번이나 미군과 연합군을 이뤄 함께 싸웠기 때문이다. 한국은 피를 나눴던 만큼 일본보다는 미국에 대해 훨씬 할 말이 많은 데다 3·1운동으로 민주주의도

* '미 제국주의'에 대한 반대는 80년대 한국 운동권의 주요한 기조였다.

자체적으로 확보했으니 기분이 한결 가볍다. 경제적으로야 대단한 도움을 받았지만 그거야 인정해주면 그만이고, 월남전 참전으로 공짜만은 아니었다는 명분도 있다.

일본에는 다이쇼 데모크라시가 '현대 일본의 민주주의 사회를 생성하게 한 유산'으로서 큰 의미를 지닌다는 평가가 있다. 미안하지만 희망 사항이다. 한국과 비교하면, 한국은 자체적인 근대화에 실패한 역사 탓에 현재 누리는 경제적 풍요가 주체적 발명품이 아니라 외부로부터 선물 받은 것이라는 콤플렉스가 있다. 그래서 한국 역사학은 조선 후기 실학(實學)에 집착하며 선조들이 성리학에만 매달리지 않고 물질문명과 과학문명에 대한 이해가 있었다고 주장한다. 또 조선 후기 보부상과 주막을 중심으로 한 경제에 주목해 한국인이 전통적으로 자본주의 경제에 능숙했음을 증명하고 싶어 한다. 그러나 나는 한국의 기업 창업주 중에서 마지막 보부상의 아들이거나 주모의 손자라서 경영자가 되었다는 이야기를 들어본 적이 없다.

마찬가지로 현대 일본인이 행사하고 누리고 있는 권리나 민주주의에 다이쇼 데모크라시의 역할은 단 하나도 없다. 아무런 연결된 흐름을 가질 수 없도록 이미 유신이 확실히 살해했기 때문이다. 다이쇼 데모크라시는 미국산 민주주의와 다른 인격이다. 민본주의는 무덤에 있고 민주주의는 일본에 손님으로 와 있다. 민본주의조차 사라지자 모든 상황이 거대한 제사를 향해 흘러갔다. 1차 세계대전이 끝나고 일본은 일본제 상품의 소비시장을 잃었다. 여기에 관동대지진의 피해가 겹쳐 경제공황이 찾아왔다. 이 상태에서 1929년, 미국발 세계 대공황이 터졌다. 세계적인 수요가 줄어드니 미국산과 유럽산보다 신뢰성이 없었던 일본산 제품부터 나가떨어졌다.

히틀러와 나치는 한때 컬트적인 인기를 끌다가 바이마르 공화국에 경제호황이 찾아오면서 영향력을 잃고 사그라들었다. 미국발 대공황이 왔을 때, 그들은 하늘이 선물해준 두 번째 기회를 놓치지 않았다. 나치는 갑자기 닥친 사회적인 혼란과 국민적 불만을 이용해 독일의 수권세력이 되었다. 대륙의 반대쪽 끝에서도 비슷한 일이 일어났다. 세계 대공황은 유신에게도 절호의 기회였다. 이제 일본은 중일전쟁과 유혈 쿠데타를 통해 되돌아올 수 없는 강을 건너게 된다.

광기

만주를 뒤흔든 폭발

유신의 폭주로 인해 실행된 치안유지법은 아이러니해 보인다. 이 법이 발효된 후부터 약속이나 한 듯 젊은 군인들이 무력을 동원해 쿠데타와 하극상을 기도하기 시작했다. 상식적으로 보면 쿠데타, 항명, 기타 다양한 폭력사고는 치안유지법으로 억압되었어야 마땅하다. 그러나 조금만 깊게 생각해보면 치안유지법이 오히려 폭력투쟁의 에너지를 조장한다는 걸 알 수 있다. 치안유지법은 천황에 대한 절대적인 충성을 법의 근거로 삼는다. 즉, 천황에 대한 마음만 진심이라면, 어떤 행동도 인정받는다는 논리가 숨어 있다. 비록 죽음으로 대가를 치를지언정 결기 자체는 존중받는 '지사'의 시대가 다시 열린 것이다. 그런데 유신 탄생기 유신 지사들이 서로를 쏘고 벨 때보다, 유신은 훨씬 과격해지고 상상력의 폭도 좁아졌다.

초기에 유신에 나선 지사들의 지향점은 다양했다. 자신의 목표가 무엇이든, 꿈꾸는 이상이 어떤 것이든 뜻을 위해 목숨을 걸 줄 알면 지사였다. 그러므로 살인도 정당화되었다. 사람을 죽였다는 건 자신도 언제 어디서든 암살당하거나 처형될 수 있는 세계에 몸을 던졌다는 의미다. 그런데 치안유지법 실행 이후의 폭력은 다르다. 천황의 신성함은 절대적 진리가 되었으므로, 폭력은 '내가 천황폐하를 보다 진정으로 사랑한다.'는 '순수성 투쟁'의 증거로써만 가치 있게 되었다. 천황을 사랑하는 한 어떤 짓도 할 수 있으며, 폭력에 천황은 반드시 필요한 존재가 되었다. 이러한 유신의 광기는 중국 땅에서부터 시작되었다.

쑨원은 신해혁명을 일으키며 발언했다. "만주는 일본이 경영해도 된다." 그는 청년 시절부터 청나라에 대항하는 반청(反淸) 운동에 몸담았었다. 멸만흥한(滅滿興漢, 만주족을 몰아내고 한족을 일으켜 세움)은 그의 모토 중 하나였다. 그렇다면 쑨원은 한족 제일주의자였단 말인가? 그러면서 근대 공화국의 가치인 삼민주의를 제창했단 말인가? 여기엔 약간의 복잡함이 있다.

중국의 한족 지식인들이 근대화에 눈을 뜰 때 기존의 봉건 왕조인 청나라는 만주족이 세운 나라였다. 그들이 근대민족주의를 중국에 수입하려 했을 때 그들이 속하고 싶은 민족은 당연히 한족이었다. 량치차오가 중화민족이라는 표현을 처음 사용했을 때 이 단어는 명백히 한족을 가리켰다. 근대 중국의 지식인들은 너무나 직관적으로, 근대민족주의(한족)로 봉건체제(청나라)를 몰아내자고 말할 때 멸만흥한이라는 단어를 사용할 수밖에 없었다. 이 말에는 필연적으로 전근대적인 한족 중심주의와 근대민족주의가 뒤섞여 있었다.

쑨원은 전통적으로 한족의 생활권인 만리장성 이남을 자신이 속한 근대민족국가의 영토로 인식했다. 그로서는 매우 자연스러운 일이다. 영토 안이 근대화되면 될 일이지, 그 바깥은 일단 알 바가 아니었다. 그러므로 쑨원은 만리장성 이북으로 쫓겨나 고향인 만주로 돌아갈 '봉건 잔재' 만주족이 어떻게 되든 상관없었다. 차라리 러일전쟁에서 승리한 일본이 만주를 경영하면서 러시아를 막아주면 고마운 일이다. 쑨원은 그렇게 생각할 수 있다. 일본이 그의 말에 열광하면서 만주를 합법적으로 양도받은 것처럼 생각했다는 게 문제다.

쑨원은 만주에 대해 일본에 어떤 공식적인 제안도 한 적이 없다. 도장을 찍은 계약서를 일본과 작성한 적도 없다. 무엇보다 삼민주의의 원칙에 의거해 중국 인민들과 만주의 소유권에 대한 합의를 수렴하지도 않았다. 일본의 만주 경영은 그저 쑨원이 새로운 중국을 구상하며 머릿속에 쓴 책의 한 페이지에 수록된 삽화다. 결국 쑨원이 제 입으로 말한 게 아니냐고 반문할 수도 있겠다. 그렇게 따지면 김종필은 일본과 독도 문제로 싸우다 지쳐서 일본 정치인에게 이럴 거면 독도를 폭파해버리자는 말을 한 적도 있다. 두말할 나위도 없이 실언이지만 그런 일을 실제로 벌이려고 했을 가능성은 한없이 낮다. 마오쩌둥과 저우언라이는 입을 맞춘 듯 김일성에게 요동은 원래 조선 민족의 땅이라고 말했다. 하지만 중국 공산당은 요동을 반환하겠다고 한 적도 없고 자발적으로 줄 일도 없을 것이다.

말은 말일 뿐이다. 그러나 일본의 권력층과 장교들은 쑨원의 발언을 선언으로, 선언을 일종의 계시로 받아들였다. 그때부터 일본은 만주를 짝사랑하기 시작하고, 이미 만주를 장악하고 있던 장쭤린(張作霖;장작림, 1875-1928)의 봉천 군벌을 진심으로 미워했다. 만주사변이 일어날 때쯤엔 짝사랑이 20년이나 숙성된 상태였다. 일본군 장교들의 마음속에서 그들은 이미 오래전에 만주와 약혼한 사이였고, 장쭤린은 강탈자였다. 누구로부터? 바로 천황폐하로부터 만주를 훔친 장본인이었다. 만주 방면을 책임지던 관동군 장교들은 본토보다 극단적이었다. 그들은 본토와 떨어진 채 고위직 장교 및 관료들의 잔소리에서 벗어나 있었다. 관동군은 만주에서 무슨 일이든 할 수 있고, 무슨 일이든 해야 한다는 관념에 사로잡혔다.

장쭤린은 위안스카이로부터 베이징을 수도로 하는 북양(北

洋) 정부를 물려받은 실력자로, 중국 내에서 가장 우수한 무기 공장을 소유한 군벌이었다. 그에 대한 평가는 복잡하다. 일본과 손을 잡고 자신의 세력을 유지했기에 친일파라고도 볼 수 있다. 한편으로는 화통하고 쾌활한 전형적인 중국 영웅호걸의 모습도 있다. 그런데 우리는 역사적인 차원에서 그를 쉽게 이해할 수 있다. 신해혁명 이후 군벌이 난립한 후 국민당과 공산당 두 세력으로 수렴되고, 결국 공산당이 대륙의 패권을 제패하는 과정은 전근대 중국 역사에서 새로운 통일왕조가 세워지는 과정과 다를 바 없다. 장쭤린 세력은 오호십육국 시대나 오대십국 시대에 단명한 한족 왕조와 다를 게 없다. 이들 왕조는 분열 상태의 중국은 언제나 통일을 지향한다는 사실을 잘 알았다. 그들은 먼저 중국 내의 경쟁에서 살아남아야 한다. 그러기 위해 얼마든지 외부의 '오랑캐'와 손을 잡을 수도 있다. 유목민족이 중국사에 개입해온 방식 중 하나가 바로 이런 식이었다.

중국에게 일본은 또 다른 유목민족이었다. 중국인들은 아편전쟁과 청일전쟁을 겪고도 사태의 심각성을 100% 이해하지 못했다. 장쭤린은 중국 내에서 입지를 다지기 위해 일본을 필요로 했고 일본도 마찬가지였다. 장쭤린과 일본은 서로가 서로에게 이용가치가 있는 오랑캐였다. 한국에서 장쭤린은 일본제국주의의 주구(走狗, 사냥개), 친일매국노로 불린다. 한국인의 입장에서야, 한국 독립운동가들을 체포해 조선총독부에 갖다 바치는 일을 했으니 장쭤린을 곱게 볼 수가 없다. 하지만 장쭤린의 입장에서 한국 독립운동가는 그저 불쌍한 외국인일 뿐이다. 그는 적당히 일본의 입맛을 맞춰주었을 뿐, 일본의 충직한 사냥개가 되어줄 생각은 없었다. 그래서 일본이 장쭤린에게 중국 침략의 발판이 되는 불평등한 내용의 5·18 각서의 서명을 강요했을 때, 그는 노발대발하며 거부했다.

한족의 역사에 오명을 남길 생각까진 없었던 장쭤린은 애국자도 매국노도 아니다. 그는 중국 역사에 흔히 등장하는 전형적인 세력가 중 한 명이다. 세력가는 시대에 따라 제후, 절도사, 현대에는 군벌로 불렸지만 본질은 같다. 여기에 중국의 두 가지 문제가 끼어 있다. 첫째, 중국은 한반도 왕조처럼 서로 싸우다가도 외세가 침입했을 때는 곧바로 단결하는 결집력을 발휘하기엔 너무 넓고 인구가 많다. 그래서 세력가들은 일단 가까운 거리에 있는 외세와 타협부터 하고 본다. 둘째, 중국인은 외국인 아니 '오랑캐'와 협상할 때 상대를 원숭이 수준으로 낮잡아보는 경향이 있다. 어째서인지 조삼모사(朝三暮四)*로 희롱할 수 있다고 생각한다. 그래서 나중에 속여먹을 생각을 하며 가벼운 마음으로 계약서에 도장을 찍곤 한다. 그러다가 혼쭐이 난 적이 중국사에 한두 번이 아니다. 문제의 각서도 장쭤린이 사인을 하기로 되어 있었다. 다만 관동군이 얼마나 과격한 집단인지 몰랐던 게 그의 불행이다. 관동군은 본토의 의사와 무관하게 독단적으로 그를 암살해버리기로 작정했다.

1928년 6월 4일 새벽, 장제스의 2차 북벌에 흠씬 두들겨 맞고 본거지로 돌아오던 장쭤린이 탄 열차가 폭발하는 황고둔(皇姑屯)사건이 일어났다. 장쭤린은 팔다리가 잘려나간 채 신음하다가 숨을 거뒀다. 당연히 관동군 짓이었다. 주동자는 고모토 다이사쿠(河本大作, 1883-1955)다. 그는 러일전쟁에 참전했다가 중상을 입고 송환되었고, 육군대학교를 졸업한 후 만주로 건너

* 원숭이들에게 열매를 아침에 세 개, 저녁에 네 개씩 주겠다고 하니 원숭이들이 적다고 화를 내어 아침에 네 개, 저녁에 세 개씩 준다고 하자 좋아하였다는 우화.

가 관동군 참모로 부임한 인물이다. 보통 전쟁터에서 크게 다쳤다가 살아난 인간은 두 가지 길을 걷는다. 평생 신체적, 정신적 후유증에 시달리거나 전쟁에 회의를 느끼든, 인간의 나약함을 깨닫든 어떤 면으로든 달관한다. 고모토 다이사쿠는 제3의 인간형이었다. 그는 자신을 또다시 짓밟을 수 있는 새로운 전쟁을 찾아 헤맨 진짜배기 전쟁광이었다. 주동자가 '진짜배기'라는 점을 잊지 말아야 장쭤린 폭사사건을 이해할 수 있다.

장쭤린 폭사사건을 현대인의 직관적인 감각으로 해석하면 안 된다. 고모토 다이사쿠와 공범자들은 결코 장쭤린보다 고분고분한 인물을 그의 자리에 앉히기 위해 사건을 일으키지 않았다. 그들은 장쭤린의 후계자인 그의 아들 장쉐량(張學良:장학량, 1898-2001)이 동북지역의 봉천 군벌을 물려받을 거라는 사실을 알고 있었다. 장쉐량은 명석한 두뇌를 타고난 미남자에다가 100세를 넘겨 3세기를 살았을 정도로 신체적으로도 탁월했다. 관동군 과격파가 바보가 아닌 한 전통적인 중국인이 부모의 원수를 평생에 걸쳐 갚는다는 사실을 모를 리 없었다. 관동군은 분노한 후계자가 '전쟁을 일으켜주기를 기대하고' 폭사사건을 일으킨 것이다. 그러나 중국인은 평생에 걸쳐 은혜와 원수를 갚지, 결코 바로 갚으려고 무리수를 두지 않는다.

관동군에게는 참으로 실망스럽게도, 장쉐량은 바보 행세를 하며 일본의 입맛을 맞췄다. 그렇게 동북지역의 군사력을 안정적으로 장악한 후 장제스의 국민당에 입당하면서 제대로 일본의 뒤통수를 때렸다. 언제나 과격파는 '우리가 이렇게 하면 상대는 저렇게 나올 게 틀림없다.'고 믿는 경향이 있다. 사고의 순서가 자신이 어떤 일까지 저지를 수 있는지 상상하는 것에서 시작하기 때문이다. 그들은 자신이 친 사고가 불러일으킬 연쇄

반응을 가장 환상적인 경우로 상상하다가 상상을 정해진 현실로 굳게 믿곤 한다. 현실은 그렇지 않다. 너무나 당연하게도, 상대는 내가 아니라 자신의 생각대로 움직인다.

장쭤린 폭사사건의 진상은 금방 밝혀졌다. 사실을 말하자면, 일본 군부와 관동군 수뇌부는 장쭤린이 폭사했다는 소식을 듣자마자 고모토 다이사쿠의 소행임을 알아차렸다. 모를 수가 없던 것이 전부터 장쭤린만 죽여 없애면 일본이 만주를 차지할 수 있다고 떠들고 다녔기 때문이다. 당시 일본 총리였던 다나카 기이치(田中義一, 1864-1929)는 고모토 다이사쿠를 위시한 주동자들을 엄벌로 다스리겠다고 나섰다. 그러나 육군 내부의 반발에 밀려 제대로 힘을 발휘할 수 없었다. 육군은 유신 지사다운 혈기를 보여준 지극히 일본적인 젊은이의 꿈이 총리 자리에 앉아 있는 노인에게 짓밟히는 추한 꼴을 보고 싶지 않았다. 유신은 충동적이고 맹목적인 아름다움을 추구한다. 마침 요절한 다이쇼 천황의 뒤를 이어 등극한 지 2년도 되지 않은 쇼와 천황은 군주의 권위를 제대로 세울 기회를 찾는 중이었다. 천황은 사건 책임자를 처벌하겠다더니 어떻게 된 거냐고 다나카 기이치를 몰아붙였다. 천황과 군부가 각자의 욕망에 따라 손을 잡고 총리를 몰아붙이니, 다나카 기이치는 '내각 총사퇴'를 하는 처참한 패배를 당했다. 그는 사퇴한 지 두 달 만에 가슴을 부여잡고 협심증으로 사망했다. 일개 관동군 장교가 총리대신과의 싸움에서 승리한 것이다. 승리의 비결은 단순하고 직선적이다. 뜻, 혈기, 실행. 즉 '유신의 관념'이었다.

고모토 다이사쿠가 받은 징계는 고작 예비역으로 편입되는 게 전부였다. 훗날 남만주철도의 이사와 산시산업주식회사(山西産業株式会社) 사장을 겸해 재계 고위인사가 되었으니 오히려 대단한 포상을 받았다고 할 수 있다. 고모토 다이사쿠는 일본이 패망한 후 옌시산(閻錫山;염석산, 1883-1960)의 포로가 되었다가 전범으로 처형당하는 대신 그의 밑에서 공산당과 싸웠다. 이쯤 되면 목숨을 구명 받기 위해 적에게 굴종한 듯해 보이지만 그렇지도 않다. 치열한 전투 끝에 홍군(紅軍, 공산군)의 포로가 되고 나서는 끝까지 전향을 거부했다. 공산당이 중국 대륙을 통일한 후에도 굴복하지 않고 버티다가 1955년 감옥에서 사망했다. 즉 고모토 다이사쿠는 사회주의를 배격하라는 치안유지법의 명령을 일제가 패망한 후까지 홀로 지키다 죽은 것이다. 결국 그는 치안유지법이 탄생시킨 괴물 중 하나였다.

'지사'를 갈망하는 폭력

장쭤린 폭사사건은 뒤이어 일어나는 무력투쟁 사건들의 강력한 암시가 되었다. 첫째, '뜻'만 있으면 아무리 주관적이어도 인정받는 세상이 다시 돌아왔다는 신호였다. 둘째, 유신이 확장되기 시작했다. 다나카 기이치는 하급 사무라이 가문의 일원으로 조슈 번사의 아들이다. 그는 겨우 13세 때 지사가 되었다. 다나카 기이치는 메이지 유신 직후에 사무라이/사족 반란인 하기의 난(萩の乱)에 함께했다. 나이가 어리다는 이유로 훈방되었지만, 사실은 지사라서 존중받았다고 보아야 한다. 사무라이의 난에 합류했었지만, 이후엔 자연스럽게 육군사관학교와 육군대학을 나왔다. 청일전쟁과 러일전쟁에 참전했으며 육군대신 자리에 남작 작위까지 거머쥐었다. 상하이에서는 의열단*이 던진 폭탄

---

* 김원봉(金元鳳 1898-1958)을 단장으로 하는 무장독립운동단체.

에 죽을 뻔하기도 했다. 다나카 기이치는 유신의 심장에서 성장했다고 할 정도로 순혈이다.

반면 고모토 다이사쿠는 조슈나 사쓰마, 도사가 아닌 효고(兵庫)현에서 지주의 아들로 태어나 군인이 되었을 뿐이다. 이제 유신은 조슈와 사쓰마의 '순혈'이 아닌 일반 군인들 사이로 퍼져나갔다. 그리고 핵심에서 벗어난 주변부야말로 더욱 순수한 광기를 향해 간다. 대표적인 경우가 황도파와 관동군이다.

황도파(皇道派)는 오직 천황이 제국의 모든 것을 친정(親政, 직접통치)해야 한다고 믿었던 육군 내 파벌이다. 메이지 유신 이후 이미 막부는 사라졌지만, 황도파는 조슈와 사쓰마의 늙은 이들이 막부의 자리를 대신 차지하고 앉았다고 느꼈다. 아무래도 황도파는 순혈이 아니라 주변부였다. 순혈보다 우월한 정당성을 확보하기 위해 피보다 더 순수한 정신성을 추구했다. 그렇다, 황도파는 순수했다. 한국어는 단어에 가치판단이 개입되곤 한다. 좋은 뉘앙스의 단어와 나쁜 뉘앙스의 단어가 나뉘어 있다. '순수'는 좋게 느껴진다. 하지만 철학적으로 보면 순수한 광기도, 순수한 광신도 모두 순수다. 본질을 조망할 때는 단어를 중립적으로 대하는 편이 한결 좋다.

주변부에서 시작한 황도파는 관동대학살에서 일본에 대한 순수한 사랑을, 치안유지법에서 천황에 대한 순수한 충성을 읽었다. 둘은 사실 같은 말이다. 일본과 천황은 동의어였으니까. 황도파는 비록 조슈와 사쓰마의 번사나 그들의 자식은 아니었지만 천황을 사랑할 자유는 보장되었다. 사랑하는 만큼 과격해지는 데에는 자신 있었다. 그렇다면 그 과격함으로 누구를 해치우는가? 간신이다. 순수한 그들과 천황 사이를 가로막는 이들은 모두 간신이었다. 순수는 어떻게 증명하는가? 간신을 죽임으로써 증명한다. 순환 논리다. 순수한 사람을 짓밟을 순 있어도 막을 수는 없다. 순환 논리로 돌고 돌아 언제나 가장 순수한 자리에 총칼을 들고 서기 때문이다. 그러므로 황도파의 등장은 다이쇼 데모크라시의 종말과 맞물린 현상이다.

황도파가 등장하면서 기존의 군부 기득권은 통제파(統制派)로 불리게 되었다. 조슈와 사쓰마에서 시작한 순혈 집단이 천황을 대신해 일본을 이끌어야 한다는 생각을 가진 집단이다. 기존의 기득권이었기 때문에, 원래 통제파는 따로 파벌의 명칭으로 불릴 이유가 없었다. 황도파가 출현하면서 자연히 황도파의 반대편으로 이름을 얻게 되었다. 어디에서건 나는 아무 사상도 따로 가진 적이 없는데, 단지 싸움을 말렸다는 이유로 '평화주의자'로 불리게 되는 일과 다를 바 없다.

군대 내에 순수한 관념이 퍼지는데 민간이라고 다를 리 없었다. 일본 민간에서는 우익 청년과 우익단체들이 고개를 들기 시작했다. 1930년 11월 14일, 현직 총리가 군인이 아니라 민간인의 총에 맞는 사건이 발생했다. 도쿄역에서 총격을 당한 하마구치 오사치(濱口雄幸, 1870-1931) 총리는 고치현, 그러니까 사카모토 료마가 태어난 도사 번 출신이다. 그는 확고한 신념을 가지고 전쟁과 군비경쟁에 반대한 총리로서 강력한 대중적 지지를 받았다. 그때까지만 해도 일본 민중은 전쟁과 무기 구입 및 생산에 지쳐 있었다. 하마구치 오사치는 군비축소조약을 강행해 성사시켰다.* 그런데 드레드노트 군축은 관점에 따라서는 해군의 일이다. 그리고 군이 원칙을 따진다면, 군 통수권자는 천황이다. 하마구치 총리는 감히 천황의 군 통수권을 침범

* 5장 '폭주'에서 설명한 워싱턴 군축조약을 말한다.

한 게 된다. 죽어야 할 이유는 그런 식으로 만들어진다.

하마구치 총리를 쏜 극우단체 청년 사고야 도메오(佐郷屋留雄, 1908-1972)는 너무 순수한 나머지 하늘이 내려준 천황의 권리를 침범한, 아니 '침범했을 수도 있는 가능성'을 남긴 총리를 도무지 용서할 수 없었다. 그의 운명은 장쭤린을 죽인 고모토 다이사쿠와 크게 다르지 않다. 그는 처음에 사형판결을 받았지만 다음 해 무기징역으로 감형되었다가, 1940년에 가석방되었다. 사회 전체가 옥죄어 있던 당시에 10년도 채우지 않고 석방되었다는 건 요즘으로 치면 집행유예로 끝나는 수준이다. 만약 천황제에 의문을 품는 운동에 가담했다가 체포되었다면 살인은커녕 절도조차 저지르지 않았어도 고문 끝에 동료들의 이름을 불고 처형되었을 것이다. 그는 천황에 대한 사랑을 이기지 못했기에 우대받았다. 하마구치 총리가 사건 후 반년 넘게 수술에 재수술을 반복하며 고통 받다가 죽은 반면 범인은 출소 후 우익단체들의 단장, 의장으로 살다가 천수를 누리고 죽었다.

민간인이 '지사'가 되는데 군인들이 가만있을 수 없다. 황도파 내 일부 젊은 장교들의 모임인 벚꽃회 멤버들은 1931년 3월 이른바 '3월사건'을 일으켰는데, 비록 행동에 나서지 못하고 미수에 그쳤지만 사건의 내용은 노골적인 쿠데타 기도였다. 그러나 처벌은 솜방망이였다. 아마 이 시기의 일본처럼 사소한 죄에도 엄혹하면서, 반란에 관대한 체제는 인류 역사상 전에도 후에도 없을 것이다. 그리고 1931년 9월 18일, 관동군은 만주사변(滿洲事變)을 일으켰다. 만주사변은 결과적으로 성공했기 때문에 현재에 와서 '용의주도'하게 설계되었다고 믿는 경향이 있다. 실상은 전혀 그렇지 않다. 사건을 기획한 사람은 단 세 명의 관동군 장교였으며, 상부의 명령도 없이 제멋대로 저질렀을 뿐이다. 무엇보다 사건의 설계는 어설픈 정도를 넘어서 대놓고 노골적이었다.

만주사변으로 확대된 9월 18일의 류탸오후(柳条湖)사건의 계획은 이렇다. 아버지를 잃은 장쉐량이 식식거리고 달려들 줄 알았는데, 국민당과 손을 잡고 '버티기'에 들어갔다. 전쟁에 목마른 관동군의 입장에서는 답답한 노릇이다. 그들은 관동군이 치안을 담당한 남만주철도의 선로가 폭발한다면 장쉐량의 짓이라고 주장할 수 있지 않을까 생각했다. 동북군이 먼저 전쟁을 일으켰으니 관동군은 싸우지 않을 수 없다. 승리가 모든 과정을 정당화할 것이다. 그래서 주동자들은 누구의 허락도 받지 않고 철로를 폭파해버렸다. 그들은 폭발사고 후 물증이랍시고 아마도 돈 몇 푼 써서 어디선가 구해왔을 동북군의 군모와 소총 그리고 불탄 철도 침목 따위를 내놓았다. 너무나 허술한 증거품이었지만 상관없었다. 우길 핑계가 있기만 하면 그만이지, 증거의 합리성 따위는 중요치 않았다.

만주사변을 기획한 이시와라 간지(石原莞爾, 1889-1949)는 유신이 낳은 별종 중 하나다. 그의 아버지는 과거 아이즈 번과 이웃한 지역의 하급 사무라이였고, 경찰관이었다. 독자 여러분께서 뭔가 기시감을 느꼈다면, 맞다. 이시와라 간지의 아버지는 아이즈 번의 무사들과 함께 막부를 지지하며 조슈, 사쓰마, 도사 번의 지사들에 맞서 싸우다 패배했다. 이렇게 비록 메이지 유신이 출범하면서 몰락했지만 여전히 사무라이의 가풍이 남아 있던 가문의 자제들은 신정부가 세운 일본제국 체제 안에서 무사의 정체성을 찾기 위해 군인의 길을 택했다. 조슈와 사쓰마 번벌 세력에 밀려 비주류로 시작한 군인의 삶 속에서 그들은 과격한 이상주의자가 되곤 했다. 그들은 곧잘 일본 본토 바

같으로 밀려나 조선 주둔군과 관동군으로 복무했지만, 한편으로는 '기꺼이' 밀려났다. 조슈와 사쓰마의 그림자가 없는 곳에서 무언가 자유롭게 저지를 수 있을 것만 같아서다.

이시와라 간지는 육군대학을 차석으로 졸업했다. 원래는 수석 졸업을 해야 할 성적이었는데 상부에서 천황에게 무슨 헛소리를 할지 모른다는 이유로 성적을 조작했다. 수석 졸업생에겐 천황과 만날 기회가 주어졌기 때문이다. 그는 일련종(日蓮宗)의 열렬한 신자가 되었다. 일련종은 법화경을 주 경전으로 삼는 불교의 한 계파로 광신적인 경향으로 빠질 요소가 다분했다. 1927년, 이시와라 간지는 이세신궁을 참배하다가 트랜스(trance) 상태*에서 환각을 보았다. 그의 눈앞에 지구의 모습이 드러났다. 일본에서 황금색 광채가 일어나더니, 만주를 향해 일직선으로 비추었다. 만주를 침략하라는 계시였다.

이시와라 간지는 '세계최종전쟁론'이라는, 예언과 사상이 뒤섞인 믿음을 갖고 있었다. 이름도 거창한 세계최종전쟁론은 다음과 같은 내용이다. 동양은 일본을 중심으로 통합된다. 서양은 미국을 중심으로 통합된다. 1966년 동양과 서양이 단 한판의 승부를 벌이고 세계는 1990년 단일정부에 의한 단일국가가 된다. 인류 역사상 최후의 전쟁을 통해 최초의 세계정부가 탄생하는 것이다. 왜 1966년이고 1990년인지 근거는 없다. 아프리카와 중동을 동양과 서양 중 어느 쪽으로 분류할 것인지도 중요치 않다. 이시와라 간지는 과학자가 아니라 종교인이기 때문에 따지는 건 무의미하다. 그에게 만주 지배는 세계최종전쟁을 준비하기 위한 수단이지, 목표가 아니다. 1931년 기준으로

---

* 가수면에 빠진 채로 각성한 상태. 과학적 견지에서는 무당의 신내림도 트랜스 상태로 본다.

최종전쟁은 35년밖에 남지 않았기 때문에 이시와라 간지는 때를 기다린답시고 허송세월을 할 틈이 없었다.

　먼 미래를 이야기하자면 훗날 일본이 태평양전쟁에서 패전한 후, 이시와라 간지는 전범 재판에 증인으로 끌려왔다. 그는 점령군인 미군 앞에서 일본의 민간인구역을 폭격하라고 명령한 미국 대통령이야말로 전범으로 기소되어야 한다고 당당하게 말했다. 확실히 겁이라고는 없는 인간임이 틀림없다. 당연한 말이지만 건전한 상식도 없었다. 어느 사회든 이런 종류의 사람이 일정 숫자 이상으로 존재하기 마련이다. 문제는 변두리 구석에서 20명의 신도를 거느리고 21번째 신도를 구하기 위해 조잡한 전단지를 배포할 법한 인물이 역사적 사건을 일으키도록 방치되었다는 데 있다. 이시와라 간지는 정신상담을 받기는커녕 군대 내에서 세계최종전쟁론을 강연하고 다녔다. 통제파 장교들은 이시와라 간지의 강연 내용이 말도 안 된다고 생각했지만 그가 젊은 황도파 장교들에게 지대한 영향을 끼치는 현상을 그냥 내버려두었다. 통제파 역시 유신의 자식이기는 마찬가지였다. 생사를 건 운명적 싸움을 갈구하는 낭만은 그 자체로 아름다운 것이었다.

　폭파사건이 벌어지자, 미리 관동군과 약속한 대로 조선 주둔군 1만 명이 압록강을 넘어 관동군에 합류했다. 당연히 천황도 군부도 모르는 일이었다. 일본 정부는 관동군과 조선 주둔군에 원대 복귀 명령을 내렸지만 이시와라 간지 패거리가 말을 들을 가능성은 아예 없었다. 전쟁이 시작되자 우왕좌왕하던 일본 총리는 '그렇다면 어쩔 수 없다.'며 국가 예산에 특별 군사비 지출을 포함시켰다.

　이번에도 상식이 비상식에 패배했다. 우연한 행운이 또다시 '전쟁국가 일본'의 손을 들어주었다. 공교롭게도 고급 한량 장쉐량은 술과 미녀, 아편에 찌들어 있는 상태였던 데다가 장티푸스 치료를 받느라 병원에 드러누워 있었다. 그는 전황을 제대로 파악할 수도 없었거니와 이시와라 간지가 얼마나 상식과 동떨어져 있는 인간인지 알 방법도 없었다. 장쉐량은 아버지로부터 30만 명의 정규군과 18만 명의 예비군, 무기공장과 함대, 거기다 300기의 전투기까지 물려받았다. 관동군과 조선 주둔군 연합이 어떻게 덤벼도 장쉐량에게는 이길 수 없었다. 그러나 그는 불행히도 상식적으로 판단하고 말았다.

> 1) 일본은 지금껏 장쉐량을 여러 번 도발해왔다. 아무리 장쉐량이라도 일본과 전면전을 벌여서는 승산이 없다. 그래서 그는 빌미를 주지 않기 위해 도발을 묵묵히 참아 넘겼다.
> 2) 거꾸로 관동군만으로는 장쉐량에게 승산이 없다. 또한 애초에 국가적 결정 없이 독단적으로 전쟁을 일으키는 군대란 존재하지 않는다.
> 3) 그러므로 이번에도 전쟁을 위한 도발임이 분명한 류타오후 사건에 반응하지 말아야 한다.

장쉐량은 아무 대응도 하지 말라고 명령했다. 혹자는 장쉐량이 아편에 중독되어 제대로 된 판단을 하지 못했다고 해석하는데, 그렇지 않다. 아편쟁이와 사이비 교주의 대결은, 아편중독이 종교체험보다 상식에 가까웠기 때문에 교주의 대승으로 끝났다. 장쉐량이 관동군과 조선 주둔군의 목표가 만주 전체라는 사실을 알았을 때는 이미 늦었다. 만주 침탈에 문을 열어준 꼴이 된 장쉐량의 '부저항(不抵抗, 저항하지 않음)'은 오명이 되어 평생 그를 따라다녔다. 관동군은 다음 해인 1932년 2월 만주를 완전히 장악했다. 일본은 생각하지도 못한 싼값에 덜컥 만주를 손에 쥐었다. 한마디로 '잭팟'을 터뜨린 것과 같았다. 역시 청일전쟁과 러일전쟁처럼 무작정 저질러놓고 보는 것이 일본 남아의 정신력이요, 진심을 다하면 하늘이 알아준다는 '사실'이 또 한 번 증명되었다.

이시와라 간지를 비롯한 주동자들은 국가적 영웅이 되어 파격 승진했다. 사실 이제까지 조선과 대만은 들인 노력에 비해서 그렇게 돈이 되는 식민지가 아니었다. 애초에 조선을 병합할 때 일본은 식민지를 경영할 만한 역량이 없었다. 그래서 조선 침탈을 뒤로 미루자는 의견이 즉각적인 조선 정벌론과 팽팽히 맞섰다. 조선인들의 고혈을 짜내긴 했지만, 제국주의가 식민지에 저지르는 악행에 비해서는 수지 타산이 좋지 않았다. 조선인들은 말도 잘 듣지 않고 쓸데없이 똑똑했다. 같은 한자 문명권 안에서 오랫동안 공존했기에 백인 통치자가 손쉽게 다루는 흑인이나 인디오보다 훨씬 골치 아픈 상대였음이 당연하다. 일본이 부러워하는 '식민지다운 식민지'는 남아프리카나 브라질, 인도처럼 광대하고 풍요로운 먹잇감이었다. 만주를 차지해 '식민지 갈증'이 단박에 해소된 일본이 만주사변 주동자들을 두둔하고 추켜세우는 건 당연한 일이었다. 하지만 결과적으로는 일본의 젊은 군인들 사이에 결과는 하늘에게 맡기고 일단 무력을 휘두르고 보자는 과격주의가 만연하게 되었다.

관동군은 청나라의 마지막 황제 아이신기오로 푸이(愛新覺羅 溥儀, 1906-1967)를 데려와 꼭두각시 황제로 세우고 만주국을 세웠다. 만주국은 물론 일본의 괴뢰국이었으며, 현재는 정식 국가가 아니었던 것으로 평가받는다. 만주국은 관동군이 통치하는 나라였다. 다시 말하지만 관동군은 순수했다. 이들은 만주국을 일본 본토보다도 더 완벽한 이상국가로 만들려고 했다. 만주국에 대한 인식은 극명하게 나뉜다. 뭐 하나 제대로 굴러가는 게 없는 국가라는 평가가 있는 반면, 짧은 기간 동안 눈부신 발전을 거두었다는 주장도 있다. 둘 다 맞다. 관동군은 만주에 선진적인 공업지대를 조성했다.* 남만주철도주식회사, 줄여서 '만철'을 대표로 하는 대기업 위주 경제성장 정책의 성과는 대단했다. 만주국의 경제는 양적으로는 대단히 팽창했다.

그러나 내적 구조는 당연히 엉망이었다. 만주국은 국가 자체가 목표가 아니라 다음 목표를 위한 수단인 나라였다. 즉 만주국의 목표는 국민의 행복에 있지 않았다. 만주국은 이상국가가 아니라 이상적인 군사 및 군수생산 기지로 탄생했다. 만주국에서 생산한 무기로 중국과 소련을 정복하는 것이 관동군의 꿈이었다. 그들의 관심은 민생(民生)과는 상관없었다. 본토 일본인의 삶의 질과도 무관하다. 순수한 이상은 현실과 동떨어지며, 순수한 악행과 맞닿는다. 생체실험과 마루타(丸太, 통나무)**로 악명 높은 731부대가 바로 관동군 소속이다. 마녀사냥을 자행한 중세 유럽의 사제들도 순수했다. 그들은 굳은 신앙심을 갖고 신을 찬양하며 여성들을 고문하고 불태웠다.

가해자의 자리에 선 국민들

일본 육군에 황도파가 있다면 해군에는 함대파(艦隊派)가 있었다. 함대파란 말 그대로 함대 즉 해군의 중무장을 위한 군비확

* 1949년 이후 중국 동북지방의 경제 건설에 큰 도움이 되었다.
** 731 부대에서 생체실험 대상을 부르던 말.

충을 지지하는 젊은 과격파 장교들이었다. 육군이 젊은 혈기로 성공신화를 터뜨렸는데, 해군이 가만히 있기엔 뭔가 영 모양이 빠지게 생겼다. 해군 장교들은 1932년 혈맹단(血盟団)사건을 일으켰다. 혈맹단은 광신적인 불교 승려가 조직한 극우 테러단체로, 젊은 해군 장교들의 피를 뜨겁게 했다. 해군 장교들은 혈맹단사건으로 의원과 미쓰이(三井) 그룹 총수를 암살했다. 당연히 수사가 시작됐고, 주동자들은 점점 조여오는 수사망에 압박감을 느꼈다. 압박을 풀어내는 방식은 지극히 유신적이었다. 도망치거나 알리바이를 만드는 게 아니라, 더 큰 사건을 저질러 기존 사건을 묻어버리려고 했다. 거사일은 1932년 5월 15일이었다. 수상관저, 각료들의 관저, 미쓰비시 은행, 입헌정우회* 본부, 경시청 등을 습격해 테러를 저지른 후 변전소를 습격해 전기를 끊어 도쿄를 마비시킨다는 계획이었다. 계획 중 유일하게 총리 암살만이 성공했다.

비운의 총리 이누카이 쓰요시(犬養毅, 1855-1932)는 기자 출신이다. 문민주의자인 그는 과격한 군인들이 보기에 고작 '펜대'에 불과했다. 일본의 원로 정치인들은 폭주해가는 군인들을 다잡아달라는 뜻에서 이누카이 쓰요시를 총리로 추대했다. 물론 이누카이 쓰요시도 그 시대 일본 정치인 중에서 온건할 뿐, 지금 기준에서 보자면 불온한 사상의 소유자였다. 그는 일본인은 정신력이 강인하니 남을 지배하기 좋고, 한국인은 몸만 튼튼하고 정신력은 나약하니 일본인의 명령을 받아 노역을 하면 안성맞춤이라고 주장한 적이 있다. 하지만 침탈과 지배를 정당화하기 위해 피해자의 민족성을 깎아내리는 버릇은 제국주의

* 입헌정우회(立憲政友会)는 일본제국의 관제 정당이자 만년 여당이다.

국가 지식인의 공통적인 증후군이니, 저 발언만으로 이누카이 쓰요시를 판단하기도 애매하다. 그에 따르면 일본인은 "성질 고상하여 각개 독립의 기상"을 지녀 "남의 종살이를 달갑게 여기지 않"는데, 과연 문민 정치인의 종살이를 거부하는 독립적인 장교들이 그를 가만 놔두지 않았다.

거사일, 일본에 방문 중이었던 세계적인 희극배우 찰리 채플린(Charles Spencer Chaplin, 1889-1977)은 스모 경기를 본 후 이누카이 총리와 접견하기로 되어 있었다. 그런데 스모 선수들의 몸을 본 채플린은 자신도 살이 찌고 싶었는지 문득 덴뿌라를 먹어보고 싶다고 했다. 이누카이 총리는 자기 아들을 수행원으로 붙여 채플린을 덴뿌라 가게로 보냈다. 위대한 영화인이자 코미디언에게는 참 다행스러운 일이었다. 해군 장교들은 이누카이와 함께 채플린도 암살하려고 했었다. 채플린은 미국에서 활동한 영국인이다. 죽여도 아무렇지 않을 일이었다. 당시 과격한 해군 장교들은 미국과 영국을 동시에 적으로 만드는 '바다의 전쟁'이 일어나기를 갈망했다. 그래야만 만주를 집어삼키며 '대륙의 전쟁'을 일으킨 육군에 뒤지지 않을 것이었다. 이미 젊은 장교들의 마음속에서 중일전쟁과 태평양전쟁은 예정된 사건이었다.

찰리 채플린이 덴뿌라를 먹고 있는 동안, 해군 장교들은 총리 관저의 정문과 후문에 나눠 쳐들어갔다. 정문을 통과한 장교들이 먼저 이누카이를 발견했다. 그러나 권총을 뽑아 들고 첫 번째 방아쇠를 당겼을 때 격발 불량으로 총탄이 발사되지 못했다. 장교들은 필시 '간신'인 총리가 비굴하게 목숨을 구걸하리라 생각했을 테지만, 총리는 불시의 습격에도 기죽지 않고 장교들을 응접실로 안내했다. 뒤이어 후문에서 침입한 후발대

192

가 들이닥쳤다. 이번에는 총탄이 불발되는 행운이 일어나지 않
았다. 이누카이 쓰요시는 사망했고 사건 주동자 11명은 재판에
회부됐다. 이상한 일이 일어났다. 군부가 범인들을 감싼 거야
이해할 수 있다. 그런데 일본 국민들마저 열렬하게 범인들을
지지했다. 무려 35만 통의 탄원서가 정부에 날아들었다. 군부
와 국민 양쪽의 입김에 굴복한 법원은 테러리스트 장교들을 사
면했다.

　일본인들에게 무슨 일이 생겼었던 걸까. 문제는 경제였다.
1929년 시작된 미국발 세계 대공황은 일본 민중의 삶에도 심대
한 타격을 주었다. 메이지 유신 이후 일본 경제는 언제나 전쟁
을 통해 몰락을 피했다. 청일전쟁으로 거액의 배상금을 얻었고,
러일전쟁으로 조선을 얻어 쌀밥을 먹었다. 1차 세계대전으로
멸망이 확정된 채무국에서 채권국으로 변신했다. 미국발 대공
황의 여파가 일본을 덮치자 일본 국민은 전쟁의 낭만을 추억했
다. 때마침 관동군은 허락받지 않은 폭력으로 조국에 광대한
식민지를 선물했다. 이제 군인들의 '패기'는 애국이고 애민이었
다. 패기의 결과가 테러이건 쿠데타이건 상관없었다.

　유신의 관념은 관동대학살을 통해 처음으로 일본 민중을
자신의 폭력에 공범으로 끌어들였다. 그러나 대부분의 일본인
은 다나카 기이치 총리 암살 때까지는 독단적인 폭력을 지지하
지 않았다. 이누카이 쓰요시 총리 암살에 이르러 마침내 일본
은 유신의 관념 아래 한몸이 되었다. 일본제국주의에 대한 두
가지 시각이 있다. 하나는 일제의 침탈을 당한 나라의 애국자
가 가질 법한 태도로, 일본제국주의와 현재의 일본, 일본 국민
을 동일시하는 것이다. 다른 하나는 제국주의와 일반적인 일본
국민 대다수를 분리해 생각하는 입장이다. 이 입장에 따르면

일본 국민도 제국주의의 피해자였다고 할 수 있다. 진보주의자로서 후자의 낭만적인 해석을 지지하고 싶은 심정이다. 진보주의의 관점에서 특정 시기의 한 민족 전체를 문제 삼는 건 불온하기 때문이다. 하지만 나는 취향대로 글을 쓸 생각이 없다. 진실은 전자와 후자 사이 어딘가에 있되, 냉정히 말해 전자 쪽에 가까이 붙어 있다. 일본의 군국주의는 군부의 광기에 더해 국민적 지지를 업고 완성되었다.

기타 잇키와 2·26사건

일본 육군과 해군은 사이좋게 앞서거니 뒤서거니 사고를 친 후 다시 동지애를 불태웠다. 육군은 해군이 전함 군축을 더 이상 받아들일 수 없다는 점을 인정했다. 열강들은 일본에 만주를 다시 토해낼 것을 요구했다. 해군은 만주를 내놓을 수 없는 육군의 입장을 지지했다. 육군과 해군이 손을 잡자 일사천리였다. 일본은 1933년 군축조약 폐기를 선언하고 국제연맹을 탈퇴했다. 이제 일본은 세계와 좋은 말로 대화하는 대신 독자노선을 고집하는 고립주의 제국이 되었다.

일본의 군국주의가 완전무결하게 완성되기 위해서는 한 가지 사건이 더 필요했다. 1936년 벌어진 2·26사건이다. 이 사건의 정신적 배경에는 기타 잇키(北一輝, 1883-1937)라는 인물이 있다. 그는 1920년대부터 황도파 청년들의 사상적 스승 노릇을 했다. 아시아의 수많은 지식인들과 마찬가지로 기타 잇키 역시 신해혁명에 직접적인 영향을 받았다. 그는 신해혁명을 지지한 정도가 아니라, 아예 중국 현지에서 혁명에 참여한 인물이다. 그의 본명은 기타 데루지로(北輝次郎)였는데, 중국에서 활동하면서 중국식 이름인 잇키(一輝)로 개명했다. 이 이름은 한편으로 민중 봉기를 뜻하는 일본어 잇키(一揆)와 발음이 같다. 그의 개명은 혁명가 쑨원의 호(號)가 일본식 이름인 중산(中山: 나카야마)인 것과 쌍을 이룬다. 중국인인 쑨원은 일본에서 근대화를, 일본인인 기타 잇키는 중국에서 혁명을 꿈꾸는 법을 배웠다.

기타 잇키는 그를 존경하는 과격파 청년들 덕에 풍요롭게 살았다. 처자식과 하녀, 운전사까지 7명을 먹여 살렸는데 비결은 협박이었다. 그의 말이라면 지옥에라도 뛰어들 청년들이 얼마든지 정치인과 재벌 총수를 암살할 수 있었다. 그래서 일본의 부유한 유력자들은 기타 잇키에게 일종의 세금을 상납했다. 그는 열혈 청년들과 장교들을 배후에서 조종하고, 자신의 생각이 담긴 조잡한 유인물을 뿌리며 일본 정치에 적잖은 영향을 끼쳤다. 조선의 아나키스트 운동가 박열(朴烈, 1902-1974)이 체포되면서 그와 교류한 사실이 드러나기 전까지 기타 잇키는 베일에 덮인 인물이었다. 대체로 사상가란 자기 사상만큼 도덕적인 삶을 살지 못하는 법이다. 인생의 흠결로 사상을 평가한다면 예수님과 부처님을 제외하고는 그물질을 벗어날 인물이 거의 없을 것이다.

그렇다면 기타 잇키의 사상이란 무엇인가? 그는 사회주의자 겸 전체주의자, 극좌사상가 겸 극우주의자, 민중혁명가 겸 천황제 신봉자다. 기타 잇키의 사상은 복잡하다. 그는 본질적인 모순과 오류를 적당히 봉합하고, 마치 완결되고 체계적인 사상인 척하느라 봉제선과 덧댄 천이 많은 누더기를 만들어야만 했다. 철학자 헤겔의 사상이 길고 복잡한 이유와 비슷하다. 절대정신, 역사의 간지(奸智)처럼 실체를 물증으로 내놓을 수 없는 개념의 존재를 증명하려면 말이 길어져야 한다. 반면 헤겔이 말한 정신을 물질적 조건으로 치환한 '거꾸로 선 헤겔' 마르크스의 주저 《자본론》은 논리 전개가 훨씬 명확하다.

어떻게 민중을 위한 사회주의 혁명이, 천황제를 믿어 의심치 않는 군인들의 쿠데타로 이루어져야 하는가? 기타 잇키는 신해혁명의 성공에 감동했고 실패에 좌절했다. 신해혁명의 성과는 난립한 군벌들의 무력에 의해 무기한 보류되었다. 여기서 기타 잇키는 혁명이 잘 무장한 군대의 힘과 함께 이루어지지 않으면 성공할 수 없다는 결론에 다다랐다. 조선 농민이 민란을 일으키고, 일본 농민이 잇키를 일으키던 전근대에 농민의 무기와 관군의 무기 사이엔 격차가 크지 않았다. 충분한 머릿수와 저항심을 확보하면 죽창, 낫, 곡괭이, 죽궁(竹弓, 대나무 활)으로 검과 창, 조총(鳥銃)에 맞설 수 있다. 근대화된 이후로는 불가능하다. 관군이 기관총과 대포와 같은 고급 무기체계를 독점하기 때문이다. 그러므로 기타 잇키는 혁명에 성공하기 위해 젊은 황도파 장교들이 필요했다. 이 지점에서 그의 사상은 민중을 위해 존재하지만 민중에 의해 실현될 수 없는 모순에 빠진다. 그는 결과주의자였다. 과정이 모순적일지라도 빠르고 확실하게 모두가 잘 먹고 잘사는 결과가 도출된다면 문제없었다.

기타 잇키의 사상에서 이상향은 '개미 왕국'이다. 기타 잇키는 천황을 인간의 지위로 내렸다. 인간이되 가장 높은 인간이면서, 다른 인간을 위해 살아가는 기능적인 존재다. 즉, 일본은 개미굴, 일본인은 개미, 천황은 여왕개미, 군인은 병정개미인 세상이다. 모두가 집단의 소유물이며, 다른 개미를 위해 존재한다. 그래서 기타 잇키의 사상은 조선인도 차별하지 않는다. 일개미 사이에 계급이 있어선 안 되기 때문이다. '모두가 일하고 모두가 분배받는' 일사불란한 사회를 해치는 존재들이 있다. 일은 하지 않고 먹기만 하는 개미거나, 개미로 위장해 기생하는 다른 곤충이다. 바로 군부와 재벌 기득권이었다.

황도파 장교들은 그들대로 기타 잇키만큼 완벽한 정신적 탈출구를 찾기 힘들었다. 그들은 어려서부터 천황제일주의를 교육받았다. 천황에 대한 충성심은 흔들림 없었지만, 일본의 현실에 대해서는 분노했다. 당시 일본은 농촌의 인구가 도시보다 많았다. 순혈이 되지 못하는 대부분의 장교들은 농촌 출신이었다. 그들은 농촌에서 지주나 사족(士族, 사무라이 집안)의 아들로 태어나 군대에서 일반 농민의 아들, 도시의 노동계층 자제로 구성된 사병들에게 일본 민중의 삶이 얼마나 고되고 모순적인지 전해 들었다. 일본 민중의 삶은 엉망이었다. 사병의 부모들은 고된 노동에도 굶기 일쑤였고 자라면서 누이가 팔려가는 모습을 본 경우도 허다했다. 이들은 일본제국을 뿌리부터 뜯어고치기 위해 기타 잇키의 지령에 따라 약 1,500명으로 구성된 '결기(決起, 떨쳐 일어남)부대'를 결성했다. 그들의 목표는 메이지 유신보다 순수한 '쇼와 유신' 그리고 '존황토막(尊皇討幕, 천황을 받들고 막부를 토벌함)'을 대신한 '존황토간(尊皇討奸, 천황을 받들고 간신을 토벌함)'이었다.

2월 26일 새벽, 결기부대는 도쿄에 진입해 전 총리, 전 조선 총독, 장관 등 거물급 인사 9명을 암살하고 주요 정부 청사를 장악했으며, 전기를 끊어 도쿄를 암흑천지로 만들었다. 쿠데타는 멋지게 성공했다. 단, 불과 4일간만 성공했다. 천황이 결기부대의 '결기'에 분노했기 때문이다. 결기부대는 자신들이 천황을 사랑하는 만큼 천황도 그들을 총애할 줄 알았다. 다른 가능성은 생각지 못했다. 그들은 메이지 유신 전 조슈 번사들이 천황을 납치하려 했을 때처럼, 자신의 감정이 진리임을 믿어 의심치 않았다. 그들은 성공과 동시에 위기에 빠졌다.

사실 조금만 생각해보면 천황의 분노는 당연하다. 어차피 일본은 막부의 나라였다가 명목상 천황의 나라일 뿐, 실제로는 군부의 나라가 되었다. 쿠데타를 승인하면 이번에는 기타 잇키와 황도파의 나라가 될 것이다. 천황의 입장에서는 '토막'이나 '토간'이나 다를 바 없다. 오히려 기존 군부는 충분히 경험해본 만큼 천황에게는 익숙한 신하였다. 그에 반해 황도파는 무슨 짓을 저지를지 모르는 위험한 신하다. 천황이 쿠데타 승인을 거부하자 젊은 장교들과 함께하기로 했던 육군 장성들은 주동자들을 배신하고 몸을 숨겼다. 천황은 해군에 쿠데타 진압 명령을 내렸다.

쿠데타 4일째 되는 날, 해군 육전대(陸戰隊)가 도쿄에 진입해 결기부대와 치열한 시가전을 벌였다. 결기부대는 지지를 약속한 고위공직자들을 찾아다녔으나 얼굴을 내미는 사람은 없었다. 육전대와의 싸움에서 한계에 몰리자 결기부대를 이끌던 두 명의 장교가 자결을 시도했다. 그중 한 명은 안도 데루조(安藤輝三, 1905-1936) 대위였다. 그는 부하들에게 투항하라고 권유한 뒤 자신의 목을 향해 권총 방아쇠를 당겼다(즉사하는 데 실패하고 후에 사형당했다). 안도 데루조는 자결을 말리는 부하에게 이렇게 말했다. "마에지마, 자네는 전에 이 중대장을 혼낸 적이 있지. 중대장님, 언제 궐기하는 거냐고 말이야. 이대로 두면 농촌은 구할 수 없다면서. 농민은 구하지 못하고 말았네." 다른 부하들에게는 이렇게 말했다. "자네들은 '유신'을 계속하라."*

* 안도 데루조에 관해서는 일본 국회도서관 헌정자료실의 〈安藤輝三関係文書目録〉과 1인 미디어로 '쇼와 유신'을 추적하는 〈昭和·私の記憶『二·二六事件』〉(https://blog.goo.ne.jp/ryurakushi) 등을 참조하였다.

살아남은 주동자들은 체포되거나 항복했다. 이들의 운명은 비슷한 행동을 벌였던 이전에 비해 사뭇 달랐다. 극형이 내려졌기 때문이다. 그전까지 군인의 '혈기'는 사후적으로 인정받았지만 이번에는 아니었다. 사건 관련자 중 19명이 사형판결을 받고 처형되었다. 무기징역과 10년 이상의 징역형이 각각 7명, 6년 이하의 징역형이 22명에 달했다. 기타 잇키 역시 그들 중 하나로 함께 형장의 이슬로 사라졌다. 통제파는 살아남기 위해 언제든 한 번은 황도파를 확실히 짓밟아놓을 필요가 있었던 것이다.

2·26사건을 오해하면 안 된다. 직관적으로 보면 이 사건은 아무리 일본이 총칼을 들고 일어난 젊은 혈기를 참아주는 지사 문화에 젖어 있었다고 하더라도 2·26사건처럼 과격한 행동은 도무지 참고 넘어갈 수 없었던 것으로 보인다. 실상은 반대다. 과격한 세력을 더 과격한 세력이 진압하고 일본을 완전히 거머쥔 사건이다. 그 바탕에는 순수성 투쟁이 있다. 통제파는 황도파와 경쟁하면서 살아남기 위해, 그들 자신도 순수해져야 했다. 순수함의 결론은 '고도국방국가(高度國防國家)'*였다. 일본을 위해 전쟁이 있는 것이 아니라, 전쟁을 위해 일본이 존재하는 체제다. 황도파의 사상이 사회주의적 파시즘이라면 통제파의 그것은 순수한 파시즘이었다. 광기와 광기의 대결은 보통 더 심한 광기의 승리로 끝나는 법이다.

통제파의 승리로 일본은 완벽한 군부독재 국가가 되었다. 현역 군인들이 정부의 요직을 겸직했다. 숙청에서 살아남은 황도파는 대거 좌천되어 관동군에 편입되었다. 2·26은 실패했으

---

* 국민과 국가의 모든 요소가 전쟁수행력을 최고도로 발휘하도록 조직되고 통제되는 국가체제.

면서도 성공한 쿠데타다. 첫째, 일본의 군국주의를 완성했다. 둘째, 실패와 죽음이야말로 유신의 관념에 꼭 들어맞는 낭만이었다. 관동군이 된 황도파 장교들은 만주군 소속 조선인들에게 기타 잇키의 사상과 2·26사건을 열심히 설명했다. 실패한 거사는 그들에게 낭만적인 전설이 되었다. 전설을 전해 들은 조선인 중에는 훗날 한국의 대통령이 되는 박정희도 있었다.

이제부터 통제파와 황도파의 구분은 의미가 없어진다. 세이난전쟁이 끝난 후 승자인 조슈와 패자인 사쓰마가 함께했듯이, 통제파와 황도파는 순수함으로 하나가 되었다. 이후 본격적으로 전개되는 중일전쟁과 태평양전쟁은 순수한 폭력, 파괴적인 폭력의 순수성이 낳은 산물이다.

광기를 밀어낸 광기

중국에는 '장강후랑추전랑(長江後浪推前浪)'이라는 표현이 있다. 양자강의 뒷물이 앞물을 밀어낸다는 뜻으로, 무협지에서 젊은 영웅이 등장해 유명한 고수를 혼쭐낼 때 즐겨 쓰는 표현이다. 물론 그 표현을 자신을 포장하는 데 직접 사용하는 녀석은 틀림없이 실력이나 정신상태가 안 좋아서 제 명을 재촉한다. 중국에 간 일본 군인들이 딱 그러했다.

만주사변을 일으킨 이시와라 간지는 승승장구했다. 그런데 그는 독단적인 외국 침공으로 모험주의 열풍을 일으켜놓고서, 정작 만주국을 세운 후로는 모든 아시아인을 사랑하고 있었다. 그는 종교체험을 하면서 일본에서 일어난 광채가 만주로 향하는 것만 봤지, 중국이나 몽골에도 가는 건 보지 못했기 때문이다. 더 구체적으로 설명하면, 1966년까지 아시아가 일본을 중심으로 단결해 미국이 이끄는 서구와 대결할 준비를 마치려면 서로 싸워선 곤란했다. 그러면 아시아 전체의 역량이 소진되고 시간도 너무 오래 걸린다. 서로 신뢰하는 끈끈한 사이가되어야 한다. 그래서 이시와라 간지는 조선도 독립시켜서 일본의 맹우(盟友, 굳은 친구)가 되게끔 해야 한다고 주장했다.

젊은 장교들은 이시와라 간지가 저지른 모험에나 관심이있었지, 그의 종교적 신념에 교화받고 싶지는 않았다. 이시와라간지는 중국과 전쟁이 벌어지려고 할 때마다 양국 사이를 중재하고 친선을 도모하며 젊은 군인들의 가슴을 답답하게 했다. 1936년, 관동군의 젊은 장교들이 몽골 기병 전사들을 사주해내몽골 지역을 침략하는 사고를 쳤다. 당연히 상부의 명령이나허가 따위는 없었다. 그러다 한없이 얕보던 중국 국민당군에게한 방 얻어맞는 수모를 당했다. 이때 장교들을 말리기 위해 일본은 이시와라 간지를 급파했다. 설마 관동군이 자신들의 영웅이 내리는 명령을 거부할 거라고 상상하긴 힘들었다. 하지만 그는 당시 대좌(大佐)*였던 무토 아키라(武藤章, 1892-1948)에게서"각하께서 하신 일을 그대로 따라할 뿐입니다."라는 무례한 말을 들었다. 주변에 있던 장교들이 폭소했다. 장군 각하께서 부하들에게 아무렇지도 않게 바보 취급을 받은 것이다. 젊은 광기가 늙은 광기를 밀어내는 현장이었다고 할 수 있겠다. 상황이 이렇다 보니 다음 해인 1937년 벌어지는 중일전쟁을 막을수 있는 건 아무것도 없었다.

중일전쟁은 루거우차오(蘆溝橋)사건으로 시작된다. 베이징근처에는 일본의 지나(支那) 주둔군 5,600명이 있었는데, 중국

* 현재의 대령.

에는 눈엣가시였다. 루거우차오는 이들과 베이징을 잇는 관문에 해당하는 다리이자, 중세의 모험가 마르코 폴로도 언급한 적이 있는 유서 깊은 문화재다. 1937년 7월 6일, 일본군은 늘 하던 짓을 했다. 외국 관할 지역에 예고 없이 들어가 도발을 하는 행위다. 500명의 일본군이 루거우차오 근처에서 사격 연습을 했다. 중국의 국민혁명군 병력도 이에 맞불을 놓았다. 양측 병력은 다리를 사이에 놓고 대치했다. 그러다가 7월 7일 새벽, 한 일본군 병사가 사라지는 사건이 일어났다. 일본군은 당연히 병사를 찾기 위해 분주했다. 문제의 병사가 20분 후에 돌아왔음에도 수색은 계속되었다. 해당 병사는 영문도 모른 채 다름 아닌 자기 자신을 찾기 위해 뛰어다녔다.

문제의 병사는 무엇을 했단 말인가. 똥을 누고 왔다는 게 통설이다. 그런데 사실 병사가 무엇을 했는지는 끝까지 밝혀지지 않았다. 그것도 이후에 벌어진 전투에서 영웅적으로 싸운 병사의 '명예'를 위해 은폐되었다. 그래서 매춘을 하러 갔다가 돌아왔다는 설도 있고, 중국 상인과 불법적인 밀매를 하지 않았을까 하는 이야기도 있다. 중요한 건 그가 잠시 사라졌다 제대로 돌아왔다는 것이다. 하지만 일본군은 중국군이 아군 병사를 납치하거나 살해했기를 바라는 기대에 흠뻑 취했다. 전쟁은 좋은 것이니 말이다. 마침 해당 병사가 소속된 부대의 연대장이 그 유명한 무타구치 렌야(牟田口廉也, 1888-1966)였다. 그는 기쁨에 겨워 "중국군이 납치한 것이 분명하다."며 당연하다는 듯이 독단적으로 부대를 이끌고 관할지를 넘어 루거우차오를 무단 점거했다.

이미 국경을 넘었으므로 후퇴는 없었다. 자랑스러운 황군에게는 오직 전진뿐이었다. 중일전쟁이 시작된 이유다. 이번에

202

도 조선 주둔군이 일본 본토의 명령과는 상관없이 압록강을 넘어 관동군에 합류했음은 물론이다. 이렇게 보면 중일전쟁이 똥(혹은 매춘이나 밀매)으로 시작된 것처럼 보이지만, 아니다. 어차피 시작될 운명에 똥이 소품으로 끼어들었을 뿐이다. 이때 관동군의 헌병 사령관이었던 도조 히데키(東條英機, 1884-1948)는 '뒤는 관동군이 받쳐주겠다.'면서 전면전을 외쳤다. 그는 "2개 여단을 편성해 보내주겠다."며 무타구치 렌야의 등을 떠밀었다. 이때 육군대신이었던 스기야마 하지메(杉山元, 1880-1945)는 도조 히데키의 의견에 토를 달며, 2개 여단 대신 3개 여단을 편성해주었다. 자칭 '전쟁의 신'이자 당시 관동군의 작전 참모였던 쓰지 마사노부(辻政信, 1902-1961)는 무타구치 렌야를 찾아가 감격해 소리쳤다. "마음껏 때려 부숴주십시오!"

우리의 불쌍한 이시와라 간지의 마음만 새카맣게 타들어갔다. 서양의 일원인 러시아와 싸워야 할 판에, 아시아의 친구인 중국과의 전면전이라니. 그는 전면전을 말리다가 도조 히데키와 그를 지지하는 군부에 찍혀 좌천당하고 말았다. 이때부터 이시와라 간지는 전보다 훨씬 진지한 종교인이 되어 강연과 저술에 힘쓰게 된다. 군인으로서는 더 할 일이 없었던 때문이다. 그나저나 종교인보다는 현세에 강림한 신, 즉 천황의 마음이 더 중요했다. 쇼와 천황은 군부대신들에게 묻지 않을 수 없었다. 어째서 자신이 모르는 전쟁이 발발했는지. 스기야마 하지메는 천황 앞에서 이미 시작된 전쟁을 물릴 수는 없다고 선언했다. 그러면서 한 달이면 중국 전토를 정복할 테니 걱정하지 마시라며 천황을 위로했다. 일본 군부는 스기야마 하지메가 너무 낙관적이라며 냉정하게 분석하면 3개월은 걸릴 거라고 천황 앞에서 그를 나무랐다.

그로부터 4년 후, 스기야마 하지메는 쇼와 천황에게 어째서 아직도 중국이 정복되지 않았느냐는 질책을 들었다. 그렇게 유신은 중일전쟁, 아니 죽음의 길로 홀린 듯 빠져들었다. 태생부터 자살적인 유신의 숙명이었다. 중국을 정복하기 위해서는 돈과 자원이 필요했다. 자원을 확보하기 위해서는 동남아시아와 남아시아 그리고 태평양을 점령해야 했다. 마지막으로 이 목표를 달성하기 위해서는 태평양 지배권을 놓고 미국과 싸워야 했다. 일본은 전쟁을 위해 전쟁을 벌이고, 전쟁을 멈추기 위해서가 아니라 '유지'하거나 '확대'하기 위해 또 전쟁을 시작했다. 그 종착역은 필연적 죽음이었으므로, 이제 유신 자체가 된 일본은 죽음을 짝사랑하기 시작한다. 옥쇄, 반자이 돌격, 가미카제는 모두 사랑의 다른 이름이다.

임종

7

덴노 헤이카 반자이

난징학살과 전쟁 스포츠 '백 명 목 베기'

중일전쟁이 일어나기 한 해 전, 중국의 최고 실권자이자 국민당 수장 장제스는 공산당 박멸에 열을 올리고 있었다. 그는 동북지역을 잃고 자신의 휘하로 들어온 장쉐량에게 뒤통수를 맞을 거라는 상상은 전혀 하지 못했으리라. 장쉐량은 중국의 남아로서 '부저항'의 오명을 씻을 필요가 있었다. 어떤 대가를 치르고서라도 명예를 회복해야만 했다. 그는 아버지에게 "땅콩과 여자는 손닿는 곳에 있어야 한다."는 비범한 훈계를 들은 적이 있다. 손닿는 곳에 아편도 두고 살았던 장쉐량은 중국 역사에 죄를 지은 후로는 스스로의 힘으로 아편 중독에서 벗어났다. 장쉐량은 장제스가 시안(西安)을 방문했을 때 그를 납치해 감금해버렸다. 이 '시안사건'에서 장쉐량의 요구는 단순 명확했다. 죽임당할 것이냐, 공산당과 손을 잡고 일본에 대항할 것이냐.

　　장쉐량의 요구는 당시로서는 절실한 내용이었다. 어차피 국민당과 공산당은 신해혁명이 낳은 두 형제이고, 외적(일본)을 몰아낸 후 내전을 치르든 선거를 치르든 승부를 가르면 될 일이다. 장제스는 공산당 세력의 씨를 말리기 일보 직전이었지만 굴복할 수밖에 없었다. 이렇게 2차 국공합작(國共合作, 국민당과 공산당이 손을 잡음)이 성사되었다. 덕분에 장쉐량은 지금도 중화인민공화국의 영웅으로 대접받는다. 비록 패배한 국민당이 대만에 도망갈 때 장제스에게 끌려가 오래도록 가택연금을 당했지만 말이다. 어쨌거나 장쉐량은 멋지게 죄를 갚았고 전쟁을 시작한 일본에는 불운이었다.

일본의 불운은 계속됐다. 처음에 일본군은 중국 군대를 신나게 때려 부수며 장쾌하게 진격했다. 우리는 현재를 기준으로 당시의 일본군을 판단하기 때문에 이들을 괴상하고 후진적인 군대로 본다. 예컨대 군 복무를 한 한국 남성에게 제국시대 일본군은 거대한 정신병원처럼 보인다. 하지만 일본군은 어디까지나 미군과 소련군을 상대할 때처럼 '불리함을 극복하려 할 때' 정신병이 도졌다. 유리할 때는 정신적 문제에 시달릴 필요가 없었다. 일본군이 당시 아시아 전체에서 가장 우수한 군대였음은 두말할 나위 없는 사실이다. 일본군에 비해 중국 군벌의 군사적 수준은 마적 떼에 불과했다. 그러나 장제스의 정예병을 만나자 사정이 달라졌다.

장제스는 공산당을 없앤 다음 일본에 대항하기 위해 심혈을 기울여 신식 군대를 양성했다. 신식 정예군은 독일 장교를 초빙해 훈련받고 세련된 전술 교리를 익혔으며, 풍요로운 중국의 돈으로 무기의 질도 일본군보다 훌륭했다. 일본군의 기관포가 가벼운 소리를 낸 반면, 성능 좋은 국민당군의 기관포는 육중한 소리를 자랑했다는 증언이 있다. 상하이전투에서 독일식 사단은 철조망과 벙커를 설치하고 기관총 화망(火網)을 구축해 진격하는 일본군이 걸려들 때마다 막대한 피해를 입혔다. 일본군 3만 명은 헤어나올 수 없는 지옥에 빠졌다. 10만 명이 증파되었다. 그러나 사실 몇 명이 증파되어도 일본 육군의 전력 전체가 중국에서 소멸할 운명이 '결정'돼 있었다. 자랑스러운 대일본제국에 실패란 없으며, 실패를 받아들일 수도 없기 때문이다. 2차 증원, 3차 증원으로 상하이 전역(戰域) 일대의 일본군은

30만여 명까지 늘어났다. 할 수만 있다면 일본은 아마 백만 명도 밀어넣었을 것이다.

이번에도 일본을 구한 것은 예상치 못한 행운이었다. 첫 번째 행운은 해군이었다. 원래 해군은 육군을 도와줄 생각 따위는 전혀 가지고 있지 않았다. 양측 모두 전쟁 확대에 미쳐 있었지만 확대의 방향이 달랐다. 육군은 러시아와 싸우자는 '북진(北進)'을 주장했다. 육군국인 러시아와 대규모 지상전을 치러야만 육군이 주인공이 된다. 해군은 태평양에서 영국, 미국과 싸우자는 '남진(南進)'을 밀어붙였다. 당연히 이유는 육군과 같다. 일본에 양면 전선을 펼칠 역량은 없었다. 사실 일본의 여력으로는 중국 침공은 물론이고 이제껏 일으켰던 만주사변, 러일전쟁, 청일전쟁, 건함 경쟁 모두 해서는 안 되는 모험이었다. 육군이 루거우차오사건으로 선수를 치고 중국 대륙 깊숙이 들어간 이상 해군은 주도권을 빼앗긴 상태였다. 그래서 해군은 이왕 시작된 중일전쟁에서 해군의 존재감을 제대로 보여주어야 육군의 주도권을 조금이나마 가져올 수 있다고 판단했다.

일본 해군은 혹시 육군이 승리할 경우를 대비해 중국 해안에 전함과 항공모함을 끌고가 육군을 지원했다. 육군만의 승리가 되어서는 안 되므로, 함포와 폭격으로 중국군의 머리 위에 대량의 폭탄을 쏟아부었다. 덕분에 육군은 느리지만 조금씩 진격할 수 있었다. 그러나 진격은 아무 의미도 없었다. 중국군은 일본군이 진격하게 내버려둔 다음, 진격이 멈추면 그림처럼 일본군 부대를 포위 섬멸했다. 일본인이 정신력만큼은 가장 뛰어나다는 일본의 환상도 현실의 벽에 튕겨 나갔다. 중국군의 항일 의지는 대단했다. 당연하다. 제국주의시대 일본인들만 모르는 사실이지만 어느 나라 국민이나 외적이 쳐들어오면 분노해 목숨을 건다. 전시 최고지휘본부인 대본영(大本營)에서 그만 멈추라는 지시가 내려왔지만, 현지의 일본군은 멈추지 않았다.

진정한 행운의 이름은 다름 아닌 장제스였다. 장제스는 자신의 군대가 일본군을 압도하자 비이성적인 흥분상태에 빠졌다. 이대로라면 역사에 길이 남을 몇 명의 중국 영웅 목록에 자신의 이름이 올라갈 예정이었다. 중국 땅에서 일본의 운명을 끝장내고 만주까지 수복할 기회였다. 장제스는 하루라도 빨리 꿈을 이루고 싶어 가용할 수 있는 모든 병력을 상하이 전역에 몰아넣었다. 그는 권위주의적인 독재자였다. 아무도 그의 의지를 말릴 수 없었다. 전근대 전투에서는 병력이 밀집해야 힘을 발휘한다. 전근대 보병은 어깨를 붙이고 다닥다닥 붙어서 전열을 지킨다. 기병도 적군에 충격을 주고자 할 때 무리지어 돌격한다. 반대로 현대전에서는 소총수 한 명이 전근대 보병 수십 명 이상의 전투력을 총구에서 뿜어낸다. 그러므로 밀집할 필요도 없거니와, 밀집해서도 안 된다. 적의 무기에 단박에 몰살당하기 때문이다. 간단히 말해 방패를 거북의 등껍질처럼 두른 로마군 백인대(百人隊)는 게르만족 전사 1만 명을 상대할 수 있지만, 현대 보병이 던지는 수류탄 한 방이나 기관총 한 정의 10여 초 사격으로 몰살당한다.

장제스는 군인보다는 정치인에 가까운 인물이지만, 군사적 식견이 엉망진창은 아니었다. 그는 신식 군사교육을 받았고 나쁘지 않게 전투를 지휘한 경험도 있다. 그러니 상하이에서의 심각한 전략적 오판은 귀신에 홀린 것이라고 볼 수밖에 없다. 그는 무려 70-80만 명의 대병력을 한 곳에 밀어넣었다. 이 중에는 독일식 정예병 30만이 포함되어 있었지만, 정예군이 후진적인 아군과 뒤섞이면 전체의 수준은 반드시 후자 수준 이하로 하락하게 돼 있다. 마치 집단자살처럼 일본군의 포탄 한 발에 중국군 1개 대대가 사라지는 참사가 이어졌다. 중국군은 움직임이 둔해지고 지휘, 통신 체계마저 붕괴한 채 일방적으로 학살당했다. 장제스의 중앙군은 10-20만 명의 전사자를 내며 궤멸했다. 그의 보물인 독일식 사단도 함께 증발했다.* 정신을 차려보니 장제스의 수중에 일본군을 저지할 수 있는 건 남아 있지 않았다. 그는 수도 난징(南京)을 비우고 충칭(重慶)을 임시 수도로 삼아 퇴각했다.

이번에도 과격함이 승리했다. 상식을 무시하고 무조건 진격한 데다가 세 차례나 병력을 증파해 밀어붙였더니 적국의 수도를 함락했다. 일본은 지금껏 몇 번의 전쟁을 치렀지만 상대국가의 수도를 손에 쥐기는 처음이었다. 장제스가 자멸하기로 작정하기까지 일본군이 저지른 실수들은 모두 잊혔다. 오히려 실수는 하늘이 승리를 가져다주는 성스러운 제사의 한 아이템 같았다. 그리고 일본군에 의한 난징대학살이 시작되었다.

일본의 전쟁 명분은 '대동아공영권**의 신질서 구축을 이해하지 못하는 장제스의 반성을 촉구하기 위한 성전'이었다. 곱씹을수록 혼란스러운 말이다. 아니 그럼, 장제스가 반성문을 써서 제출하기라도 하면 군대를 철수하겠다는 말인가. 그게 아니면 장제스는 지옥에 가야 비로소 반성할 것이므로 죽여 없앰으로써 대동아공영을 이룩한다고 하자. 그러면 대동아공영의 한 가족인 중국인과는 잘 지내야 한다. 물론 일본군은 그럴 생각이 없었다. 일본군은 얕보던 중국 군대에 지나치게 고생하기도 했

* 30개 사단 중 27개 사단이 사라졌다.
** '동아시아와 동남아시아가 함께 번영하는 권역'을 뜻하는 말로, 일본 제국주의의 프로파간다였다.

거니와, 자존심에 큰 상처를 입었다. 일본인보다 우수한 아시아인은 존재할 수 없기 때문이었다. 그들에게 중국인은 동물과 인간 사이의 존재였다. 믿음과 현실이 충돌할 때 광신도는 믿음을 교정하지 않고 현실을 믿음에 끼워 맞춘다. 일본군은 '중국인은 마음껏 죽여도 되는 존재'라는 믿음을 증명하기 위해 마음껏 죽였다.

이 책에서 난징대학살을 구체적으로 설명할 마음은 없다. 다만 한 가지 특이한 점은 일본의 추축국 동맹이었던 나치독일과의 차이점이다. 나치는 파시즘 폭력의 대명사로 불리지만 최고봉으로 평가되진 않는다. 이 분야에서 일본제국을 넘어서는 체제는 역사상 존재한 적이 없다. 아프리카의 몇몇 악명 높은 독재자들의 경우 본인이 개인적으로 정상인이 못 되는 경우다. 북한의 폭력은 대부분 내부단속을 위해 자국민을 대상으로 하지, 외부세계 사람들을 대상으로 대규모로 자행된 적은 없다. 만약 파룬궁(法輪功), 위구르, 티베트에 대한 중국 공산당의 탄압을 내부단속이 아니라 체제-민족 바깥을 향한 폭력이라 간주한다면, 현재의 중국이 일본제국의 폭력에 가장 근접한 수준일 것이다. 독일인 대다수는 나치가 저지른 가공할 폭력의 현장과 분리되어 있었다. 전쟁이 끝난 후 연합군은 독일 시민들을 홀로코스트 현장에 안내했다. 일종의 나들이라고 생각한 시민들의 표정은 밝았다. 그러나 현장의 참상을 목격한 후 울음을 터뜨렸으며 실신하는 사람들이 속출했다. 그들은 정말로 실상을 몰랐다. 나치는 '인종청소'를 담당하는 조직을 일반 부대와 분리해 따로 운영했다. 대표적인 조직이 나치 친위대인 SS 소속의 아인자츠그루펜(Einsatzgruppen)이다.

일본제국군이 나치와 다른 점은 일반 부대가 전투는 물론 학살과 강간까지 광범위하게 저질렀으며, 그 과정 역시 자연스럽고 동시다발적이었다는 사실이다. 군인뿐 아니라 민간 대중도 적극적으로 폭력에 참여했다. 난징대학살 당시 일본에서 가장 히트를 친 뉴스는 두 일본군 장교의 대결이었다. 무카이 도시아키(向井敏明, 1912-1948)와 노다 쓰요시(野田毅, 1912-1948)는 누가 먼저 100명의 중국인을 베는지 시합했다. 이 사건은 일본 신문*에 '100인 참수 경쟁(百人斬り競爭)'이라는 이름의 '스포츠'로 대서특필되었다. 일본 국민은 신문지면을 통해 '무카이 89:78 노다', '무카이 106:105 노다'와 같은 실시간 점수 현황을 즐겼다. 두 장교는 패전 후 난징에서 같은 날 처형되었다.

'신종 전쟁 스포츠'를 취재한 일본 기자는 나중에 전투 중에 이룬 전과인 줄 알았다며 허탈해했다. 실제 기사에서도 그런 식으로 소개되었다. 하지만 기자를 포함한 일본인들이 바보천치가 아닌 한, 기관총탄과 포탄이 난무하는 전장에서 칼 한 자루 뽑아 들고 적 진지에 뛰어들어 수십 명씩 베어 넘긴다는 허무맹랑한 이야기를 믿을 리가 없다. 기자의 말은 막연한 진심인 동시에 잠재적인 거짓일 것이다. 민간인 학살인 줄 몰랐다는 말은 핑계가 될 수 없다.

전쟁이 나면 '백 명 베기' 경쟁 따위를 저지르는 인간들은 어느 군대에서나 나오기 마련이다. 하지만 마치 스포츠 시합처럼 소개되어 대중의 응원을 받는 건 전혀 다른 차원의 일이다. 학살 현장에 있었던 독일 지멘스 사 직원이자 열렬한 나치 신봉자였던 욘 라베(John Heinrich Detlef Rabe, 1882-1950)는 중국인들을 구하기 위해 '민간인 안전구역'을 만들었다. 나치 당

* 현재의 아사히신문과 마이니치신문.

원의 눈에도 견딜 수 없는 학살극이었던 것이다. 이러한 이유로 미국은 도쿄 대공습과 원자폭탄 투하를 결정할 때 일본의 민간인을 '일반적인 민간인'으로 판단하지 않았다. 다시 말하지만 나는 일본인이 태생부터 잘못된 민족이라는 주장을 하려는 게 아니다. 대부분의 일본 민중은 처음에는 유신에 고통받았을 뿐이다. 그들은 가해자가 된 피해자다. 일본인들은 인간 세상에 출현한 괴수에 저항하기도 하고 짓밟히기도 하다가, 어느 순간 동화되어 괴수의 발톱, 이빨, 혹은 비늘의 한 조각이 되었다. 괴수의 몸체는 점점 커진다. 한계를 이기지 못하고 부풀어 터질 때까지.

일본의 늪이 된 중국

장제스는 충칭으로 피난 가면서 선언하듯 말했다. "공간은 내준다. 그러나 시간은 우리 편이다." 그렇다, 중국은 땅이 넓고 인구도 많다. 일본은 점과 선을 확보할 수 있었을 뿐 면은 차지할 수 없었다. 점은 도시, 선은 도로와 철도다. 그러나 진짜 중국은 강산과 농경지 그리고 농민이었다. 장제스와 국민당은 공산당에게 배운 수법을 일본군에 그대로 되돌려주었다. 바로 게릴라전이었다. 일본은 늪에 빠졌다. 이 경우 일반적인 집단이라면 어떻게 늪에서 빠져나올지를 고민하지만, 일본은 어떡하면 늪에 더 깊숙이 빨려 들어갈까를 궁리했다. 그렇게 1938년 4월 국가총동원법(國家總動員法)이 시행된다.

국가총동원법은 모든 인적, 물적 자원을 국가가 통제하는 법이다. 이 법을 무기로 일본 군부는 국민의 생명과 재산을 마음껏 처분할 수 있었으며, 노동쟁의를 포함해 모든 쟁의가 부정되었다. 이때 나온 슬로건이 거국일치(擧國一致, 온 나라가 하나로 뭉침), 진충보국(盡忠保國, 충성을 다해 나라를 지킴)이다. 국가총동원법 아래에서 일본과 식민지 민중들은 진액까지 짜이고 말았다.

중국 전선의 일본군들은 현대전의 상식과 반대로 행동했다. 전근대 군대의 사정을 생각해보자. 전통적인 4대 전쟁범죄인 살인, 약탈, 강간, 방화는 그 도덕성 여부를 떠나 나름의 이유가 있다. 전근대의 교통과 생산력으로는 현대전에 해당하는 보급이 매우 어려웠으며, 보급선을 유지하더라도 아군의 전투현장에 투입하는 물자가 부족했다. 약탈 없이 원정을 계속하기란 불가능에 가까웠다. 약탈하지 않는다면 대부분의 군대는 굶어 죽어야 했다. 또한 근대민족국가라는 개념이 형성되기 전에는 애국심이라는 감정이 희박했다. 지휘관이 병사들에게 전투에서 싸워 이길 동기를 마련해주기 위해 개인적인 약탈을 허용할 필요성이 있었다. 강간은 개인적 약탈의 가장 추악하고 범죄적인 형태다. 이 약탈과 강간 과정에서 다방면으로 살인이 일어난다. 물론 상대편 남성들이 전사로 변신해 복수할 가능성을 없애거나 공포를 확산시키기 위해서도 학살을 자행한다. 방화는 이상의 모든 것과 연결되어 있다. 불을 붙이면 죽이거나 강간할 민간인이 귀중품을 들고 알아서 뛰쳐나오니 힘들게 하나씩 수색할 필요가 없어진다.

현대전은 다르다. 연료와 실탄, 식량을 포함한 온갖 물자의 보급이 곧 군대의 생명이며, 보급선 유지에 승패가 달려 있다. 더욱이 군대가 대규모로 빠르게, 여러 경로로 진격하기 때문에 보급선은 변화무쌍한 아군의 움직임을 긴급히 쫓아가야 한다. 그렇지 못하면 더 이상 진격할 수 없는 공세종말점을 맞게 된다. 전적으로 아군의 보급능력에 의존하기 때문에 민간에 대한 폭력은 불필요하다. 오히려 보급선을 안전하게 지키고 현지 민간인의 적개심을 줄이기 위해 노력해야 한다. 현지 민간인들은 군대만큼이나 현대적인 통신, 교통, 무기의 도움을 받아 언제든 적 게릴라로 변신할 수 있다. 그런 만큼 현대전에서는 민심 관리가 중요하다. 현대인의 평균적인 지적 수준은 퍽 높아서 폭력적인 외국 군대를 갈라진 땅속에서 솟아오른 괴물로 여기지 않는다. 당해도 참는 민족 같은 건 없다. 즉 현대전에서 군사(軍事) 다음은 민사(民事)다.

일본군은 반대로 행동했다. 중국 전선에서 삼광(三光)이라 불리는 행위가 군사교리로 채택되었다. 삼광이란 모두 죽여 없애는 살광(殺光), 모두 태워 없애는 소광(燒光), 모두 빼앗아 없애는 창광(搶光)을 합친 말이다. 일본군 내부에서는 신멸(燼滅, 남김없이 없앰) 작전이라고 불렸다. 일본군은 마주치는 수많은 중국인들을 잔인하게 고문, 강간하고 죽였다. 서양인도 아메리카와 아프리카 대륙에서 비슷한 짓을 한 적은 있다. 하지만 한중일은 다 같이 이름을 한자로 짓고 사서삼경과 '삼국지'와 같은 고전을 공유하는 사이라는 점에서 이 섬멸 작전은 유별나다. 다시 말하지만 일본인은 세계를 안팎으로 구분했다. 외국인을 바깥의 짐승으로 간주하는 관념은 일본의 전유물이었다. 일본군에 항복해도, 싸우다 잡혀도 잔인하게 유린당하다 죽는다면 답은 하나만 남는다. 최선을 다해 저항하다가 전사하는 편이 고통도 존엄성도 지키는 가장 합리적인 길이다. 인간은 싸워야 할 때 싸우는 법이다.

일본은 기꺼이 늪에 빠진 후 스스로 고립되었다. 미국과의 관계가 파탄에 이르렀다. 일본은 군축조약을 파기했을 뿐만 아니라 중국을 '혼자' 차지하려고 했다. 1차 세계대전의 단물을 빨아들인 두 나라는 태평양을 두고 갈등할 운명이 정해져 있었다. 하지만 일본의 입장에서는 미국과의 전쟁을 반드시 피해야 했다. 물론 일본에도 억지 명분은 있었다. 중국에 신질서를 수립한다는 핑계다. 하지만 누가 남의 나라에 맘대로 신질서를 수립해도 된단 말인가. 아시아는 아시아인들끼리 책임지겠다고 했지만, 그 논리대로라면 중국은 중국인이 책임질 일이다. 중국은 당연히 '일본보다 미국이 좋다.'고 천명했고, 미국은 일본과의 통상수호조약을 파기하고 중국을 지원하기 시작했다.

일본은 자원 수입의 대부분을 미국에 의존하고 있었다. 전쟁을 지속하려면 두 가지, 자원과 기술이 필요하다. 일본은 '독자적으로' 현대전, 그것도 전면전을 수행할 수 없는 나라였다. 일본은 석유, 고무, 철강 등 자원의 대부분을 미국으로부터 수입하고 있었다.* 공업 인프라가 완성되어 있지 않은 탓에 정밀기계와 같은 공업생산품도 미국을 위시한 서구에서 수입해야 했다. 일본은 청일전쟁부터 계속해서 안정된 공업 인프라를 확보하기 전에 전쟁을 일으키기를 반복해왔다. 태평양전쟁이 끝날 때까지도 일본의 주요 수출품은 비단과 직물이었다. 여기서 직물산업은 면화와 양모를 수입해 천과 의류로 만들어 되파는 형태였다. 메이지 유신 이후부터 쭉 개발도상국의 상태였으면서 전쟁을 벌여온 것이다. 이제는 중일전쟁을 지속하기 위해 자원을 확보하기 위한 또 다른 전쟁이 필요해졌다.

* 고무는 비행기 및 차량의 타이어와 내부 부품에 필요한 현대전의 필수품이다.

전쟁을 위한 전쟁

일본은 늪을 확장했다. 남방(태평양)이냐, 북방(소련)이냐. 이번에도 육군이 선수를 쳤고 그 주인공은 또다시 관동군이었다. 1939년 5월 11일, 80여 명의 몽골 기병이 국경을 넘어 만주국을 약탈했다. 통상적인 충돌이었다. 잊을 만하면 쳐들어와 약탈과 학살을 자행하는 관동군과 번번이 보복하기 위해 출동하던 몽골 전사들은 원수지간이었다. 그런데 이때 관동군의 작전참모는 쓰지 마사노부였다. 그는 일본 육군사관학교와 육군대학을 수석으로 졸업하고 천재로 추앙받던 인물이었다. 분명히 공부는 잘했을 것이다. 그런데 일본군은 교육기관에서 정신력 제일주의와 죽음에 대한 애착을 근간으로 한 전술 교리를 가르쳤다. 암기를 통해 수석을 차지한들 그걸로 현대전에 어울리는 군인이 될지는 미지수다. 쓰지 마사노부는 사령관과 부사령관의 서명을 날조해 항공 폭격 명령을 내렸다.* 전면전이었다. 몽골 전사들은 뒤로 물러나고 일본과 소련의 실력대결이 시작되었다. 할힌골(Khalkhin Gol)전투, 일본어로는 '노몬한사건(ノモンハン事件)이다.

현재 일본에서는 주로 쓰지 마사노부의 행위가 용인된 이유를 구시대적인 '인맥'으로 보는 경향이 있다. 학연과 지연에 얽매인 인간관계가 올바른 판단을 방해했다는 식으로 설명한다. 그렇지 않다. 쓰지 마사노부는 가장 과격했기에 가장 인정받았다. 천황조차 그의 독단에 분노했고 군 수뇌부에서는 '그놈'이 있는 한 전방에선 될 일도 안 된다는 말이 나돌았다. 소련과

---

* 정확히는 서류에 상관 대신 자신의 도장을 찍어 전쟁을 시작했다.

의 일전은 일본의 전쟁 수행능력에 치명타를 줄 것이니 제발 작전을 멈추라는 지시가 내려왔지만 '그놈'은 무시했다. 유신의 세계에서 상식은 광기를 이길 수 없다.

일본 육군이 독일군에서 차용한 교리 중 하나가 임무형 지휘체계(Auftragstaktik)다. 전장에서는 모든 것이 계획대로 이루어지지 않는다. 이때 상부의 명령에 따라 기계적으로 움직이다가는 전멸당할 수도 있고, 전술적 목표를 이루지 못할 수도 있다. 각 부대의 지휘관들은 전혀 예상치 못한 상황에 처하게 마련이다. 적은 살아서 움직이는 존재이기 때문이며, 전장은 평평한 장기판이 아니어서 날씨나 보급 등에서 다양한 돌발상황이 생길 수 있다. 이때 현장 지휘관이 재량권을 가지고 자체적인 판단을 내리는 것이 임무형 지휘체계다. 임무형 지휘체계는 일본에 건너와 '독단전행(獨斷專行, 독단으로 결정해 행동함)'이라는 말로 번역되었다. 그냥 말이 달라진 정도가 아니다. 유신의 정념이 기특해할 만한 혈기를 과시할 수 있다면, 어떤 짓을 저질러도 된다는 의미로 변질되었다. 임무형 지휘체계는 전쟁과 작전에 성공하기 위해 필요하다. 거꾸로 독단전행은 없는 전쟁과 작전을 만든다. 쓰지 마사노부는 독단전행의 장인이었다.

소련 주재 일본 무관은 동쪽으로 끝없이 이동하는 소련군 기갑 장비 행렬을 보고 큰일이 나겠다 싶어 관동군을 뜯어말렸다가, 하급자인 쓰지 마사노부에게 조용히 입 닫고 있으라는 협박을 당했다. 그는 협박에 굴하지 않고 일본 본토에 건너가서도 쓰지를 멈춰야 한다고 외쳤지만 묵살당했다. 쓰지 마사노부는 소련군과 싸우는 것은 '소 잡는 칼로 닭 잡는 격'이라며 자신만만했다. 정작 소 잡는 칼은 소련군이 들고나왔다. 소련의 공업 인프라와 생산력은 일본에 비할 수 없을 만큼 저변이 넓고

탄탄했다. 게다가 소련의 할힌골 전투 사령관은 2차대전 최고의 명장 중 하나인 게오르키 주코프(Гео́ргий Константи́нович Жу́ков, 1896-1974)였다. 소련군에게는 압도적인 질과 양의 화력과 장비 그리고 두 배가 넘는 병력이 있었다. 그에 반해 일본군은 기계를 두려워하지 않는 정신이 지배하는 육체가 있었다.

정신력을 발휘하는 건 좋다. 그러나 정신력은 어디까지나 승리와 생존을 위해 발휘되어야 한다. 일본군은 거꾸로 정신력을 증명하기 위해 죽고 패배했다. 수백 대의 소련 전차를 휘하 보병의 정신력으로 맞서다가 부하들을 살리기 위해 어쩔 수 없이 철수한 지휘관들은 관동군 내에서 의문사를 당했다. 쓰지 마사노부는 부하는 물론 상급자에게마저도 '근성'을 끝까지 지키지 못한 죄를 물어 죽음을 강요했다. 할힌골 전투의 승패는 처음부터 정해져 있었다.

쓰지 마사노부는 할힌골 전투 막바지에 천재다운 전술을 개발했다. 바로 '대전차 총검술'이다. 정상적인 보병은 기갑차량의 지원을 받지 못하는 상태에서 적 전차가 다가오면 후퇴하거나 우회한다. 쇳덩어리를 들이받기에 인간의 몸은 나약하기 때문이다. 정신력이 높고 강한 일본 보병은 전차에 맞서 총검술을 펼친다. 대전차 총검술이 아주 불가능한 건 아니다. 당시의 전차에는 관측병이 바깥 상황을 육안으로 확인하기 위한 창(총안, 銃眼)이 노출되어 있었다. 그 사이로 총검을 찔러넣어 전차병을 죽이면 된다는 얘기다. 전차 해치를 열고 수류탄을 넣는 방법도 있다. 다가오는 전차에 포복으로 접근해 궤도 밑에 폭탄을 깔고 전차와 함께 자폭하는 방법도 있다. 모두 가능하다. 하고 싶은 대로 하도록 적 전차가 내버려둔다면 말이다.

히틀러는 나치독일의 패망이 가까워오자 어린 소년들에게

대전차 무기인 판저파우스트(Panzerfaust)* 하나씩을 쥐어주고 연합군 전차를 상대하게 했다. 그런데 판저파우스트는 성능이 매우 우수해서 독일의 패망을 3년 늦췄다는 평가까지 받는 무기다. 히틀러의 광기가 아무리 심했다 한들 다 큰 어른들이 진지하게 대전차 총검술을 펼친 것에 비해서는 지극히 건전했다.

전투는 일본의 참패로 끝났다. 그러나 이토록 유리했던 소련군이 25,000여 명의 사상자를 냈다는 사실에 주목해야 한다. 일본군의 사상자는 20,000여 명이다. 일본군 장병 개개인의 수준은 소련군보다 훨씬 높았다. 인내심과 집중력, 정신력도 분명 강했다. 문제는 죽음에 대한 집착을 정신력의 한 종류로 착각했다는 데 있다. 정신력은 끝까지 살아남아 반격할 전력을 최대한 보존하기 위해 발휘되어야 한다. 일본군 전사자 대부분이 '맹목적'으로 죽었다는 사실을 상기해볼 때, 만약 일본군이 합리적으로 싸웠다면 장비와 병력의 열세를 뒤집고 전술사에 길이 남을 대단한 승리를 거머쥐었을 가능성이 크다.

할힌골전투는 일본과 소련 사이의 전면전이다. 그러나 일본은 이를 '노몬한사건'으로 축소하고 전투의 실상이 일반에 알려지는 일을 막았다. 일본 전쟁사가(戰爭史家)들은 일본군이 할힌골전투에서 아무 교훈을 얻지 못한 일을 안타까워한다. 21세기의 시각으로는 현대전이 어떤 것인지에 대한 교훈을 얻을 기회였으니 안타까울 만하다. 전투 결과 소련이 내부와 유럽의 사정이 급한 나머지 일본에 좋은 조건으로 조약을 체결해주기까지 했으니 정말 좋은 기회였다. 하지만 당시로 되돌아가보면 교훈이라니, 유신이 허용하지 않을 망발이다. 일본의 정신력이

---

* 독일제 대전차 화기로 바주카포의 일종.

서구의 물질에 패배했다는 불경한 사실은 부정되어야 한다. 그러므로 사실이 아니다.

사실이 부정되면 또 다른 사실이 창조된다. 소련은 힘들게 됐으니, 이제 미국과 한판 붙게 됐다. 잘된 일이다. '미국인은 사실 소련인보다 나약하기 때문이었다.' 일본 해군에게는 쌍수를 들고 환영할 사실이었다. 독일이 2차 세계대전을 일으키자 유럽 열강들은 다시 전쟁에 휘말려 들어갔다. 동남아시아와 태평양 일대는 무주공산이 되었다. 단 하나, 해양세력 미국이 버티고 있었다.

일본은 반드시 패배한다

1941년, 평균 연령 33세인 일본 최고의 인재 35명이 선발되어 총리실 산하로 집결했다. 이들의 모임을 '총력전 연구소'라 불렀다. 총력전 연구소는 여름 내내 미국과 전쟁을 벌인다는 가정 하에 모든 상황과 가능성을 고려하여 전쟁 결과를 예측했다. 몇 번을 계산해도 결론은 명백했다. 일본은 반드시 패배한다는 것이었다. 그러나 회의에 참석했던 도조 히데키는 젊은이들을 훈시했다.

— 연구에 대한 제군들의 노고가 크지만 실제 전쟁이란 것은 책상머리 회의와는 다르다. 러일전쟁도 모두 우리가 질 것이라고 했지만 결국 승리했다. 전쟁은 계획대로 되지 않는다. 제군들은 그 의외성을 고려하지 않았다.
— 책상머리 연습으로 나온 결론은 어디에서도 이야기하고 다

니지 말도록.*

총력전 연구소의 결론은 당연했다. 진주만 공습 당시, 미국과 일본의 GDP 차이는 12배였다. 무엇보다 무서운 것은 미국의 생산력이었다. 20세기 초중반의 미국은 '표준화된 끝없는 대량 생산'이라는 2차 산업혁명의 이상이 현세에 강림한 국가였다. 그럼에도 일본은 전쟁을 밀어붙였다. 그나마 대본영에서 가장 정상적인 생각을 한 인물은 군 통수권자인 천황이었다. 천황과 스기야마 하지메의 대화다.

— 일본과 미국 사이에 일(전쟁)이 터지면, 육군은 얼마 만에 정리할 수 있다고 확신하시오?
— 남쪽 방면만 말씀하시는 거라면 3개월 안에 정리할 수 있습니다.
— 그대는 지나사변 당시 육군대신이었소. 그때 그대가 사변 이후 우리 일본이 중국을 1개월 정도면 정리할 수 있다고 한 말을 짐은 아직 기억하오. 그렇지만 4년이나 질질 끌었고 아직도 정리하지 못했는데 도대체 어찌 된 일이오?

스기야마 하지메는 이때 벌벌 떨었지만 애써 용기를 냈다.

— 중국은 오지가 넓기에 예상만큼 수월하게 작전을 펴지 못했습니다. 하지만 폐하, 태평양은 도서(島嶼)지역이기 때문에 더 수월할 수 있습니다.

* 이성주, 《괴물로 변해가는 일본: 전쟁국가 일본의 광기》, 생각비행, 2016, pp.23-24.

— 뭐요? 중국의 오지가 넓다면 태평양은 더 넓소이다!*

스기야마 하지메는 감히 더는 대답하지 못하고 고개만 숙일 뿐
이었다. 확실히 천황의 권위는 대단했다. 하지만 '종교적' 권위
일 뿐이었다. 일본제국의 현실정치에서는 광기가 상식을 이겼
다. 천황이 납득하지 못했음에도 불구하고 미국과의 전쟁이 결
정되었다. 이 전쟁은 일본 육군의 입장에서 부르는 말로는 '남
방작전'으로, 동남아시아 육지 점령전을 뜻한다. 해군 중심으로
보자면 미국과의 태평양 제해권 싸움인 '태평양전쟁'이다. 그러
나 큰 틀에서는 결국 태평양전쟁에 수렴된다.

인도차이나 일대의 주인이었던 프랑스는 독일에 점령되어
본국이 괴뢰국이 되어 있었다. 오늘날의 인도네시아에 해당하
는 자바를 통치하던 네덜란드 역시 독일에 패해 나라가 없어져
버렸고, 버마(미얀마)와 말레이시아를 차지하고 있던 영국은
나치독일과의 싸움에 묶여 유럽 바깥에서는 별다른 힘을 쓰지
못했다. 추축국 동맹인 독일이 '아시아의 부동산 부자들'을 괴
롭히는 사이, 일본은 '빈집털이'를 하기로 했다.

일본에는 단기결전(短期決戰)이라는 사상이 있었다. 짧은
시간에 한 번의 승부로 전쟁의 승패를 정한다는 의미다. 그런
데 일본에 있어 단기결전은 선택지 중 하나가 아니었다. 단기
결전이어야만 했다. 메이지 유신 후 일본제국은 '해볼 만한 전
쟁'을 치른 적이 없다. 온 국력을 짜내어, 먼저 전쟁을 결행해,
힘이 모두 떨어지기 전에 가까스로 승리한다는 것이 제국주의
일본의 단기결전 개념이다. 실패하면 어떻게 하냐는 질문은 틀

* 한도 가즈토시 지음, 박현미 옮김,《쇼와사1》, 루비박스, 2010, p.356.

렸다. 애초에 실패를 두려워해서는 안 되기 때문이다. 전쟁을 꼭 해야만 하냐는 질문도 마찬가지다. 질문 자체에 전쟁에 대한 두려움이 있으니 안 된다. 단기결전이 성공하기 위해서는 상대가 자신의 계획대로 생각하고 움직여야 하는데, 분명히 그러할 것이다. 계획, 아니 희망은 다음과 같았다.

미국의 해군 자산이 가득 몰려 있는 진주만을 초토화하면 미국은 깜짝 놀라 일본에 유리한 강화를 맺어줄 것이다. 잘하면 통상금지 조치도 풀어줄지 모른다. 미국의 태평양 제해권을 싹 없애버리면 다시 복구할 때까지 무주공산이 된 동남아시아를 싹 먹어치우면 된다. 미국이 다시 함대를 복구한 후 덤빌 때 일본은 이미 동남아시아를 다 차지한 후 난공불락의 요새로 만들 것이다. 다만 어째서 미국이 협상 테이블에 나올 것인지가 문제다. 물론 일본은 정답을 알고 있었다. 나약한 미국인들에겐 근성(根性;곤조)이 없기 때문이다.

절대로 미국과 싸워선 안 된다는 사실을 알았던 일본인도 있다. 바로 진주만 공습을 설계한 야마모토 이소로쿠(山本五十六, 1884-1943)였다. 그는 미국에 질 것이라고 생각했지만 일본을 말릴 수는 없었다. 단지 충성과 최선을 다할 수 있었을 뿐이다. 그래서 그나마 약간의 승산이라도 있도록 판을 짰다.

1941년 12월 7일, 아름다운 해변과 테니스, 코카콜라가 있는, 모든 미군 장병이 꿈꾸는 근무지 진주만에 일본군의 공습이 들이닥쳤다. 선전포고는 없었다.* 워낙 평화로운 후방 근무지였던지라 공습이 시작되었는데도 미 해군은 육군이 파티라도 하는 줄 알았다. 육군은 육군대로 해군이 훈련을 무척 신나

* 공습 한 시간 뒤에 길고 애매모호하며 핵심적 내용이 생략된 선전포고문이 도착하긴 했다.

게 한다고 착각했다. 미국의 태평양 함대는 공습으로 완전히 파멸했다. 여기엔 두 가지 요인이 있다. 첫째, 미군의 여유만만이다. 일본의 공습은 너무나 예측 불가능한 사건이었다. 레이더가 무수히 많은 적기를 감지했지만 고장이거나 착오라고 생각했다. 두 번째는 일본군 비행기의 항속거리였다. 일본군 기체는 항속거리가 미군의 예상을 완전히 벗어날 정도로 뛰어났다.

일본의 공업생산 역량으로는 미국과 영국의 전투기를 상대할 기체를 생산할 수 없었다. 대신 환경의 한계 속에서 단점을 줄이는 대신 단점도 장점도 모두 극대화하는 천재적인 설계는 할 수 있다. 일본은 무게를 줄이고 또 줄여서 속도, 항속거리, 선회력*을 확보하는 대신 맷집이 약한 기체를 만들었다. 고장률이 높고, 기관포 몇 발만 맞아도 조종사가 살아남을 확률이 희박해지는 기묘한 물건이다. 명품인 동시에 불량품으로 싸우기로 작정한 것이다. 대표적인 기종이 천재 공학자 호리코시 지로(堀越二郎, 1903-1982)가 설계한 제로센(零戰)**이다. 거기에 목숨을 건 훈련을 통해 고도로 숙련된 조종사가 일본 전투기의 힘이었다. 인간의 위험과 고통에는 돈이 따로 들지 않으니까. 제로센과 일본 조종사들의 실력은 태평양전쟁 초기에 미군에게 충격으로 다가왔다. 그러나 일본의 예상과는 달리 미국인들은 충격을 받을지언정 공포에 떨지는 않았다.

미국인의 전쟁 의지와 분노는 대단했다. 그리고 '정신력'이야말로 일본인의 전유물이 아니었다. 야마모토 이소로쿠는 공

---

* 공중 전투에 있어 적기의 공격을 피하고 적기의 측면이나 후방을 포착하기 위해 얼마나 예리한 각도와 빠른 속도로 기체 방향을 돌릴 수 있는지의 정도.
** 정식 명칭은 '0식 함상전투기(零式艦上戰鬪機)'다.

습 후 인터뷰에서 "미국과의 휴전 조약을 준비할 것"이라고 밝혔다. 하지만 미 해군 제독 윌리엄 홀시(William Frederick Halsey Jr., 1882-1959)는 쑥대밭이 된 진주만에 입항한 후 이렇게 선언했다. "이 전쟁이 끝나기 전에 일본어는 지옥에서나 쓰는 언어가 되어 있을 것이다."

미국은 공습의 연기가 걷히기도 전에 일본을 지구상에서 지워버리겠다고 결심했다. 미국은 공습 바로 다음 날인 1941년 12월 8일 선전포고를 하고 2차 세계대전에 정식으로 참전했다. 미국의 젊은이들은 싸우고 싶어서 그야말로 '들끓었다'. 신체적인 문제로 입영을 거부당하자 자살한 미국 청년도 있었다. 일본에 유리한 조약을 맺을 희망 따위는 단 하루 만에 깨끗이 증발했다. 그렇다면 야마모토 이소로쿠의 예상과 미국의 의지에 따라 일본에는 멸망밖에는 남지 않은 게 된다.

지나치게 무리한 도전을 할 때, 인간은 누구나 실패를 예상한다. 나는 일본 역시도 잠재적으로는 파멸을 예상했을 뿐 아니라, 파멸에 탐미적으로 심취해 있었다고 본다. 일본의 마지막 조선 총독 미나미 지로(南次郎, 1874-1955)는 한국인에게 증오의 대상이다. 창씨개명(創氏改名), 한국어 사용 금지, 한국사 교육 금지 등 민족말살정책과 조선 청년들을 전쟁터로 내몬 일이 그가 총독으로 있을 때 시행되었다. 내선일체(內鮮一體, 일본과 조선은 한몸)라는 프로파간다는 이전부터 있었다. 하지만 내선일체는 미나미 지로가 총독일 때 본격적으로 심화되었다.

민족말살정책은 유신이 동원할 수 있는 물리적 자산이 한계에 다다르고 있었음을 보여준다. 그 물리적 자산이란 일본인의 피땀과 희생이다. 유신이 소진할 수 있는 모든 것을 소진하기 위해서는 일본인이 늘어나야 했다. 일본인은 유신에 의해 죽고 있었으므로, 이제 조선인이 일본인이 되어 숫자를 보태야 했다. 고통받던 일본인에게 남은 거의 유일한 마취제는 아시아에서 가장 우월한 민족이라는 관념이었다. 권리는 없고 유신을 위해 죽어야만 하는 의무만 생긴 조선인들도 창씨개명을 증오했지만, 고통을 정당화할 믿음이 흔들리게 된 일본인들 역시 분노했다. 그러나 조선인이든 일본인이든 '백성'의 의견은 중요치 않았다. 창씨개명이 일본이 조선을 병합한 후 32년 만에 갑자기, 진주만 폭격 전에 시행되었다는 사실은 유신이 이미 자신의 죽음을 준비하고 있었음을 보여준다. 일본은 본토에 더해 조선을 인신공양의 제물로 끌어들였던 것이다.

해방자에서 침략군으로

일본은 홍콩, 인도차이나, 필리핀, 동인도제도, 버마를 모조리 쓸어 담으며 일단은 빈집털이에 성공했다. 1942년 일본제국의 판도는 사상 최대를 기록했다. 현지 주민들은 처음에 일본을 환영했다. 환호성을 지른 곳도 있었고, 조용히 관찰한 지역도 일본을 우호적으로 바라보았다. 같은 동양인이었기 때문에 서양인의 압제에서 해방해주리라 여겼기 때문이다. 하지만 일본군이 저지른 만행 탓에 얼마 지나지 않아 모조리 적으로 돌아섰다. 일본은 공짜로 얻은 유리한 전쟁 환경을 스스로 걷어차고 고통 속으로 빠져들었는데, 특히 필리핀에서 큰 곤란을 겪었다.

일본군은 필리핀인들에게 신사참배를 강요하고 멋대로 자원과 사람을 징발해 착취했다. 거기다 사탕수수 농장을 갈아엎고 목화를 생산했는데 기후에 맞지 않아 목화가 전멸했다. 그리고 가뭄이 들었다. 수십만 명의 필리핀 남녀가 게릴라가 되었는데, 게릴라로 의심되는 마을들은 약탈, 학살, 방화의 대상이 되었고 그럴수록 게릴라는 더욱 늘어났다. 유신에게는 사람이 보급보다 값싸기에 일본군은 자활자전(自活自戰, 스스로 생존하고 스스로 싸움)을 강요받았다. 그러므로 약탈이 게릴라를 만들고 게릴라에 시달리느라 더 약탈해야 하는, 지극히 당연한 악순환에 빠져들었다. 자활자전이라는 교리에는 국가에 대해 아무것도 요구하지 않고, 오직 국가를 위해 봉사만을 바쳐야 한다는 관념이 숨어 있다. 그러나 군인은 국가의 보급을 받아야 국가에 봉사할 수 있다.

일본군을 제외한 모든 군대가 외지에서 물자가 떨어졌을 때 사용하는 좋은 방법이 있다. 임시 채권을 발행하는 것이다. 종이와 잉크만 있으면 되니 돈도 거의 들지 않는다. 적어도 원주민을 괴롭히는 데 사용되는 총탄보다는 싸다. 필요한 만큼 물자를 징발하면서 채권을 뿌리면 그만이다. 총구를 겨누고 물건을 가져가든, 총을 어깨에 멘 채 채권을 내밀고 물건을 가져가든 결과는 똑같다. 총구가 어디를 향해 있든 총이 있다는 점이 중요하다. 하지만 원주민의 감정은 다르다. 전자는 일방적으로 빼앗긴 거지만 후자는 어디까지나 내어준 것이고, 공정한 거래일 수도 있다는 희망이 생긴다. 이런 채권은 대부분 휴지조각이 되게 마련이지만 아군의 품위와 원주민의 자존심 모두를 지킬 수 있다. 무엇보다 게릴라에 시달릴 이유도 없다. 하지만 일본군은 감히 자의적으로 국가와 천황폐하에 빚을 지울 수 없었다.

학살, 강간, 약탈에 회의를 느낀 일본 장병들도 많았다. 그런데 비상식적으로 엄격한 기수 서열문화가 일본군 전체를 야만적으로 만들었다. 내가 아무리 학살을 싫어해도, 내 위의 고참이나 상관이 명령하면 죄악을 피할 방법이 없다. 고참도 착한 사람이라면? 그 고참에게도 고참이 있다. 이런 구조는 선량한 사람이 자신의 악행에 덜 괴롭게 만든다. 윗사람의 명령은 절대적이므로, 악행을 저질러도 자신의 의지와 상관없는 게 되고 만다. 악행은 자신의 책임을 벗어나 그저 눈앞에서 벌어지는 '비극적 풍경'일 뿐이다. 유신은 악한 병사를 괴물로, 선량한 병사를 무감정한 기계로 만들었다. 2차대전에 참전했던 일본인 병사들 중 아군의 악행을 혐오한 이들의 인터뷰가 많이 남아 있다. 그들은 원래 선량한 사람들이었지만, 일부를 제외하고는 자신이 참여한 전쟁범죄를 구술할 때 죄책감에 시달리거나 그다지 괴로워하는 모습을 보이지 않는다. 그들에게 과거는 피곤하고 불편한 기억에 불과하다. 그들은 안 좋은 풍경을 보도록 강요받았을 뿐이다.

일본군이 스스로 늪에 빠져 있을 때 미군은 잠수함으로 필리핀 게릴라들을 지원했다. 전투식량과 무기는 물론이고 콜라, 담배, 초콜릿, 잡지까지 제공했다. 필리핀 게릴라는 현지의 일본군보다 훨씬 쾌적하게 지냈다. 제국군과 원주민 게릴라의 처지가 거꾸로 되었다. 필리핀 전역은 일본군과 미군을 합쳐 문자 그대로 백만대군이 뒤얽혀 싸운 초대형 전장이다. 여기서 일본은 최소 30만 이상, 최대 52만 명 이하의 전사자를 낳았다. 태평양전쟁 전사자 수의 절반 이상이 필리핀의 산악과 정글에서 죽고 말았다. 일본을 끝장낸 것은 필리핀을 떠나며 "나는 반드시 다시 돌아온다."고 한 약속을 지킨 더글러스 맥아더(Douglas MacArthur, 1880-1964) 휘하의 미군이지만, 그때까지 일본군을 붙잡고 괴롭힌 건 '처음엔 일본군을 환영한' 현지인 게릴라였다.

일본은 그러나 태평양전쟁 초기에는 향정신성 마취제를 맞은 것처럼 희망에 도취했다. 말레이해전이 대표적이다. 이 전

투에서 영국은 해군 역사상 최악의 패배를 당했다. 일본의 입장
에서는 사쓰에이전쟁에서부터 시작된 영국과의 불평등한 관계
를 한 방에 뒤집는 쾌거로 보였다. 전투 당일 〈영국동양함대궤
멸(英國東洋艦隊潰滅)〉이라는 군가가 지어져 절찬리에 불렸다.

> 망했구나 망했구나 적 동양함대는
> 말레이 반도 쿠안탄(關丹) 앞바다에
> 지금 침몰해가는구나
> 공훈이 혁혁하구나 바다의 거친 독수리*여
> 침몰한다 리펄스**, 침몰한다 프린스 오브 웨일즈***

일본은 말레이해전의 여세를 몰아 싱가포르를 함락했고, 이듬
해 1942년 벌어진 실론해전에서도 영국에 승리를 거두었다. 연
속된 승리가 가능했던 이유는 영국을 포함한 서양 열강들이 동
남아에 배치한 병력과 무기가 한 세대 뒤진 중고품이었기 때문
이다. 그런 수준으로는 국가 총력전 태세로 나온 일본의 상대
가 될 수가 없었다. 영국만 해도 최신 전투기는 죄다 본토 항공
전에 쓰는 중이었다. 거기다 바다 속에 도사린 독일의 잠수함
**** 때문에 보급을 받지 못해 아시아-태평양의 영국군은 굶어
죽기 직전이었다. 미국은 생산력에서 세계 제일이었지만 여전

---

* 일본 공격기로 이름은 'G3M' 혹은 '해군96식육상공격기3륜(海軍九六
式陸上攻擊機三菱)'.
** 리나운(HMS Renown) 전함.
*** 킹 조지 5세급 전함으로, 이름인 프린스 오브 웨일즈는 영국 왕세
자의 칭호다.
**** 유보트(U-boat). 독일어로 잠수함을 부르는 'unterseeboot'에서
유래했다.

히 과학기술은 영국과 독일, 프랑스에 뒤져 있었다. 일본군이 영국의 1급 병력과 무기를 만났다면 사정은 달랐을 것이다. 그러나 미국의 생산력은 기술을 압도했다. 2차 대전시기, 한때 펜실베이니아주에 소재한 'US 제철'의 공장 하나가 독일 전체의 철강 생산량을 능가했다. 유럽 전역에서 아무리 독일의 전차가 뛰어난 명품이었다 한들 전차를 붕어빵처럼 찍어내는 미국의 물량을 당해낼 순 없었다. 영국도 소련도, 미국이 무기대여법 (lend-lease)으로 초월적인 양의 무기와 물자를 제공해주지 않았다면 2차 대전에서 생존할 수 없었다.

실론해전에서도 영국을 물리치자 일본은 흥분상태에 달아올랐다. 고무의 원산지인 동남아를 죄다 차지했으니 미국의 전쟁수행력에 커다란 차질이 생길 게 뻔했다. 일본은 계획대로 미국에 협상을 제안했지만 미국은 '빛의 속도로' 거절했다. 대신 미국은 인조 합성고무를 개발해 아무 문제없이 전쟁 물자를 대량생산했다. 미국은 일본이 멸망할 때까지 전쟁을 멈출 생각이 없었다.

천황폐하, 이제 죽으러 갑니다

쓰지 마사노부의 별명인 '작전의 신'은 '자칭'이었지만 일본 군부에서도 은근히 인정했다. 과연 신인지는 모르겠으나 인간의 범주를 넘어선 것만큼은 확실하다. 그는《이것만 읽으면 전쟁에 이길 수 있다(これだけ読めば戦は勝てる)》는 책을 집필했다. 이 책은 한 구절 한 구절 주옥같은데, 명구를 소개하자면 책 전체를 인용해야 하므로 하지 않겠다. 간단히 말해 정신력이 강한 일본인이 '어떤 상황에서도' 나약한 외국인을 이긴다는 내용

이다. 세상에 이런 책을 쓰는 사람들이 가끔 있긴 하다. 그러나 쓰지 마사노부처럼 공식적으로 인정받는 경우는 없다. 일본 대본영은 이 괴작을 무려 40만 부나 찍어서 군대 내에 배포했다.

쓰지 마사노부는 싱가포르 함락이 확실해지자 갑자기 노획한 적군 전차에 올라타 아군의 진격을 방해하며 적진에 달려들었다. 그는 전투 대신 학살을 저질렀는데, 화교(華僑) 20만 명 중 6,000여 명을 항일분자로 분류해 처형했다. 상관은 쓰지를 필리핀으로 쫓아내버렸다. 그렇게 필리핀에 간 쓰지 마사노부는 필리핀의 모든 미군 포로를 처형하라는 명령을 받았다고 주장했다. 얼마 지나지 않아 그가 혼자 날조한 명령이었음이 밝혀졌다. 그런데도 쓰지 마사노부가 불명예제대나 좌천 처리되는 일은 없었다. 현대군에서는 불가능한 일이다. 전근대 군대에도 이런 일은 없다. 엄밀히 말해 일본제국군은 현대군도 전근대군도 아니다. 유신군(維新軍)이다.

일본의 전성기는 몇 개월 가지 못했다. 일본제국의 판도가 최대로 커진 1942년 6월, 미국은 미드웨이해전에서 완승을 거두며 일본의 태평양 제해권을 무너뜨렸다. 미드웨이해전은 한 치 앞도 내다볼 수 없었던 대격전이었다. 불운을 피했다면 일본 연합함대가 이길 수도 있었다. 그러나 한 가지는 확실히 말할 수 있다. 미드웨이해전은 미국과 일본 양국이 서로 대등하게 운명을 걸고 전력을 다한 전투가 아니었다. 일본은 어땠을지 몰라도 미국은 확실히 아니었다. 미드웨이해전에서 미 해군이 궤멸당했다 한들, 미국은 다시 그 이상의 전력을 복구해 일본에 달려들었을 것이다. 여기서 실패해도 몇 번이고 다시 싸웠을 것이 분명하며 일본의 전쟁수행력은 점점 떨어졌을 것이다. 유신이 예정된 죽음을 미루느냐, 앞당기느냐의 차이에 불과하다. 미국이 태평양전쟁 중에 건조한 만재배수량 36,380톤의 에식스(Essex)급 항공모함은 24척이다. 일본이 전쟁 내내 보유한 항공모함은 5척이 전부였다. 미국은 1만 톤 이상의 수송력을 보유한 리버티(Liberty) 수송선을 한 달에 한 척 꼴로 생산했는데, 그중 한 척은 공사에 들어간 지 4일 15시간 만에 완성했다. 그것도 생산의 주체는 여성들이었다. 남성들은 모두 총을 들고 싸우러 나갔다. 국가 총력전은 민주주의 국가가 더 잘 수행한다. 효율적이지 않으면 국민이 납득하지 않기 때문이다.

미드웨이해전의 2차전인 과달카날전투가 시작되자, 대본영은 '군인정신'이 충만한 쓰지 마사노부를 과달카날로 보냈다. 이 당시 일본군에는 반자이(萬歲, 만세) 돌격이 전염병처럼 퍼졌다. '천황폐하만세(天皇陛下萬歲, 덴노 헤이카 반자이)'를 외친 후 적의 기관총탄 앞으로 착검돌격*하는 행위다. 일본군은 불리한 상황에서 항복도 패퇴도 할 수 없는데다가 정신력이 물질보다 강력하다는 사실을 증명하기 위해 착검돌격했다. 하지만 총탄은 적병과 눈싸움을 하거나 일본 남아의 패기에 기가 꺾여주지 않으므로, 착검돌격은 집단자살이었다. 과달카날작전에 선봉으로 투입된 이치키 기요나오는 단 한 번의 반자이 공격으로 그의 부하 777명 모두와 함께 과연 깃털처럼 가볍게 죽음으로써 자신의 신념을 지켰다.

사실 반자이 돌격은 태평양전쟁 초기에는 몇 번 성공을 거뒀다. 너무나 상식을 벗어난 공격이라 미군이 어찌할 바를 몰라서였다. 물론 약간의 경험이 생기자 미군은 마음 놓고 일본군을 쏘아 죽였다. 쓰지 마사노부는 반자이 돌격 자체를 포기

---

* 총구에 대검을 꽂아 총을 총검으로 변환한 후 육박전을 위해 돌격하는 것.

하는 상식적인 선택 대신 천재답게 돌격 시간을 바꿨다. 야간에 착검돌격을 하겠다는 심산이었다. 그는 이대로 가면 전멸이라며 작전을 말리는 부하를 해임한 후, 대본영에 '미군은 아직 눈치도 못 채고 있음.' '미군은 테니스장에서 테니스나 치고 있음.' 따위의 보고를 보냈다. 그에 비해 쓰지 마사노부의 이동 경로를 착실히 파악한 미군은 적이 다가올 때까지 '테니스를 치며' 기다렸다. '덴노 헤이카 반자이' 하는 외침 소리가 들리자 기관총 사격을 준비했고, 이윽고 반자이 공격이 시작되자 모조리 쏘아 죽였다. 이어진 과달카날해전에서 미군은 대승을 거뒀다. 수송선에 탄 일본 육군은 수장되었고 섬에 갇힌 육군은 벌레를 잡아먹으며 연명했다. 정작 수많은 일본인을 죽음의 절벽 아래로 떠민 쓰지 마사노부는 운 좋게도 말라리아에 걸려 자신만 쏙 빠져나왔다. 그러나 그는 정글에 대전차 총검술을 남기고 떠났다. 일본군 검사(劍士)들은 죽기 직전의 순간에 소련군 탱크와 미군 탱크의 차이를 깨달았다. 미군 탱크는 총검을 찔러넣어야 할 총안이 방탄유리로 막혀 있었다. 답답했는지 전차에 장착된 기관총을 군도로 내리치려는 일본군 장교도 있었다.

일본제국은 동아시아에서 전통적으로 쓰이던 옥쇄(玉碎)라는 말의 의미를 개조했다. 옥쇄란 옥이 깨지듯 아름답게 부서진다는 말로, 가치를 위해 투쟁하다가 맞는 죽음을 의미한다. 예를 들어 외적에 맞서 나라를 지키기 위해 성벽 위에서 싸우다가, 도무지 적군이 성벽을 넘게 할 수 없어 자신의 자리를 지키다 죽으면 옥쇄. 성내에는 지켜야 할 민간인이 있을 테니 말이다. 재난 현장에서 여러 명의 목숨을 구하기 위해 희생한다면 그것도 옥쇄다. 옥쇄는 원래 윤리적인 단어다. 일본은 옥쇄를 항복이나 철수를 거부하고 맞는 자살적 죽음을 가리키는 말로 애용했다. 유신의 관념 속에서 옥쇄란 죽음 자체의 아름다움을 뜻한다. 유신의 옥쇄는 탐미적이다. 그러나 유신의 세계에 사는 일원이 아니면 그 아름다움을 느낄 수도, 느낄 필요도 없다. 미군은 대포, 기관총, 전차로 일본군의 옥쇄를 대량으로 처리했다.

일본은 과달카날을 포기하고 철수했지만 부상자와 영양실조 환자를 모두 내버려두고 떠났다. 이는 결과적으로 매우 인도적인 처사였다. 그대로 포로가 된 일본군 병사들은 미군의 치료와 인간적인 대우를 받아 건강을 회복한 후 종전을 맞았다. 한편 일본 해군과 육군은 서로를 욕하며 책임을 떠넘겼다. 이 당시 일본의 육해군 갈등은 심각해서, 작전을 알려주지 않는 건 물론이고 작전의 성공과 실패도 숨겼다. 일본 육해군은 무기 체계도 다르게 운용했으며 서로 도울 리가 없으니 해군은 지상군을 따로 편성했고 육군은 육군용 배를 별도로 만들어 운용했다.

1943년 3월에 벌어진 비스마르크해전에서 일본은 또다시 패배하는데, 여기서 일본군은 실수를 저질렀다. 낙하산으로 탈출하는 연합군 조종사들을 기관총으로 사냥한 것이다. 이런 행위는 현대전에서 금기다. 그 보복으로 미군과 영국군은 침몰하는 배에서 나오는 일본군을 자비 없이 기관총으로 사살했다. 일본군은 전쟁에서 지고 있는 와중에도 먼저 오명을 뒤집어쓰기를 주저하지 않았다. 그 결과 적군에게 한 짓은 일본군이, 민간인에게 한 악행은 일본 민간인이 되돌려받게 되었다.

순수성 투쟁의 말로

일본 육군은 전황이 심각해질수록 흥분상태에 빠졌다. 해군의 실패를 육군이 만회할 기회였다. 무타구치 렌야는 교착된 전황을 타계하기 위해 육군이 적에게 심대한 타격을 주겠다고 선언했다. '임팔작전'이 입안되었다. 임팔은 버마와 인도의 국경지대인데, 이곳을 차지해 인도로 가는 길을 여는 것이 무타구치 렌야와 육군의 야심이었다. 그런데 일본은 중국과 태평양에 병사들을 흩뿌려놓아 보급이 엉망이었다. 모두가 영양실조 상태였다고 해도 과언이 아니었다. 그러나 무타무치 렌야의 보급계획은 실로 창조적이었다.

> 보급이란 원래 적에게서 취하는 법이다. 칭기즈칸처럼 싸운다. 포탄은 자동차 대신 말이나 소에게 맡기고 포탄을 다 쓰면 소와 말을 먹으면 된다.[*]

칭기즈칸은 13세기 기준으로 세계에서 가장 보급을 중요시한 지휘관이다. 그는 다른 방면에서도 일본군과 정반대였다. 칭기즈칸은 부하들이 자신에 대한 충성심 때문에 목숨을 버리는 행위를 막기 위해 노력했다. 몽골군의 교리는 적에게 잔혹했던 만큼이나 아군에게는 매우 인간 중심적이었다. 몽골군은 자살적인 돌격을 금지했고 목숨이 위험할 때 자의적 판단에 따라 후퇴하는 행위를 적극적으로 권했다. 전쟁터에서 낙오는 곧 죽음을 의미한다. 칭기즈칸은 낙오자가 발생하는 일을 최대한 막기 위해 능력이 평범한 전사를 아르반 코리(분대장)로 삼았다. 평균 이하인 전사가 뛰어난 대장의 뒤를 따라다니다간 낙오할

---

[*] NHK,《ドキュメント太平洋戦争》, 第4集〈責任なき戦場: ビルマ・インパール〉(1993년 6월 13일 방영). 유튜브에서 〈책임 없는 전장 버마, 임팔〉의 제목으로 위 동영상을 볼 수 있다.

수 있었기 때문이다. 또 몽골군은 위험에 빠지면 살아 돌아가기 위해 국가의 재산을 얼마든지 낭비해도 되었다. 위험에 빠진 몽골군은 국가가 심혈을 기울여 사육하고 훈련시킨 군마를 여러 번 몰살했다.* 단지 부상병의 안정에 약간의 도움이 된다는 이유로 야크 한 마리를 미련 없이 도축하기도 했다.** 몽골군이 취득한 약탈품은 즉시 국가의 재산으로 귀속된 후 나중에 전공에 따라 재분배되었는데, 전멸 직전에 몰린 몽골군은 아직 공공재 상태인 약탈품을 아낌없이 적에게 미끼로 던졌다. 몽골군은 미끼에 정신이 팔린 적의 추격 속도를 늦춰 번번이 위기를 탈출하곤 했다. 몽골제국은 인명을 소중히 다뤘기 때문에 전투력을 보존하고 세계를 정복했다.

몽골제국 초창기, 몽골 전사들은 칭기즈칸에 대한 충성심으로 가슴이 불타오를 지경이었다. 칭기즈칸은 부하들이 충성심이라는 '관념적인 가치'를 위해 죽는 사태를 방지하려고 고생했다. 그는 몽골 병사들이 '정신적으로 순수한 군인'이 되지 않게끔 노력했다. 자기 자신과 가족의 '이익'을 위해 싸우기를 바랐다. 그리고 몽골제국은 구성원의 '권익'을 보장했다. 자기 자신을 위해 국가에 충성하는 군인이 가장 강력한 군인이다. 몽골제국은 세속적인 이익공동체였다. 순수한 군인정신이 끝까지 성공한 예는 역사에 없다.

일본군의 순수성 투쟁의 한 예로 기관총을 들 수 있다. 중일전쟁 당시 일본의 경기관총은 상당히 기묘한 물건이었다. 원

---

* 적의 화공에 걸렸을 때 말의 배를 가르고 창자를 적출한 후 말의 시체 안에 들어가 전 부대원이 살아남았다.
** 야크와 소를 죽인 즉시 배를 갈라 온기가 남아 있는 시체 안에 부상병을 넣어 외부의 빛과 소음을 차단한 채 통째로 후방으로 옮겼다.

래 기관총은 모든 것을 짜내 간신히 전쟁 준비를 마치는 습관이 밴 일본에는 비싼 물건이었다. 실탄을 대량으로 소모하는 것도 문제지만, 실탄을 공급하는 탄창이 전투 중에 버려지게 마련이었다.* 일본은 양질의 금속과 정밀기술이 들어가는 탄창값을 아끼기 위해 일반 소총의 실탄 클립을 총 안에 차곡차곡 쌓아 장전하는 구조의 경기관총을 개발했다. 실탄끼리 몸을 맞대고 있으니 기름칠을 잔뜩 해두어야 했는데, 습하고 먼지가 없는 일본에서는 문제가 없었다. 하지만 중국에서는 건조한 바람이 품은 흙먼지가 들러붙어 끈적해진 실탄이 발사되지 않고 총기 안에서 걸리는 문제가 속출했다. 경기관총 사수들은 어쩔 수 없이 중국군의 기관총을 노획해 잘 사용했는데, 이들은 군사재판정에 끌려갔다. 감히 천황폐하가 하사한 무기에 결함이 있다고 판단했다는 이유에서다. 돈을 아끼기 위한 실용적인 이유에서 만들어진 물건이 정작 병사들에게 전달되면 비실용적으로 사용되었다. 천황에 대한 충성은 완전무결해야 하기 때문이다.

무타구치 렌야는 자기 자신은 몰라도 적어도 부하들에게 만큼은 완전무결한 군인정신을 바라는 인물이었다. 그를 반대하는 사람들은 당시 총리였던 도조 히데키와 가미카제 공격 명령의 창안자인 도미나가 교지(富永恭次, 1892-1960)가 해임해버렸다. 정 작전을 해야겠다면 보급을 위해 못되고 음험한 해군의 도움을 받아야 한다고 제안한 사람은 당연히 좌천되었다. "무타구치 군이 예전부터 하고 싶어 했던 것이니 웬만하면 승인해주자."는 게 임팔작전이 결정된 기막힌 이유였다. 이번에도 인맥은 본질이 아닌 핑계였다. 현재의 일본 연구가들이 생각하는

* 빈 탄창을 성실히 회수해가면서 치열한 전투를 치를 수는 없는 노릇이다.

대로 학연, 지연, 파벌이 아니라 불가능한 싸움에 뛰어드는 무모함에 대한 미학적 심취가 문제였다. 천황까지 '현실적으로 가능한 작전'이 맞냐며 의문을 밝힐 정도였다.

천황이 믿지 않았으니, 천황도 믿지 못할 만큼 멋진 작전으로 여겨지고 말았다. 지옥이 펼쳐졌다. 군사가 이동할 도로를 건설하는 데만 1년이 걸릴 일이었다. 무다구치 렌야는 병사들에게 '행군하면서 공사를 하는' 짓을 시켰다. 차라리 죽고 싶다는 생각이 들 만큼 무모한 일이었는데, 소원을 들어주려는지 중국군이 나타났다. 무타구치 렌야의 부대원들은 중국군에게 반자이 공격을 했다가 기관총에 수숫대처럼 거꾸러지고 퇴각했다. 부대원들이 극심한 기아에 시달리자 무타쿠치 렌야는 "일본인은 원래 초식동물이니 길가에 난 풀을 먹으며 행군하면 된다."는 희대의 명령을 내렸다.

칭기즈칸의 군대는 육식을 하며 이동했지만, 아무튼 일본군은 초식 행군을 하다가 뜻하지 않은 행운을 만났다. 하늘에 영국 전투기가 나타나 총과 포를 쏘아댔는데, 우연의 일치로 적기가 격추된 것이다. 이후 적기가 출현하면 즉시 산개해 은폐엄폐를 하는 상식적인 전투 교리가 모든 화기를 끌고 나와 격추하는 것으로 바뀌었다. 이때부터 연합군 조종사는 굳이 찾지 않아도 알아서 표적이 되어주는 일본군을 손쉽게 해치울 수 있었다.

드디어 임팔 평원에 도착했을 때, 일본군 앞에 나타난 적은 지금까지와는 다른 정예 영국군이었다. 거기다 복수심에 불타는 대한민국임시정부 군대까지 있었다. 행군에만 모든 힘을 소진한 일본군의 운명은 뻔했다. 무타구치 렌야는 부하들에게 명령했다.

황군은 먹을 것이 없어도 싸워야 한다. 무기가 없다, 탄약이 없다, 먹을 것이 없다 등은 퇴각의 이유가 될 수 없다. 탄약이 없다면 칼로, 칼이 없다면 맨손으로, 맨손도 안 되면 다리로 걸어차라, 다리도 당하면 이빨로 싸워라. 일본 남아에게 야마토(大和) 정신이 있다는 것을 잊었는가? 일본은 신이 지켜주는 나라다.*

정작 무타구치 렌야 자신은 게이샤들을 데리고 다니면서 현지에 개인전용 유곽을 만들어가며 아늑하게 유흥을 즐겼다. 그러면서도 천황의 생일인 4월 19일까지 작전을 성공해야 한다는 이유로 탄약도 식량도 떨어진 일본군 장병들은 반자이 돌격을 감행해야 했고, 영국-대한민국임시정부 연합군에 무참히 죽어나갔다. 마침내 그의 직속 부하였던 사토 고토쿠(佐藤幸德, 1893-1959) 중장이 무타구치 렌야를 '귀하'라고 부르면서 명령을 거부했다. 무타구치 렌야는 사토 중장에게 자결해버리라며 약속 장소에 일본도를 올려놓았다. 그러나 사토 고토쿠는 그 칼로 다름 아닌 무타구치를 죽여버리겠다고 난리를 쳤고, 무타구치 렌야는 잽싸게 도망쳐 목숨을 구했다. 사토 고토쿠는 자신이 지휘하는 사단을 철수해 부하들을 모두 살리고 자신은 해임되었다. 그는 강제로 정신병 진단을 받은 채 연금되었고 전쟁이 끝난 후에는 명령 없이 도망간 군인으로 손가락질 받았다. 그러나 부하들과 그 가족들에게만큼은 끝까지 존경받았다.

무타구치 렌야는 어째서 부하들이 쉬지 않고 죽는데도 철수하지 않았을까. 패전 후 전범으로 기소되어 미군에 취조받으

* 쿠라타 미노루(倉田 稔), 〈日本軍のビルマでの戦争〉, 《商學討究》 第56卷 1号, 2005, p.15.

240

면서 진술한 내용이 있다. '차마 실패했다는 말을 먼저 할 수가 없어서, 위에서 철수 명령이 내려오기만을 기다렸다.'는 게 이유다. 진술이 거짓말일 확률은 희박하다. 실제로 무타구치 렌야는 우울감에 빠져 자신의 부관에게 자결할 의중을 내비치기도 했다. 이때 부관은 기다렸다는 듯 친절히 권총을 내밀었다. 그러나 그는 자살하지 않았다. 대신 무타구치 렌야는 육군사관학교 교장으로 좌천 겸 승진됐다. 그의 휘하 92,000명의 병사가 13,000명으로 줄었다. 이로써 동남아시아 전선의 붕괴는 막을 수 없는 산사태가 되었다. 한국에서 무타구치 렌야는 '대한민국의 독립을 10년 앞당긴 독립유공자'로 칭송(!)받는다. 그는 전범 재판에서 A급 전범으로 분류되었으면서도 사형 판결을 모면했다. 오히려 2년이라는 짧은 시간 동안 수감생활을 하면서 열심히 싸운 전우들보다 훨씬 품위 있는 대우를 받았다. 일본군을 죽였을 뿐 연합군에게 피해를 주지는 않아서다. 연합국은 무타구치 렌야를 응징할 이유를 찾지 못했다. 이후 무타구치 렌야는 임팔작전에 끌려간 부하들이 죽을 때마다 장례식에 나타나 '자신의 잘못은 없다.'는 내용의 인쇄물을 뿌리다가 유가족들에게 몰매를 맞곤 하는 삶을 살았다.

유신은 어째서 도조 히데키, 무타구치 렌야, 스기야마 하지메, 도미나가 교지와 같은 저질 인간들에게 운명을 맡기게 되었을까. 수십 년 전으로 되돌아가면 유신 지사들은 적어도 비겁하지는 않았다. 그들은 자신이 아니라 남을 위한다는 믿음에 따라 한뎃잠을 잤고, 방랑했고, 전투와 암살에 뛰어들었으며, 목숨을 내던졌다. 나는 이 죽음의 정념이 철학적으로 문제가 있다고 본다. 그러나 아무리 유신 지사들을 비판해도 '남을 위해' 죽기로 작정했었다는 사실은 도저히 부정할 수 없다. 그런데 1940년대의 일본제국은 자신을 위해 남을 희생시키는 인물들이 움직였다. 이는 사실 유신의 정해진 운명이다.

순수한 사람들의 투쟁과 순수성 투쟁은 다르다. 그러나 순수한 사람들의 투쟁은 순수성 투쟁을 불러온다. 순수성 투쟁의 시대엔 순수한 사람들이 승리하지 않는다. '순수하다고 주장하고 연기하는 자들'이 내부투쟁에서 승리한다. 그들이 정말로 순수할 가능성은 희박하다. 순수한 투쟁가는 행동하기 바빠서 말에 시간을 쓸 틈이 없기 때문이다. 비장한 출발은 언제나 종국에는 우스꽝스러워질 운명적 위험에 빠져 있다. 반대로 민주주의처럼 속물적 욕망을 거래하고 중재하는 체제는 언제든 숭고해질 가능성을 내포한다. 2022년 발발한 우크라이나-러시아 전쟁에서 민주화와 시민혁명을 경험한 우크라이나인들이 압도적인 적의 침공에 어떻게 맞섰는지가 좋은 증거다.

가미카제와 1억 옥쇄, 죽음에 죽음을 더하기

진주만 공습 후, 미국은 본격적인 태평양전쟁 준비를 마치기 전에 국민의 기분을 풀어주고 사기를 끌어올릴 이벤트가 필요하다고 생각했다. 그래서 둘리틀 공습(Doolittle Raid)이 기획되었다. 둘리틀(James Herold Doolittle, 1896-1993) 중령이 이끄는 폭격기 16대와 80명의 병력이 일본을 폭격하는 작전이었다. 미드웨이해전 전에 실행된 작전이므로, 제해권은 아직 일본에 있었다. 둘리틀 공습은 말도 안 되는 거리를 날아 말도 안 되게 폭격하고 말도 안 되게 살아 돌아온다는 말도 안 되는 작전이었다. 모든 게 무리였다. 도쿄에 약간의 폭탄을 떨어트리기만 하면 성공이었다. 그러니 둘리틀 공습은 성공했어도, 일본이 입은 피해는 미미했다. 1942년 4월 18일, 둘리틀 공습으로 일본이 입은 피해는 사망 50여 명, 부상 400여 명, 가옥 262채와 공장 두 곳 파손 정도가 전부였다. 팔다리를 부러뜨린 진주만 공습에 비하면 시험공부를 하다가 살짝 코피가 난 수준이었다.

일본은 '가해와 피해의 물량을 비교계산' 하는 현대전의 기준으로 판단하지 않았다. 물론 본토에 적기가 출현하면 누구나 충격을 받는다. 하지만 일본 수뇌부의 반응은 본토 항공전에서 나치의 폭격을 견디며 씩씩하게 버틴 영국인들과는 달랐다. 충격을 받는 데 그친 게 아니라 아예 전략을 수정했다. 일본제국에 있어 본토와 바깥의 경계선은 피부와 같다. 제국주의 일본은 본토를 내지(內地, 안의 땅)라고 지칭했다. 외(外)에서 내(內)로 들어오는 이물질은 병과 죽음의 신호다. 본토 폭격은 살 속으로 칼날이 들어온 사태와 비슷하다. 잘못하면 천황도 폭격당할 뻔했다며 공포에 떨었지만 사실 그다지 심각한 문제가 아니었다. 영국의 조지 6세는 그보다 수백 배의 위험을 감수하며 버킹엄궁에서 잘만 지냈다. 냉정히 말해 전쟁 중에 군주가 폭격으로 서거하면 후계자가 뒤를 이으면 그만이다. 군주가 존재한다는 사실이 중요하지, 군주 자리에 앉은 자연인의 본명이 앨버트 프레더릭 아서 조지 윈저(Albert Frederick Arthur George Windsor)*이든 미치노미야 히로히토(迪宮裕仁)**이든 본질적 문제가 되지 않는다.

일본이 입은 미미한 물리적 피해는, 결코 물리적이지 않다. 이것은 관념적인 사건이다. 일본은 그렇지 않아도 한계점을 지나친 전쟁 수행역량을 본토 대공방어와 태평양 전선에 분산했

* 조지 6세의 본명.
** 쇼와 천황의 본명.

다. 이것이 첫 번째 낭비다. 두 번째는 결코 '내지'에 적의 공격이 도달하지 못하도록 기존 성벽 바깥에 외성(外城)을 두르듯 '절대국방권'*을 설정한 것이다. 절대국방권의 정의는 '인도네시아 남부 도서 지역 일대, 뉴기니 서부지역, 캐롤라인 제도, 마리아나 제도, 오가사와라 제도를 묶는 해상방어선'이다. 나는 이 방어선의 세세한 지리적 내용보다는 관념에 관심이 있다. 애초에 본토가 그토록 소중하다면 본토를 열심히 지키면 될 일이다. 그런데 본토를 삶의 토대가 아니라 종교적인 성물(聖物)로 보면 이야기가 달라진다. 본토는 진시황이나 투탕카멘의 시신처럼 외부의 침입으로부터 봉인되어야 한다. 즉, 절대국방권은 '결계'다.

'절대'국방권은 결계이기 때문에 '절대' 사수해야 하며, 이를 지키느라 전사들이 아무리 죽어도 상관없다. 절대국방권 때문에 일본군은 바다와 섬에서 미군에게 하나씩 확실히 각개격파당했다. 일본제국은 현실의 전쟁에서 종교시설을 유지하려고 했기에 멸망을 앞당겼다. 그리하여 본토가 아니라, 엉뚱하게 필리핀을 지킨다는 이유로 일본은 레이테만해전에서 그나마 남은 해군 전력을 뿌리뽑히듯 상실했다.

미군은 일본군의 거점을 착실히 지워나갔고 그 최종 목적은 본토공격이었다. 본토공격작전의 이름은 무시무시하다. 바로 '몰락작전(Operation Downfall)'이다. 미군 총인원 백만 명 이상이 책정되었다. 여기에 소련, 영국, 대한민국임시정부, 중화민국, 뉴질랜드가 연합군으로 참전할 예정이었다. 일본이 '외지(外地)'에서 저지른 악행이 모든 것을 정당화했다. 일본 열도에

---

* 절대방위선 또는 절대방어선이라고도 한다.

그 어떤 공격을 퍼부어도 도덕적인 문제가 없다는 분위기가 조성되었다. 일본군은 치치지마(父島)에서 미군 포로를 미식과 여흥을 위해 잡아먹기도 했는데, 이런 사건이 터질 때마다 죽어야 할 일본인의 수는 소리 없이 늘어나고 있었다.

대본영도 바보가 아닌 한 전쟁에 희망이 없다는 판단을 내렸다. 그러면 항복하면 된다. 하지만 미국이 몰락작전을 수립할 즈음, 일본은 탐미적인 몰락을 꿈꿨다. 조종사와 전투기가 적함을 들이받아 자폭하는 '가미카제 특공'이 실시되었다. 쇼와 천황은 "그저 우리 젊은이들을 죽이는 행동이 아닌가?"라며 반문했지만 소용없었다. 가미카제는 초반에는 성과를 냈다. 상상 밖의 전술인 만큼 미군은 제대로 대처하지 못했다. 게다가 가미카제는 기능적 차원에서만 보면 인류 최초의 유도미사일이라고 할 수 있다. 가미카제 특공이 정말로 효과를 발휘하자 '조종사 한 명과 전투기 한 대로 적 항모 한 척'이라는 가공할 산수가 완성되었다. 다시금 전쟁은 제사가 되었다. 도미나가 교지는 가미카제 특공이 출격할 때면 조종사들에게 술을 따라주면서 '제군들은 이미 신'이라며 찬사를 바쳤다.

'제군'뿐 아니라 도미나가 교지 자신도 술을 마셨다. 그는 술꾼이었는데 특히 위스키를 좋아했다. 도미나가 교지는 잔뜩 취한 채 특공이 출격할 때마다 군도를 뽑아 들고 '발진!'이라고 외쳤다. 조종사들에겐 눈높이 차이 때문에 보이지도 않았으며, 출격에 퍽 방해가 되었다고 한다. 그는 자기 자신은 신이 될 생각이 없었는지, 전세가 불리해지자 수송선에 자신이 좋아하는 위스키를 가득 실어서 도주했다.

일본은 가미카제가 통한다고 느끼자 아예 가미카제 전용기인 츠루기(劍, 검)를 생산했다. 이외에 1인용 인간 자폭어뢰

가이텐(回天, 회천), 인간 자폭로켓탄 오우카(桜花, 앵화), 자폭
보트 신요(震洋, 진양), 인간 자폭잠수부 후큐류(伏龍, 복룡) 등
인신공양 제사용품들이 쏟아져나왔다. 일본의 공업생산력은
완전히 붕괴한 후라서, 일회용 자폭 병기 이상을 만들기도 힘
들었다. 한 조종사는 자신이 탈 비행기의 너트가 육각형이 아
니라 오각형인 모습을 보고 "일본은 졌다."고 되뇌었다. 손으로
깎아 납품한 너트였다. 일반 여성은 물론 여학생들까지 동원돼
수공업으로 무기를 만들었다. 같은 기종의 비행기끼리도 부품
이 호환되지 않았다.

그렇다면 가미카제의 효과는 얼마나 대단했는가. 대단하
고 말고를 떠나 지속력이 없었다. 뛰어난 공군 조종사들과 기
체들이 모두 사라졌다. 일본 공군의 실력자 세키 유키오(關行男,
1921-1944) 대위는 출격 전 해군 보도반원*과의 인터뷰에서 솔
직한 심경을 밝혔다.

> 나는 정상적인 임무라면 폭탄을 떨궈 적 항모 50척을 격침할
> 자신이 있다. 나처럼 유능한 파일럿을 죽이다니 일본은 끝이
> 다.**

세키 유키오 같은 조종사가 모두 사라진 후에는 숙련되지 않은
조종사들이 급조된 저질 비행선에 탑승했다. 더 이상 놀라지
않게 된 미군은 가미카제 특공기가 사정거리 안으로 들어올 때
까지 기다린 후 착실히 쏘아 격추하면 그만이었다. 적함에 가

* 언론 담당 인원.
** Albert Axell, Hideaki Kase, 《Kamikaze: Japan's Suicide Gods》,
Pearson, 2002, p.16.

까이 돌진하므로 굳이 어렵게 대공 화망을 구성할 필요가 없었다. 그리고 드디어, 본토 항공전이 시작되었다.

하늘의 '괴수' B-29 폭격기는 처음부터 일본 폭격을 위해 만들어진 물건이다. 일본 국토는 서남단에서 동북단까지 길쭉한 모양을 하고 있다. B-29는 일본을 인류 역사에서 지워버리기 위해 압도적인 항속거리, 폭탄 적재량, 비행고도를 보유하고 출현한 고질라다. 도쿄를 위시한 대도시부터 시작된 미군의 폭격은 일본을 잿더미로 만들었다. 일본에는 불행하게도 폭격을 총지휘한 커티스 르메이 장군은 집요한 일 중독자였다. 폭격 신봉자와 옥쇄 성애자가 적으로 만났으니 결론은 정해져 있었다. 일본의 최고 권력자* 도조 히데키는 '1억 총옥쇄'를 부르짖었다. 한국인들에게는 참으로 불길하게도, 1억이란 숫자엔 조선인까지 포함돼 있었다. 도조 히데키가 입에 담은 '죽창'은 진심이었다. 일본은 '본토결전(本土決戰)' 전에 이미 사기그릇 수류탄, 유리병 수류탄을 만들어 사용했다. 금속 제련은 비용이 많이 드는 탓이었다. 이제는 한 단계 더 나아가 학교의 책걸상을 잘라 만든 15세기 기술 수준의 화승총**, 13세기 구조의 원시적인 로켓을 제작했다. 기원전부터 사용되던 투석기까지 만들었다. 그리고 정말로 학생들에게 죽창을 사용한 창술 훈련을 시켰다.

7명의 장교들이 항복해야 한다는 상소를 올렸다. 지금 항복하지 않으면 미국이 아니라 소련에 점령당할 수 있으며, 사회주의 연방에 편입되면 천황제가 폐지될 거라는 이유를 댔다.

* 천황은 '최고 권위자'라고 해야 마땅할 것이다.
** 금속제 책걸상 다리를 총구로 사용했으며, 총몸과 개머리판은 책걸상의 목재로 충당했다.

그들은 천황에 대한 불충죄로 체포되었다. 그럼 왕궁까지 불탄 마당에 무슨 대안이 있었을까? 일본은 1944년 11월부터 험준한 산악지대인 나가노(長野)현 마츠시로(松代)에 거대한 규모의 지하 황거(皇居, 천황의 거처)와 대본영 건설을 시작했다. 천황과 대본영이 피신해 1억 총옥쇄를 지휘하기 위한 공간이었다. 얼핏 보면 비겁해 보인다. 지상의 국민은 미군 항공기에 먹잇감으로 던져주고, 자신들은 끝까지 살아남겠다는 짓으로 보인다. 그러나 조금만 생각해보면, 모두 죽어서 사라진 백성을 통치하려는 군주와 조정은 존재할 수 없다. 대본영은 천황과 함께 일본의 장대한 죽음을 '지휘'하려 한 것이다. 그들은 제주(祭主, 제사를 주관하는 사람)였으므로.

미국은 1억 명을 정말로 죽여 없앨 수 있었다. 그러나 정작 현실로 다가오자 생각을 다시 할 수밖에 없었다. 일단 1억 명을 몰살할 때까지 소모되는 시간과 물자, 인명은 '불필요한 비용'이다. 피해를 감수하고 나면 도덕적인 문제가 따라온다. 2차 세계 대전은 민주주의, 사회주의와 같은 진보적 가치가 일본제국, 나치독일, 이탈리아 등의 파시즘 체제와 싸워 이긴 전쟁이다. 한 민족을 '멸종'시키는 행위를 정말로 저질러버리면 기껏 지켜온 도덕적 우월함을 포기해야 하고, 미국은 여기서 발생한 철학적 모순을 두고두고 안고 가야 하는 운명에 빠진다. 미국은 일본의 비정상적인 전쟁 의지를 꺾기 위해 실험을 할 수밖에 없는 상황에 놓였다. 원자폭탄이 바로 그 실험이었다. 작은 폭력으로 큰 폭력을 예방할 수 있으면 좋고, 통하지 않으면 어차피 일본인은 모두 죽을 것이므로 결과는 같다. 원자폭탄 투하는 그렇게 결정되었다. 아니, 결정될 수밖에 없었다. 1945년 8월 6일 히로시마에, 8월 9일 나가사키에 각각 하나씩의 원자폭탄이 떨어졌다.

살아남은 일본인들에겐 다행스럽게도 미국의 실험은 성공했다. 일본은 사상 초유의 민족 자멸을 포기하고 무조건 항복했다. 막말(幕末)에서부터 앞을 향해 달리고 또 달려온 유신이 마침내 동력을 다하고 쓰러졌다.

전쟁 잔여물과 '최후의 사무라이'

괴수가 죽으면 파리와 지네가 꼬여 악취를 풍기듯, 유신의 죽음 뒤는 '해프닝'의 연속이었다. 항복 선언 직후, 해군 중장 우가키 마토메(宇垣纏, 1890-1945)는 "부하들이 벚꽃처럼 흩날린 남쪽 바다로 간다."며 자신만의 싸움을 위해 전투기 5기를 이끌고 가미카제 출격을 했다. 그의 편대는 미군에 아무런 피해를 주지 못하고 모조리 해상에서 격추되었다. 도조 히데키는 숨어 있다가 미군 헌병에 체포되기 전 자살미수 사건을 일으켰다. 권총으로 심장을 노렸다고 하는데, 어째 위치가 애매하다. 그냥 관자놀이에 총구를 대고 방아쇠를 당겼으면 확실했을 텐데 말이다. 그가 전쟁터의 병사들에게 하달한 교리인 〈전진훈(戰陣訓)〉에는 '살아서 포로가 되는 치욕을 당하지 말라.'는 구절이 있다.

일본 사회는 자신만큼은 살아서 포로가 된 도조 히데키에게 실망하고 분노했다. 적전도주한 괘씸죄로 고생이나 하라는 의미로 관동군에 재배치된 도미나가 교지는 소련군을 만나자마자 잽싸게 항복했다. 그는 소련군에 아무 원한을 사지 않은 덕에 수용소에서 괜찮은 대우를 받으며 지내다가 귀국했다. 그나마 스기야마 하지메가 부인과 함께 자결하긴 했다. 어째서 부인까지 죽음에 휘말려야 하는지는 모르겠지만 이 정도면 아주 품위 있는 축에 속했다.

일본은 미군정(GHQ)*의 통치하에 들어섰다. 일본인들에게 GHQ는 'GHQ 막부'로, 맥아더 총사령관은 '맥 쇼군'으로 불렸다. 막부를 쓰러트린 유신의 죽음을 암시하는 상징적인 별명이다. GHQ가 초안을 작성한 일본국헌법(日本國憲法)이 제정되었다. 일본인은 드디어 자유민주주의와 인권을 누릴 수 있게 되었다. 이후 일본은 한국전쟁 그리고 미국의 태평양 제해권과 경제블록에 귀속되는 두 가지 행운으로 번영을 누리게 되었다. 미국과 소련의 냉전이 아니었다면 불가능한 축복이다. 그런데 항복 직후의 일본에는 지금은 상상하기 힘든 특이한 점이 있었다.

일본은, 국가가 자발적으로 나서서 미군을 위한 위안소(慰安所)**를 설치했다. 55,000여 명의 여성이 모집되어 미군의 성욕 해소를 위해 일했다. 직관적으로 보면 더없이 비굴해 보인다. 맥아더는 위안소를 역겨워해 '민주주의의 이상에 방해된다.'며 폐쇄해버렸다. 어째서 일본은 자발적으로 자국 여성을 점령군에게 바쳤는가. 이는 사실 마지막 '전투 행위'다. 일본은 자국 군대가 그랬으므로, 미군 역시 일본 여성을 집단강간할 것이라고 믿었다. 일본인에게 일본 여성의 자궁은 일본의 자연물이다. 미군 위안부는 나머지 여성을 지키기 위한 '최후방어선'이다. 그들의 자궁은 본토를 지키는 옥쇄이면서, 반자이 돌격이나 가미카제 특공을 감행하는 '병정'이었다. 남자 군인의 목숨과 여성 자궁의 순결함을 1 대 1로 치환하면 위안소 운영의 '관념적 실체'를 명징하게 이해할 수 있다.

죽음은 추억을 부른다. 일본 경제가 고도발전 하던 1970년

* 연합군 최고사령부(GHQ, General Headquarters).
** 정식 명칭은 특수위안시설협회(特殊慰安施設協會).

대, 부자가 된 사람이 가난한 시절을 낭만적으로 곱씹듯 일본 사회는 한 남자를 발견했다. 오노다 히로(小野田寛郞, 1922-2014)였다. 그는 전쟁이 끝났다는 사실을 모른 채 무려 30여 년간이나 필리핀의 정글에서 혼자만의 싸움을 계속하고 있었다. 오노다 히로는 유신이 남긴 '유품' 중에서도 보존 상태가 훌륭한 유물이었다. 보병 소위였던 그는 옥쇄는 절대 허락하지 않는다는 사단장의 인간적인 명령을 '문자 그대로' 받아들이고 죽지 않고 생존했다. 제국주의시대 일본군답게 현지 민간인을 살해하고 약탈하며 살았지만 그런 사실은 일본 사회에 중요하지 않았다. 일본 사회는 대신 오노다 히로의 매서운 눈빛, 잘 정비된 무기 상태, 무엇보다 정성껏 관리해 아직도 녹슬지 않고 반짝이며 빛나는 일본 군도를 응시했다.

일본인들은 고인의 유품을 부여잡고 우는 것처럼 오노다 히로에 감격했다. 그는 지휘관으로부터 항복 명령을 듣지 않았다는 이유로 싸움을 계속하겠다고 밝혔다. 결국 직속상관 중 생존한 사람이 필리핀에까지 날아가 투항 명령서를 정식으로 전달했다. 그제야 오노다 히로는 가까운 필리핀군 현지 사령관을 찾아가 무릎을 꿇고 검을 바치는 전통적인 의식을 치르고 무장을 해제했다. 그는 자신이 해친 필리핀 민간인들에 대한 사과를 끝까지 거부했다. 현대인의 기준에서는 파렴치해 보인다. 그런데 오노다 히로의 입장에서 보면 그의 행동은 매우 논리적이다. 전쟁 시기 필리핀 방면 일본군이 받은 '자활자전' 명령을 따랐을 뿐이기 때문이다. 그는 항복의 예법으로 '자활자전'을 정식으로 종료했고, 다시 말해 모든 과거를 청산했다. 자신의 논리 안에서 그는 사과하려고 해도 할 수가 없다. 애초에 '잘못'을 느꼈다면 그 시점에 고독한 생존투쟁을 끝냈어야 한다. 오노다 히로는 영웅이 되어 귀국한 후 '살아있는 일본 정신', '최후의 사무라이'로 불렸다. 이 말은 뒤집어 생각하면 일본 정신과 사무라이는 사라졌다는 뜻이 된다. 그럴 수도 있겠다. 하지만 유신은 의외로 죽지 않았다.

일본은 유신의 흔적을 찾기 위해 필리핀까지 갈 필요가 없었는지도 모른다. 유신은 가까운 한반도에서 이미 부활해 있었다. 이제 이 책이 전하는 이야기의 무대는 일본에서 한국으로 넘어간다.

부활

축복받지 못한 탄생

1946년 5월 8일, 모든 것을 잃은 한 남자가 미군 수송선을 타고 한국으로 돌아왔다. 그의 이름은 박정희(朴正熙, 1917-1979). 그는 일본이 미국에 무조건 항복한 1945년까지 관동군 장교 다카기 마사오(高木正雄)였지만 조선인 박정희로 되돌아왔다. 부산항에 내렸을 때 그는 철저한 실패자였다. 그때는 그 자신을 비롯해 누구도 박정희를 중심으로 유신이 한반도에서 부활하게 될 거라는 사실을 짐작조차 할 수 없었다. 유신의 운명은 박정희를 통해 새롭게 시작되었다.

한국에서 역사적인 정치인은 추상화되어 있다. 그리고 인간에게는 자신의 선택을 정당화하는 습관이 있다. 한국은 실질적인 양당제 국가로, 유권자 상당수가 자신을 진보 혹은 좌파거나, 보수 혹은 우파로 인식한다. 정치적 정체성을 정하고 나면 정당화 작업에 들어간다. 그래서 박정희와 김대중처럼 역사적인 정치인은 구체적인 이해를 벗어나 곧잘 추상의 영역으로 도망간다. 박정희는 불굴의 영웅이거나 비열하고 잔인한 악마가 되고 만다. 나는 이 책에서 박정희를 가치판단으로 평가할 생각이 없다. 인간은 먼저 판결을 내리고 나서 양형의 이유를 찾는다. 이유를 찾으면 찾을수록 자신의 판결문에 안도하고, 확신하고, 나중에는 종교적인 신봉을 바친다. 박정희를 다룬 한국 서적의 절대다수는 판결문이다. 나는 켜켜이 쌓인 판결문 더미

에 이 책을 보낼 생각이 없다. 어디까지나 박정희를 이해하고
자 할 생각이다.

박정희는 1917년 11월 14일, 경상북도 구미에서 박성빈과
백남의 사이에서 7남매 중 막내로 태어났다. 초대 대통령 이승
만, 초대 부통령 이시영, 2대 부통령 김성수는 조선시대에 태어
났다. 이들은 조선인으로 태어나 대한제국의 근대화 시도를 목
격했다. 1919년 3·1만세운동으로 민족 정체성을 재확인했고, 최
종적으로 한국인이 되었다. 이승만과 이시영, 김성수에게 일제
강점기는 자신의 생애 안에 걸린 액자다. 반면 박정희는 태어
날 때부터 국적이 일본제국이었다. 민족사(史)가 아닌 개인의
삶을 기준 삼으면 엄밀히 말해 박정희에게 광복(光復, 빛이 돌아
옴)은 광복이 아니다. 그는 개인적으로 나라를 되찾지 않았다.
기존의 체제가 사라지고 신세계가 열린 것이다.

박성빈은 조선군 효력부위(效力副尉) 출신이다. 효력부위는
정9품(正九品) 무관으로 하급 장교다. 지휘관 중에서 이보다 낮
은 무관 품계는 전력부위(展力副尉)뿐이다. 대단한 지위는 아니
지만, 몰락한 양반가의 후손이었던 박성빈은 어떻게든 노력해
스스로 벼슬자리를 쟁취했다. 그는 3년이 조금 넘는 기간 동안
관직 생활을 했다. 어떻게 벼슬살이를 그만두었는지는 정확하
지 않다. 조선 말기는 부패가 극심해 양반이 되거나 양반 지위
를 유지하고 싶은 사람이 돈을 주고 벼슬을 사는 행위가 일반
적이었다. 사실 박성빈 본인도 벼슬을 얻기 위해 가산을 많이
탕진했다고 한다. 관직을 많이 팔수록 권력자들은 돈을 번다.
그런데 관직의 수는 한정되어 있다. 그러면 같은 자리를 반복
해서 되팔면 그만이다. 조선 말기의 하급 관료들은 임기가 지
나치게 짧거나 거의 없다시피 했다. 뒷사람에게 자리를 내줘야

했기 때문이다.

부패에 동참했다는 이유로 박성빈을 평가절하하기에는, 인간은 그보다 복잡하다. 그가 썩어 문드러진 조선의 현실에 회의를 느껴 스스로 관직을 버리고 낙향했다는 이야기까지 곧이곧대로 믿기는 힘들다. 그러나 고향인 경상북도 성주에 돌아온 박성빈은 동학농민운동에 투신했다. 그가 당시 조선의 현실에 분노하고 있었다는 것만큼은 확실하다. 박성빈은 한때 그토록 힘들여 회복하고자 했던 양반의 지위도 내던지기로 결심했다. 그렇지 않고서야 도무지 동학 접주(接主)*가 될 수는 없는 노릇이다. 일반 교도도 아니고 접주다. 접주인 자체로 이미 조선 체제에 대한 반역이었다. 또한 동학 접주는 아무나 할 수 있는 게 아니었다. 지역사회에서 인망이 두터워야 가능한 일이었다.

동학농민운동은 처절하게 실패했고, 박성빈은 가까스로 살아남았다.** 그러나 빈농(貧農)으로 전락했다. 그는 양반으로서 실패하고 혁명가로서도 실패한 후, 조선이 대한제국으로 바뀌고 다시 대한제국이 멸망하는 모습을 보며 조국의 백성으로까지도 실패했다. 최종적으로 가족의 생계를 책임지는 가장으로서도 실패했다. 인간이 가진 에너지에는 한계량이 있다. 박성빈은 강인하고 유능한 사내였지만 이때쯤에는 식민지 시골의 무기력한 술꾼이 되고 말았다. 가뜩이나 어려운 집안이 더 어려워지자 박성빈과 둘째 아들 박무희(朴武熙)***는 경상도의 대

* 동학교도들의 모임 단위인 접(接)의 지도자. 보통 활동지역에서 50명 이하의 교도들을 지도했다.
** 함께 체포된 300여 명의 동지 중 유일하게 처형을 피했다. 뛰어난 언변이 큰 몫을 했다고 한다. 이미 모두 체포된 후였기 때문에 동지들의 신상을 넘기는 대가로 살아남았을 가능성은 없다.
*** 박정희의 둘째 형이다.

지주 장승원(張承遠) 밑의 소작농으로 들어가는 굴욕까지 감수해야 했다. 특히 박무희는 장승원 집안의 머슴 노릇까지 한 것으로 보인다. 장승원은 20세기 만화에나 나올 법한 지나치게 전형적인 악당으로, 친일지주 중에서도 악질로 소문난 인간이었다. 장승원은 그의 악행을 참다못한 독립운동가들에게 암살당했다.

장승원이 사망한 지 4일 후, 백남의가 박정희를 낳았을 때는 그 모든 처연한 실패의 과정이 완료된 후였다. 45세에 임신한 백남의는 가난한 가족의 먹을 입을 줄이려고 뱃속의 막내아기를 유산하기 위해 무던히 노력했다. 간장을 벌컥벌컥 마시기도 했고 일부러 높은 곳에서 떨어지기도 했으며, 만삭의 배를 방아로 내리찍기까지 했다. 그럼에도, 아니 그래서인지 아이는 미숙아로 태어나고 말았다. 박정희는 체구가 작은 남성으로 자랐다. 얼굴도 미남과는 거리가 멀고 피부도 가무잡잡하다. 박정희를 제외하면 그의 가족은 모두 외모와 체구가 훌륭했다.

박정희는 평생에 걸쳐 자신의 신체가 어째서 초라한지 분석하는 습관을 갖게 되었다. 태어나서는 안 되었을 아이로 태어나서 몸이 작다고도 회고했고, 학교에 다니기 위해 제대로 먹지 못한 채 20리(약 8km)나 되는 통학 길을 걸어다닌 탓에 키가 못 컸다고 한 적도 있다. 박정희는 선천적으로 몸이 약해 소화력이 좋지 못했는데 겨울에 찬 음식을 먹으면 토하기 일쑤였고 토한 후에는 다음 날까지 음식을 먹지 못했다. 이 때문에 왜소해졌다고 분석하기도 했다. 자신의 검은 피부에 대한 해석은 몹시 참신한데, 어렸을 때 마루에서 넘어져서 화로에 떨어졌다는 것이다. 이 사고 때문에 밝은 혈색이 평생 사라졌다는 논리인데 과학적으로는 전혀 맞지 않는 얘기다.

박정희의 셋째 형인 박상희(朴相熙, 1906-1946)는 어릴 때부터 수재로 소문이 난 인물이며, 잘생긴 얼굴과 카리스마로 유명했다. 나이든 동네 어른들이 싸우다가도 박상희가 타이르면 화해할 정도였다. 일가친척들도 박상희가 어릴 때부터 그의 의견을 경청하고 따랐다. 박상희는 위험을 무릅쓰고 독립운동에 투신했는데 일제 경찰에 여러 번 잡혀가 고초를 당하면서도 뜻을 굽히지 않았다. 박상희는 민족적으로는 독립운동가였고, 정치적으로는 사회주의자였다. 집안에서는 박상희에 대한 지원을 아끼지 않았다.

'유산되는 데 실패한' 박정희는 '선택받은 자식' 박상희에 대한 콤플렉스가 있었다. 그러나 질투보다는 존경심이 훨씬 컸다. 박씨 집안의 실질적인 가장은 박정희보다 12살 연상인 박상희였다. 어리고 가난한 박정희에게 경상북도 일대에서 광범위한 존경을 받던 셋째 형은 커다란 존재였다. 박상희만큼은 아니지만, 박정희도 집안의 지원을 전혀 못 받지는 않았다. 그는 어릴 때 서당을 다니면서 한학(漢學)을 수학했는데 학습력이 무척 좋았다고 한다. 믿지 않을 수 없다. 평생 정통 한시(漢詩)를 자연스럽게 구사했으니 말이다. 박정희는 1926년 구미공립보통학교*에 입학해 신식 근대교육을 받았다. 주말에는 서당을 나갔고 따로 시간을 빼 교회에 다녔다. 하나님과 예수님을 진지하게 믿지는 않았다. 그의 관심사는 신앙이 아니라 피아노였다.

박정희에게는 의외로 섬세하고 여성적인 면이 있다. 그는 사실 최고 권력자가 되고 나서도 아내와 자식들의 성질을 어쩌

* 현재의 구미초등학교.

지 못해 전전긍긍한 사람이다. 성별로 따지면 결론적으로 그는 중성적인 인간이다. 그는 태생적으로 윤리적인 세계가 아니라 탐미적 세계의 일원이었다. 박정희는 음악에 대한 감각이 예민했으며, 군사독재자라는 살벌한 이미지를 걷어내고 그의 문장을 곱씹으면 서정적이고 낭만적인 기조가 흐름을 알 수 있다. 박정희의 심미안은 더없이 탁월했다. 그의 존재가 옳다거나 그르다고 하는 게 아니다. 가치중립적으로 그의 '재능'을 이야기할 뿐이다. 그는 가족 중에서 가장 초라한 자신의 외모를 하나의 실패로 받아들였다. 그런데 크게 불행을 느끼거나 서러움을 느끼지는 않았다. 오히려 담담히 실패의 이유를 분석하면서 시적인 자조(自嘲, 자신을 비하함)의 감상을 음미했다.

형의 그림자

박정희는 공부를 잘했다. 교사들이 매우 좋아했는데, 단지 학습능력 이상의 이유가 있다. 그는 원하는 성적을 쟁취하고 달성한 목표를 깔끔하게 내놓는 타입의 학생이었다. 그놈의 키 때문에 체조 성적은 좋지 않았지만 말이다. 3학년 때부터 성적순으로 급장(반장)을 뽑았는데 박정희가 급장을 하면서 반에서 그에게 안 맞아본 학생이 없었다고 한다. 한마디로 쟁취한 권력을 마음껏 사용하는 인간형이었다. 그렇다고 학대를 일삼지는 않았다. 폭력의 이유는 '서열이 완전히 정리된 상태의 완결성'에 있었다. 박정희가 때릴 수 없었던 크고 힘센 급우가 있었는데, 성격도 만만치 않았다. 단지 폭력의 원초적 쾌감에만 젖는 학생이었다면 박정희는 그를 내버려두었을 것이다. 박정희는 그가 가장 못하고 자신이 가장 잘하는 것, 둘 사이의 격차가 가장 큰 분야를 찾아냈다. 수학이었다. 박정희는 수학을 가르쳐 줌으로써 그를 '굴복'*시켰다. 완결성을 해치는 요소를 제거한 것이다.

이런 박정희가 외적인 멋의 문제에도 민감했던 건 당연하다. 박상희는 그에게 고무신을 사주었는데, 박정희는 고무신이 닳는 게 싫어서 근처까지 짚신을 신고 간 후 고무신으로 갈아 신곤 했다. 강함은 때 묻지 않은 하얀 고무신처럼 깨끗하다. 미적 감각이 예민한 사람들은 아름다운 대상을 보는 즐거움보다, 아름다움을 해치는 더러움을 견디는 고통을 더 크게 느낀다. 그들은 부도덕함보다 산만함, 난잡함을 더 싫어한다. 그래서 심미적인 사람의 집은 장식이 단순하거나 거의 없다. 그런 류의 사람들은 길거리를 거닐 때 흉물스러운 간판, 엉터리 외국어, 욕망을 그대로 전시하는 선거 홍보물, 옷을 제대로 갖춰 입지 않은 행인 같은 것들 때문에 고통받는다. 힘은 복잡한 윤리적 문제를 불러오는 반면 미학적 문제는 빠르고 확실하게 해결한다. 굴복시키면 그만이기 때문이다.

박정희는 일본 영웅들의 전기를 읽고 열광했다. 나중에는 충무공 이순신과 나폴레옹의 일대기에 푹 빠졌다. 하지만 과거의 이야기보다 더 그를 사로잡은 것은 눈앞의 매력적인 존재들이었다. 박정희는 일본군 보병 제80연대가 구미에서 야외훈련을 하는 모습을 보고 매료되었다. 일본군은 아시아 전체에서 가장 강력하고 조직적인 집단이었다. 그들의 복장, 무기, 일사불란한 제식이 미학적 인간으로 자신을 단련한 소년에게 얼마나 인상적이었을지는 쉽게 상상할 수 있다. 시골에는 직선이란

* 박정희 본인의 표현이다.

260

것이 별로 없다. 군대는 모든 게 직선적이다. 군대도 직선도 명징하다. 박정희 같은 인물형은 유행에 민감하다. 일본제국 체제에서 그 무엇보다 빛나는 유행은 군대였다. 그는 이순신과 나폴레옹에 심취했고, 본국의 지휘체계를 무시하고 독자 행동한 관동군이 동아시아의 슈퍼스타로 박수갈채를 받는 모습을 보며 성장했다. 박정희는 어릴 때부터 막연히 군인을 꿈꾸며 자랐다. 그는 동학 접주와 존경받는 사회주의자를 배출한, 윤리적 세계에 속한 가족 가운데 튀어나온 '미학적 이단아'다.

박정희에게 일본군이 되는 일은 불가능한 꿈이었다. 그렇다고 농사를 지으며 가난하게 살아갈 생각은 없었다. 당시 조선에서 빈농의 자식이 노력해서 올라갈 수 있는 최고의 지위는 교사였다. 그는 대구사범학교에 입학하기 위해 미친 듯이 공부했다. 집안에서는 제발 눈치 없는 막내아들이 떨어지기를 바랐다. 어차피 학비가 없어서 못 보낼 처지였다. 붙어도 공부를 못하면 평생 한이 되리라 염려했던 것이다. 하지만 박정희는 9대 1이 넘는 경쟁률을 뚫고 바늘구멍을 통과했다. 정작 합격하자 박상희를 중심으로 어떻게 해서라도 공부를 시켜야 한다는 분위기가 조성되었다.

대구사범에서 박정희의 성적은 하위권이었다. 그에게 아이들을 가르치는 일은 별로 적성에 맞지 않았다. 하지만 순조롭게 졸업하고 문경보통학교의 교사로 부임했다. 이때 박상희는 경상도 일대 항일독립운동의 스타로 성장했다. 언론계에서 특히 유명했다. 조선중앙일보, 동아일보 지국장을 역임했다. 형은 존경받는 지성인, 동생은 학교 선생님이 되었으니 박씨 가문은 여전히 가난하지만 그럴듯한 집안이 되었다. 그러나 박정희는 홀로 불행했다. 그는 학생들에게 나폴레옹의 일대기를 자세히 이야기해주며 불가능한 꿈을 하염없이 바라보았다. 박정희의 거처에는 훈장을 주렁주렁 단 나폴레옹의 그림이 걸려 있었다. 그가 사랑한 두 인물, 이순신과 나폴레옹은 모두 비극적 최후를 맞았다. 이순신은 마지막 전투인 노량해전에 승리하면서 낭만적으로 전사했고, 나폴레옹은 작은 섬에 유배되어 몰락했다. 박정희는 무력을 통한 장대한 투쟁이 비극으로 끝나는 유미주의에 심취했다. 그런 그에게 1936년 일본에서 벌어진 2·26사건은 강렬한 낭만이었다. 박정희는 평생 기타 잇키와 2·26사건에 깊은 영향을 받았다.

박상희는 일제 순사들에게 끌려가곤 했는데, 여기서 일반적인 해석은 이렇다. '순사에게 고초를 당하는 형을 보며 박정희는 경찰보다 강한 군인을 꿈꿨다.' 아주 틀린 말은 아니다. 하지만 많이 부족하다. 일제 체제 공권력의 고문은 매우 잔인했다. 박상희는 제대로 된 '고초'를 받은 적이 없다. 평범한 반동분자로 분류되었다면 며칠간의 고문만으로 죽거나 폐인이 되었을 것이다. 수만 명의 일본인과 조선인이 이렇게 목숨을 잃었다. 일제 경찰이 존경받는 선비였던 박상희를 '조선의 지사'로 대우해줬기에 그는 번번이 멀쩡한 몸으로 경찰서에서 걸어나왔다. 나는 전통적인 해석에 유신의 관념에 입각한 해석을 추가해야 한다고 확신한다. 박정희가 비교하기에 형은 외세의 공권력으로부터 인정받는 지사인데, 자신은 일본인 군수와 교장에게 억눌려 지내는 문약한 교사에 불과했다. 박정희가 받아들일 수 없는 괴로운 현실이었음이 분명하다. 그러나 특별한 경우가 아닌 한 조선인에게는 일본군의 일원이 될 기회가 없었다. 많은 조선 청년들처럼, 박정희에게도 기회는 만주로부터 날아왔다.

피로 쓴 멸사봉공

1939년 3월, 관동군이 세우고 지배한 만주국에 만주군관학교*
가 설립되었다. 드디어 조선인 청년에게도 기회가 생겼다. 당시
의 만주국은 서부개척 시기의 미국 서부와 같았다. 야심과 이
상, 한탕을 찾아 온갖 민족의 사람들이 몰려들었다. '만주 붐
(Boom)'이 일었다. 마지막 황제 푸이가 허수아비 군주가 아니
냐, 그래 봐야 괴뢰국이 아니냐 하는 것들은 전혀 중요하지 않
았다. 수많은 조선 청년들이 식민지 조선에서 일제의 2등 국민
으로 사느니 기회의 땅 만주에서 운과 재능을 시험해보고 싶은
열망에 사로잡혔다. 그중에서도 가장 관심 받는 기회는 만주군
관학교 입학이었다. 만주국은 오족협화(五族協和)**를 기치로
내걸었기에 사관학교에 조선인을 받아들이지 않을 수 없었다.
조선의 재능 있는 빈농의 아들들은 아버지처럼 가난한 자영농
이나 소작농으로 사는 기약 없는 미래보다 만주군관학교 입학
에 도전했다.

　　박정희에게는 잔인하게도, 그에게는 기회가 없었다. 꿈이
눈앞에 현실로 드러났는데 손닿는 거리 바깥에 놓였으니 더 고
통스러웠을 것이다. 입학 자격 연령이 16세에서 19세까지였다.
이미 23세였던 박정희는 나이 제한을 넘긴 상태였다. 당연히
1939년 1기 생도로 입학하지 못했다. 박정희는 2기 생도로 입
학하기 위해 그 유명한 혈서(血書) 사건을 일으켰다. 그는 새끼
손가락을 베어 그 피로 천황을 수신자로 하는 혈서를 써 편지

---

* 정식 명칭은 만주국 육군군관학교(滿洲國陸軍軍官學校).
** 다섯 민족의 협력과 화합. 오족(五族)은 일본인, 조선인, 한족, 만주
족, 몽골족이다.

와 동봉해 만주군관학교에 보냈다. 피로 쓴 서예는 '一死以テ御 奉公 朴正熙(한목숨 바쳐 충성을 다함 박정희)'였다.*

당연히 '수신자'인 천황은 만주에 없다. 혈서는 미학적인 노림수다. 박정희는 관동군 내에서 비상한 관심을 불러일으켰다. 그의 신상과 편지의 내용은 당시《만주신문(滿洲新聞)》에 자세히 보도되었다. 담당자는 편지를 읽고 감격했다. 관동군 장교들의 가슴을 설레게 한 실체는 윤리가 아니라 아름다움이다. 그들이 윤리적 판단을 했다면 원리원칙에 따라 박정희는 입학 자격시험을 볼 수 없었다. 당시 조선에서는 만주군관학교 입학을 위해 혈서를 쓰는 일이 유행처럼 번졌다. 하지만 언론에 보도되고, 다름 아닌 군대에서 원리원칙을 위배한 입학 자격을 얻는 특전을 누린 인물은 박정희가 유일하다. 지금의 기준에서 생각하면 결코 이해할 수 없는 기괴한 일이다.

박정희의 편지는 악필과 정제되지 않은 문장으로 입학을 구걸하는 저질 혈서와는 차원이 달랐다. 박정희는 어떻게 봐도 잘 썼다고 할 수 없는 한글서예를 남발하고 다닌 탓에 붓글씨가 별로라는 오해를 받는다. 하지만 그의 한자서예 실력은 다르다. 물론 박정희의 한자 글씨가 그렇게 멋진 작품이라고 할 수는 없다. 이승만처럼 웅장하지도, 안중근 의사처럼 스타일리시하지도 않다. 그러나 뜯어보면 운필(運筆, 붓의 움직임)의 구성 요소가 하나도 빠짐없이 정통에 충실함을 알 수 있다. 박정희는 초서(草書, 속기체)를 쓰지는 않았지만 해서(楷書, 정자체)와 행서(行書, 필기체)의 기법은 어떻게 봐도 모자람이 없다. 그의 서예는 비록 미술품은 될 수 없어도 한자문화권의 정통 지

* 〈혈서 군관지원 반도의 젊은 훈도(訓導, 교사)로부터〉,《만주신문》, 1939년 3월 31일, 7면.

264

식인임을 부정할 수 없는 '제대로 된 글씨'였다.

　박정희는 조선의 성리학 전통이 집적된 서당에서 사서삼경을 배웠다. 일제강점기 일본군의 눈에 그의 한문과 글씨는 대단한 수준이었을 것이다. 실제로 그의 편지는 일본인 담당자들에게 달필임을 인정받았다. 관동군은 처음에는 박정희의 바람을 '정중히' 사절했다. 하지만 재야의 조용한 교사가 나라를 위해 교편 대신 칼을 쥐겠다고 선언한 선정적인 이미지는, 외면하기에 너무나 탐미적이었다. 박정희는 결국 2기 입학시험 자격을 거머쥐었다. 그는 전체 15등이라는 높은 성적으로 합격했다.

　형 박상희는 합격 소식을 듣고 박정희를 심하게 나무랐다. 독립운동가였으니 당연하다. 하지만 박정희가 고집을 꺾을 가능성은 없었다. 박상희는 결국 동생의 입장을 이해해주었다. 만주군관학교 입학, 하급 장교라는 직업은 당시 조선에서 그 정도 의미였다. 조선인 사회 안에서 아무렇지 않게 고개를 들고 다닐 만큼 자랑스러운 일은 못 됐다. 그러나 민족반역자, 인간쓰레기로 불릴 일은 더더욱 아니었다. 만약 그랬다면 박상희는 박정희와 의절했을 것이다. 더불어 독립운동조직 안에서 '변절자의 가족'인 박상희의 위상이 흔들렸을 것이다. 하지만 그런 일은 일어나지 않았다. 조선인들은 만주에 진출하는 청년들에 대해 그럴 만하다고 인정하는 편이었다. 독립운동가와 친일부역자는 식민지 조선이라는 하나의 울타리 안에서 부대끼며 살았다. 현실은 물과 기름처럼 피아(彼我, 상대와 우리 편)가 깨끗하게 구분되지 않는다. 그들은 적대하기도 했지만 의외로 친분을 유지하며 공존하는 경우도 많았다.

　만주군관학교에서 박정희는 아직도 많은 한국인들에게 비

난받는 이름인 '다카키 마사오'가 되었다. 창씨개명으로 박정희를 깎아내리는 행위는 편협하고 맹목적이다. 사회생활과 경제 활동을 하기 위해서는 누구에게도 선택의 여지가 없었으며, 군 관학교에 재학 중인 조선인은 말할 것도 없었다. 창씨개명을 자신 있게 거부한 사람들은 오히려 떵떵거리며 사는 친일 지주가 대부분이었다. 그들은 앉아 있기만 해도 알아서 소작농들이 피땀을 흘려 일본에 수출할 쌀을 갖다 바쳤기에 체제의 눈치를 봐야 할 압박을 덜 느꼈다. 물론 태평양전쟁 말기가 되면 폭력적으로 미쳐 돌아간 일본 군국주의의 칼날을 거스를 수 없어 마지막까지 버티던 사람들도 창씨개명을 했지만 말이다.

박정희는 1942년, 총인원 240명 중 수석으로 만주군관학교를 졸업했다. 왜소한 체구에 건강이 약한데다가 사범학교에서 하위권의 성적을 거두었음을 생각하면, 그가 군인으로서 얼마나 재능이 있었는지 알 수 있다. 그는 수석 졸업의 특전으로 푸이 황제에게 금장시계를 하사받았다. 시계보다 중요한 선물은 일본 육군사관학교에 편입할 기회였다. 박정희는 일본 육사를 1944년, 300명 중에 3등으로 졸업한다. 역시나 뛰어난 성적이다. 사관학교의 졸업성적이 평생의 경력에 끝까지 영향을 끼치는 것이 일본제국의 관습이었다. 만약 일제가 패망하지 않았다면 박정희는 엘리트 군 출신으로 장관급에까지 올랐을지도 모른다. 육사를 3등으로 졸업하고 성공하지 않을 수 없는 게 당시 일본의 사회구조였다.

박정희는 다시 만주로 복귀해 관동군 제8보병사단에서 복무하게 되었다. 그는 소위 계급장을 달자마자 고향에 휴가를 와서 사적인 복수를 하는 즐거움을 누렸다. 박정희는 그가 살았던 하숙집에 가자마자 자신을 업신여겼던 군수와 교장, 경찰서장을 호출했다. 세 명의 일본인이 도착하자 박정희는 일본 군도를 뽑아 마루에 거꾸로 꽂고 용서를 빌라고 명령했다. 세 일본인은 마당에 무릎을 꿇고 싹싹 빌었다. 이 사건을 한국에서는 일제 체제를 비판하는 쪽으로 해석한다. 일개 신임 소위가 지역사회의 고위직 인사들을 무릎 꿇릴 정도로, 당시 일제가 극심한 군국주의 체제였다는 해석이다. 그렇지 않다. 이것은 신임 소위가 아니라 앞으로 출세가 보장된 '일본 육사 3등 졸업생의 위세'다.

박정희가 만주군 장교로 과연 항일독립군을 토벌한 적이 있는지 여부는 한국에서 오랫동안 뜨거운 주제였다. 많은 증언이 충돌한다. 그가 한 번 이상 토벌전에 참전했을 가능성은 높은 편이다. 그런데 주 업무였을 가능성은 거의 없다. 21세기의 한국인에게 만주군 장교 출신이 한국의 대통령이 되었다는 사실은 매우 불편한 역사일 수밖에 없다. 그래서 박정희를 확실한 악마로 못 박으려는 과장된 증언이 넘친다. 대표적인 게 독립군을 토벌하기 위한 출동 명령이 떨어질 때마다 미친 사람처럼 "요오시! 토바츠다!(좋았어! 토벌이다!)"라고 소리치며 광기어린 눈빛으로 알 수 없는 말을 중얼거렸다는 이야기다. 그런데 이 정도로 정신상태가 심각한 인간이었다면 사악한 걸 넘어서 애초에 사범학교나 사관학교에 입학하지도 못했을 것이다. 일본군은 사관학교 졸업성적이 특출난 엘리트를 안전한 보직에 앉혀 화초처럼 키웠다. 소중한 인재이므로 요직에 오를 때까지 보호한다는 생각이었다. 8사단은 독립군과 싸울 기회 자체가 적었으며, 실제로 박정희는 장교 생활 대부분을 술과 여흥이 흐르는 안락한 환경에서 보냈다. 그러나 그의 미래는 갑자기 끝났다.

박정희가 중위 계급을 달고 나서 불과 한 달 후, 일본 천황이 미국에 항복했다. 관동군은 해산되었고 소속 부대가 없어진 박정희는 조선인 동료들과 함께 베이징으로 향했다. 한국광복군을 위시한 항일투사들이 베이징을 중심으로 모여들었다. 광복군은 만주군 출신 조선인을 공개적으로 모집했다. 전쟁이고 항일이고 다 끝난 마당에 어째서 만주군 장교까지 필요로 했는지 의아해 보이지만, 많은 인원이 함께 모여 안전하게 귀국하는 일은 의외로 섬세하고 치밀한 군사작전에 가까웠다. 그런만큼 산만한 인원을 효과적으로 통솔할 인재들이 필요했다. 현재 한국인의 관점으로는 이해하기 힘든 일이다. 그러나 만주군 출신 조선인에 대한 광복군의 시각을 짧게 정리하면 아마도 '좀 재수는 없지만 그래도 우리 민족의 일원이자 유능한 인력' 정도가 되었을 것이다.

박정희는 광복군 중대장이 되었다. 광복군 병사들을 일제식으로 강압적으로 통제하다가 상급자에게 욕을 먹기도 했지만, 그게 전부였다. 만약 광복군이 조선인 일제 군관을 민족반역자라고 생각했다면 총으로 쏴 죽이면 그만이다. 그들은 그저 직업인으로 평가받았다. 이는 식민지 조선 농촌의 희망 없는 현실과 깊은 관련이 있다. 독립운동 세력은 조선-대한제국 왕조의 기득권이었다가 변절한 사람들을 용서할 생각은 없었다. 일제 치하에서 새롭게 부와 권력을 누린 자들도 처단 대상이었다. 그러나 구체제와 일제 체제 모두에서 일관되게 착취당하고 소외된 가난한 빈농의 자식이 희망 없는 현실에서 탈출하기 위해 일제 군관이 된 것에까지 민족적 책임을 묻지는 않았다. 그들이 받을 처벌로는 해방 후에 사회적인 명예를 잃는 정도로 족하다고 판단했다.

붉은 유신의 마음

이름을 망친 채 빈털터리로 고향에 돌아온 박정희를 보고 형 박상희는 "곱게 선생질이나 할 것이지, 군인이 되어보겠다고 고집을 부리다 거지꼴이 되지 않았느냐?"고 꾸짖었다. 박정희는 아무 말도 하지 못했다.

광복 후 박상희는 이전보다도 거물이 되어 있었다. 일제 치하에서 독립운동을 할 때는 좌파든 우파든 기본적으로 한편이었다. 광복 후에는 사정이 다르다. 해방 정국에서 한국의 좌우 세력은 언쟁이나 저주 수준에서 끝나는 게 아니라 암살도 아무렇지 않게 주고받았다. 박상희는 좌우 세력 모두에서 존경받는 인사였으며, 양측을 중재할 수 있는 권위의 소유자였다. 그는 건국준비위원회 구미지부를 창설하고 간부로 활동하며 새로 수립되는 독립국 대한민국 신정부의 주요 인사가 될 예정이었다. 강경한 우파였던 구미 경찰서장은 사회주의자인 박상희에 대해 "박 선생의 신원은 내가 보증한다."고 선언했다.

반면, 박정희가 할 수 있는 일이라고는 또다시 군인으로 새로 출발하는 길뿐이었다. 만주군 소속이었던 과거 때문에 경력직이 되는 일은 불가능했다. 귀국 후 수 개월간 술이나 마시며 보낸 그는 현 대한민국 육군사관학교의 전신인 조선경비사관학교 2기로 입교했다. 사관학교를 세 번이나 다닌 것이다. 그래도 박정희는 서른의 늦은 나이에 이번에도 육사 2기생 3등이라는 우수한 성적으로 졸업했다. 그런데 그는 소위로 임관하기 직전 허무하게 가족을 잃었다. 그것도 가족의 기둥이자 박정희가 따랐던 형 박상희였다.

박정희가 귀국한 해인 1946년 10월, 대구에서 해방 이후 최초의 대규모 민중시위가 일어났다(대구 10월 항쟁). 지금 '보수의 성지'라는 지역 특성과 달리 당시 대구는 '동양의 모스크바'로 불릴 정도로 진보적인 도시였다. 대구는 저임금에 시달리는 프롤레타리아 노동자들이 모인 곳이었으며, 사회주의 계열 좌파 독립운동의 산실이었다. 대구의 활동가와 노동자들은 언제든지 연대해 투쟁할 준비가 되어 있었다. 그런데 해방 직후 한반도의 통치권을 임시로 접수한 미국(미군정)은 한국의 곡물 생산과 유통에 대한 사전지식이 전혀 없었다. 2차 대전에서 승전한 직후인 미국은 미국식이 무조건 진보적이고 올바른 것이라는 환상에 사로잡혀 있었다. 미군정 관계자들은 곡물 유통에 아무런 준비 없이 자본주의를 강요했다. 정작 미국은 부유층일수록 엄청난 세금을 물리는 사회주의적인 방식으로 국민을 결집하고 전쟁에서 승리했다. 그래놓고는 갓 독립한 한국에는 환상 속에나 존재하는 철저한 시장주의를 쑤셔넣었다. 곡물의 공급이 모자란 상태에서 자유시장의 수요공급 법칙이 작동하니 곡물 가격은 천정부지로 치솟아 무려 30배로 올랐다. 한반도 남부 주민들은 기아에 시달렸다. 깜짝 놀란 미군정은 갑자기 스탈린으로 변신해서 모든 곡물을 강제로 거둬들였다. 그러자 이제는 기아에 시달리던 한국인들이 본격적으로 굶어 죽기 시작했다. 굶으면 면역력이 약해지게 마련이니 전염병이 창궐했다.

미국은 농업의 잉여생산물이 심할 정도로 넘치는 나라다. 2차 대전 후 미국의 태평양 제해권과 경제블록에 속한 많은 나라에 미국의 식량 원조는 국가를 버티게 하는 귀중한 연명책이었다. 한국과 일본도 예외는 아니다. 나는 미국의 관대함을 인정한다. 그러나 인간 개인과 마찬가지로 조직과 국가도 하나의 인격체와 같아서 실패를 인정하는 대신 자신의 판단을 정당화하곤 한다. 미국은 10월 항쟁을 막을 수 있었다. 그저 본국에서 남아도는 식량을 폐기 처분하는 대신 한국에 뿌리기만 하면 된다. 그러나 그러면 '미국의 실패를 인정'하는 꼴이 된다. 미국이 어떤 나라인데 실패한단 말인가. 그럴 수는 없다. 미국은 한국의 기아 사태를 방치했다. 사회주의 활동가와 굶주린 노동자들이 연대해 1946년 10월 1일 대대적으로 궐기했다. 《뉴욕타임스》는 미군정의 무능과 무책임함을 강도 높게 비판했다. 그러나 군정 당국은 시위대를 폭도로 규정했다. 미군정의 명령에 따라 경찰은 총을 발포하며 시위대를 잔혹하게 진압했고, 전차와 장갑차까지 동원되었다.

1946년의 한국은 아직 미디어가 발달하지 않은 상태였다. 특정 인물의 사진이 신문지면에 올라 봐야 뿌연 흑백사진이다. 그걸로는 실제 인물을 알아보기 힘들다. 신문을 일상적으로 읽는 사람들도 적었다. 10월 항쟁에 적극적으로 참여한 박상희는 결코 죽을 인물이 아니었지만, 시위가 격화되어 다른 지역의 경찰까지 대구로 출동한 게 문제였다. 박상희는 난리통 속에서 그의 얼굴을 알아보지 못한 외부 경찰관의 총에 죽고 말았다.

형을 잃은 후, 박정희는 한반도 남부의 최대 좌파조직이자 공산주의 혁명세력인 남로당(남조선로동당, 南朝鮮勞動黨)에 입당했다. 그는 입당하자마자 중책을 맡았다. 군대 내 모든 남로당 프락치(фракция, 내통자 혹은 밀고자)*의 총 책임자가 되었다. 군국주의 일제의 만주군 장교 출신이 강경한 공산주의자가 된 일이 아무래도 좋은 평가를 받기는 힘들다. 박정희에게 부정

* 원래는 정치적 파벌이라는 뜻의 러시아어지만 한국에서는 신분을 숨기고 다른 조직, 주로 앞으로 붕괴시켜야 할 적대조직에 들어가 활동하는 비밀 인력을 뜻한다.

적인 한국의 진보진영엔 아주 먹음직스러운 소재다. 박정희가 진심으로 사회주의자가 아니었다고 하면, 형의 죽음마저 출세에 이용한 기회주의자가 된다. 박정희가 진심으로 사회주의자였다고 가정하면 그대로 보수세력에 되돌려주면 된다. 박정희를 영웅으로 모시는 보수세력은 생리적인 거부반응을 일으킬 정도로 사회주의를 싫어한다. '당신들의 사회주의자 영웅 박정희부터 평가해보라.'고 하면 보수는 입을 꾹 다물 수밖에 없다.

박정희는 기회주의자인가, 아니면 정말 진정성 있는 사회주의자였는가. 먼저 확실한 사실만 말해보자. 박정희가 형의 죽음에 지극히 분노하고 슬퍼하지 않았을 가능성은 너무나 희박하다. 진보진영 일각에서는 박정희를 비열한 기회주의자로 만들기 위해 형의 죽음에 슬퍼하지 않았다고까지 주장한다. 그 근거로 제시하는 일화가 기껏해야 일제가 패망하고 만주에서 돌아왔을 때 형에게 구박을 들었다는 일 정도도. 아버지에게 한 번도 혼나지 않고 자란 사람은 없을 테지만, 그렇다고 다들 패륜아가 되지는 않는다. 대신 가족의 죽음에 대한 분노와 그리움은 변화에 큰 역할을 한다.

두 번째는 군사 엘리트였던 박정희에게 박상희가 속했던 공산주의 분파가 접근했다는 사실이다. 해방 후 만주군과 일본군 장교 출신자는 행정과 조직에 유능한 인재로 각광받았다. 좌파와 우파 세력, 군대 모두 높은 자리는 도덕적 권위를 확보한 독립운동가들의 몫이었지만 그들은 실무를 위해 주저하지 않고 만주군 출신을 '사용'했다. 남로당도 마찬가지다. 현재의 한국인은 만주군 출신이 초창기 국군(國軍), 특히 육군의 주축이 된 사실에 매우 불편해한다. 그러나 그건 한국전쟁 이후의 결과적인 이야기다. 그들은 전쟁에서 매우 유용한 존재였고, 많은 이들이 전투현장에서 목숨을 건 대가로 만주군의 과거를 덮고 부활했다. 한국전쟁 발발 전에는 사정이 다르다. 독립운동을 했던 유력자들에게 만주군 출신자의 의미는 '부려먹어서 나쁠 것이 하나도 없는' 존재였다.

시점을 약간 바꿔 박정희 개인의 출세를 기준으로 본다면 형의 아우라를 그대로 이어받을 기회였다. 군대 내에서 진급과 성공에 한계가 있는 그였지만 사회주의 운동권 내에서는 대단한 스타였던 형의 후계자가 될 수도 있었다. 이것은 박정희가 아무리 분노했다 한들 그리고 사심이 정말로 없었다고 인정해준다 한들 그 자신도 머리가 있다면 예측할 만한 일이었다. 그렇다면 그는 과연 사회주의에 아무런 진정성이 없었을까? 그럴 수는 없다. 박정희는 동학 접주의 아들이자 사회주의자의 동생이다. 무엇보다 빈농의 자식으로서 아무리 일해도 빼앗기고 사라져 굶주림이 계속되는 시골의 현실 속에서 자라났다.

박정희에게 민족주의가 있었다고 한다면 많은 이들이 반발할 것이다.* 그러나 그에게 계급의식이 있었다는 사실은 누구도 부정하기 힘들다. 일제강점기 말기 대부분의 조선인 일제 군관들의 계급적 배경은 빈농이었다. 그들은 친일 지주를 비롯해 구체제 기득권에 대한 불타는 증오를 품고 있었다. 나는 '조선 대 일본', '민족 대 반민족'으로 구분되는 전통적인 진영논리에 한 가지 주제를 더하겠다. 그것은 '계급'이다. 식민지 조선 내부의 계급갈등을 빼놓고는 역사적 인물들을 총체적으로 이해할 수 없다. 박정희를 포함한 조선인 만주군 장교들은 계급적 배경으로는 사회주의자면서 정치적으로는 군국주의자인 묘

* 나는 그에게 '이중적 민족주의'가 있었다고 본다. 후술할 것이다.

한 집단으로 해방정국에 스며들었다.

　박정희는 확실히 미학적 세계에 속한 인간이다. 그러나 탐미적 세계관의 주민이라고 해서 윤리적 요소가 하나도 없을 순 없다. 그런 사람은 없다. 박정희는 교사 시절 몸이 아프거나 학습력이 낮아 학업을 따라가기 힘든 학생을 특별히 신경 썼다. 이런 학생들은 대체로 집이 가난했다. 그는 어려운 형편의 아이들이 월사금(학비)을 내지 못하는 처지가 되면 자신의 월급에서 충당해주었다. 가난한 학생의 집에 방문했을 때는 식사를 대접하는 학부모에 예의를 갖추기 위해 보리밥과 살구*를 일부러 맛있게 먹는 모습을 보였다. 박정희는 다른 교사들에게 없는 독자적인 정책을 갖고 있었다. 그는 농번기에 학생들에게 농사를 돕도록 며칠간 짧은 방학을 주었는데, 이 기간에 휴식을 취하지 않고 스스로 각 가정을 찾아가 농업 실태를 조사했다. 박정희는 평등과 분배에 분명한 진정성을 가지고 있었다. 그의 성장기와 교사 시절의 경험은 훗날 새마을운동**으로 연결된다. 다시 말하지만 나는 여기서 판결을 강요하거나 유도할 생각이 없다. 누구나 박정희의 방식이 잘못되었다고 판단할 수 있다. 그의 사상에 결함이나 모순이 있다고 주장할 수도 있다. 그러나 그에게 나름의 사명감이 있었다는 사실까지 부정할 수는 없다.

　빈농의 자식이 아니었다면, 박정희는 기타 잇키를 사상적 스승으로 삼지 않았을 것이다. 2·26사건에서 결기부대가 구원하고자 했던 이들은 일본인의 다수를 차지하는 시골의 비참한 농민이었다. 물론 구원의 방식은 자의적이고, 폭력적이며, 강압

---

* 당시의 살구는 대부분 지금 기준으로 반 야생 상태의 개살구로, 가난한 이들의 과일이었다.
** 박정희 집권기에 실시된 대대적인 농촌 진흥 운동.

적이다. 그리고 자기 파멸적이었다. 그래서 박정희는 사회주의
자인가, 군국주의자인가? 욕망의 화신인가? 모두 아니다. 박정
희의 복합성을 설명하는 하나의 단어, 그것은 '유신'이다. 박정
희는 죽음을 탐미하는 사람이었지만 아름다운 죽음은 무언가
를 걸어야 성립된다. '자살적 돌격'인 반자이 돌격도 천황을 내
걸었기에 그냥 자살이 아니라 돌격이 된다. 윤리적 세계에서
목표와 수단은 분명한 주종관계를 이룬다. 목표를 위해 수단이
존재한다. 탐미적 세계에서 목표와 수단은 동전의 양면처럼 쌍
을 이루고 회전한다. 수단은 목표를 위해 존재하지만, 목표 또
한 수단의 아름다움을 위해 존재한다.

실패한 공산주의자

박정희의 군사적 재능은 여전했다. 그는 연대합동전술훈련을
입안해 크게 인정받았다. 중위를 건너뛰고 대위로 승진했으며,
얼마 지나지 않아 소령으로 진급했다. 그러나 거기까지였다.
1948년 10월 19일, 여수와 순천에 주둔 중이었던 14연대 장병
들이 군사반란을 일으켰다. 여수·순천 10·19사건(麗水順天
十一九事件)이다.* 반란을 주도한 이들은 박정희와 마찬가지로
군대 내에 숨어 있던 남로당 조직원들이었다. 이 사건은 제주
4·3항쟁의 연장선에 있다. 그들은 제주도의 민간인을 진압하라
는 명령을 '자국민을 해칠 수 없다.'며 거부한다는 명분으로 봉
기했다. 그렇게 14연대를 접수한 후 대한민국을 뒤집어엎는 내
전을 선포했다.

---

* 흔히 여순반란사건, 여순사건으로 불린다.

부활

8
윤
리
적
세
계
와
미
학
적
세
계

좌파에게는 예나 지금이나 올바른 일을 한다는 도덕적 확신이 있다. 그 자체는 인정한다. 그들의 투쟁에 헌신과 사명감이 포함된 건 사실이다. 하지만 두 가지 실수를 저지르곤 한다. 올바른 일을 하므로 대(大)를 위해 소(小)를 희생한다는 논리로 자신들의 폭력을 정당화한다. 여순사건에서 14연대 남로당 장병들 역시 민간인을 죽이는 일에 거리낌이 없었다. 또 다른 실수는 인민 모두가 자신들을 인정하지 않을 리 없기에 사건을 일으키면 수많은 인민이 들고일어나 호응할 거라는 착각이다. 타인이란 존재는 자기가 쓴 소설의 등장인물처럼 예상대로 움직이지 않는다. 반란은 열흘을 넘기지 못하고 진압되었다.

여순사건은 남로당 본부의 지시 없이 현장의 군인들이 독자적으로 저지른 사건이라는 점에서 만주사변과 루거우차오사건을 닮았다. 그들 역시 일제강점기 동안 유신의 정신에 흠뻑 젖어 성장한 사람들이었다. 관동군이 대본영으로부터 억지로 사후 승인을 뜯어낸 것처럼 남로당 역시 여순사건을 어쩔 수 없이 승인했다. 역시나 '과단성 있게 독자적으로 무력을 행사해 뒷일은 천운에 맡긴다.'는 관념이다. 그러나 이 사건으로 군대 내 남로당 세력은 뿌리 뽑히는 결과를 맞이하게 되었다. 중책을 맡았던 박정희 역시 체포되었다. 그는 처음에 사형선고를 받았고 그다음에는 무기징역으로 감형되었다. 이 충격으로 어머니 백남의는 세상을 떠나고 말았다. 마지막에는 10년 형으로 감형되었다가 군대를 떠나는 조건으로 훈방되었다.

박정희는 남로당을 배신하고 조직원 명단을 제공하는 대가로 살아났다. 백선엽을 비롯한 만주군 출신 인맥이 큰 도움이 됐다. 그래서인지 진보진영은 이 사건을 '친일파들이 자신들의 인맥을 이용해 비겁한 공산주의자를 살렸다.'고 간단하게 결론짓는다. 보수 우익은 박정희의 '영웅다움'을 지켜내기 위해 박정희와 백선엽의 마음속으로 들어가려고 한다. 그래서 남로당은 박정희에게 사상적 차원이 아니라 어디까지나 '기질적'으로 맞았을 거라느니*, 백선엽에게 취조당하던 박정희의 목소리와 표정은 아마도 의연했다느니, 비범한 남자끼리 통하는 게 있었을 거라느니 하는 심리 소설을 써댄다.

양측 모두 확실히 고증되어 뻔히 널려 있는 사실을 보지 못하기는 마찬가지다. 박정희의 처분을 논의하는 군 인사들의 대화 기록을 보면 일관되게 그의 유능함을 반복적으로 이야기한다. 죽게 내버려두기엔 아깝다는 게 공통된 의견이었다. 그들은 비슷한 과거를 공유했을 뿐, 같은 일제 군인 출신이라고 해서 반역자를 살려주지 않으면 못 견딜 만큼 애정을 느낀 괴상한 집단이 아니다. 당시 한국군은 인력난에 시달리고 있었다. 박정희는 고급인력으로 사용되기 위해 구명됐을 뿐이고, 실제 그렇게 사용당했다. 그는 월급도 받지 못하는 민간인 군무원 신분으로 육군 정보과에 근무하게 되었다. 백선엽을 비롯해 몇몇이 소액을 모아 생활비를 주긴 했지만 그래 봐야 근근이 먹고사는 처지만 허락되었다.

박정희는 대구사범학교 졸업 직전에 아버지 친구의 딸 김호남과 강제로 결혼했었다. 아버지 박성빈이 자기 죽기 전에 막내아들 결혼하는 건 보고 싶다고 강행한 혼인이었는데, 결혼 생활은 매우 불행했다. 신혼이랄 게 아예 없었다고 한다. 박정희는 결혼을 전제로 이화여자대학교 재학생인 이현란과 동거했다. 물론 본처인 김호남과는 정식으로 이혼할 생각이었다. 하

---

* 조갑제의 추측이다.

지만 여순사건으로 감옥에 수감되었을 때 이현란은 그를 떠나 버렸다. 이현란의 집안은 공산주의를 피해 남쪽으로 내려왔다. '빨갱이'는 가문의 원수였기에 이현란은 자신의 정체를 숨겨온 박정희를 용서할 수 없었다. 박정희의 인생은 여러모로 끝났다고 할 수 있다. 아버지 박성빈처럼 집안도 자기 자신도 몰락한 상태에서 박정희의 야심은 완전히 꺾이고 말았다.

올 것이 왔다

정보과에 근무한 박정희의 가장 주목할 만한 성과는 한국전쟁 예측이다. 그는 '적어도 (1950년) 6월에는 북한이 남쪽을 침공할 것'이라며 전쟁 시기까지 정확하게 맞췄다. 그러나 이 대담한 예측은 업적으로 남지 못했다. 아무도 귀를 기울이는 사람이 없었기 때문이다. 6월 25일 북한이 남한을 침공하자마자 국군은 인민군에게 얻어터졌다. 대한민국은 멸망 직전에까지 몰렸지만 박정희는 부활했다. 국군과 인민군은 모든 역량을 쏟아붓는 과정에서 일제 군인 출신자들을 있는 대로 끌어다 활용하지 않을 수 없었다. 박정희 역시 소령으로 복귀한 후 순식간에 중령으로 진급했다. 그는 전쟁 중에 육영수를 만나 드디어 하염없이 그리워하던 이현란을 잊었다. 박정희는 김호남과 정식으로 이혼한 다음 달 육영수와 결혼했다. 정신적으로도 부활했다고 할 수 있겠다. 힘과 기회를 되찾은 박정희는 기다렸다는 듯 반란을 꿈꾸기 시작했다. 그는 전쟁 중에 임시수도였던 부산에서 구 일본군 출신이자 자신보다 한 살 많은 이용문(1916-1953) 장군의 심복이 되었다. 이용문 역시 나라를 뒤집고 싶었다. 두 사람은 의기투합해 쿠데타를 일으키기로 결의했다.

이용문은 동시대 다른 인물들과 마찬가지로, 현재의 단순한 기준으로 평가하기에는 복잡한 사람이다. 그는 일본 육군 소속으로 남방작전에 참전하다가 종전을 맞았다. 이 경우 다들 고향 땅에 돌아오기 바쁜데, 이용문은 엉뚱하게도 베트남에 갔다. 그는 호찌민(胡志明, 1890-1969)의 게릴라 활동을 도우며 프랑스 제국주의에 저항했다. 해방된 조국에 남들보다 늦게 돌아온 이용문은 일본군 출신인 자신은 국군의 일원이 될 자격이 없다고 선언하고 사업가가 되려고 했다. 하지만 군 관계자들은 그를 계속해서 설득했고 결국 뒤늦게 국군 장교가 되었다. 그렇게 죄책감을 느낄 거면 애초에 어째서 일본 육사에 입학했냐고 반문할 수 있겠다. 그러나 다시 말하지만 한국에서 일제 군관이란 '떳떳하지는 않지만 못할 일은 아닌 직업'이었다. 한 가지 확실히 알 수 있는 것은 이용문이 선명한 마초였다는 사실이다. 박정희는 남성성이 짙은 남자를 마치 예술가가 아름다운 피조물을 감상하듯이 흠모하곤 했다.

이용문은 장면(1899-1966)의 비서 출신이었다. 그와 박정희는 휴전협정을 하는 중에 이승만 대통령을 축출하고 장면을 새 대통령으로 만들자는 반란을 계획했다. 여기엔 심각한 문제가 있었다. 장면은 아무것도 몰랐다는 사실이다. 천황이 조슈 번사들에게 납치당할 뻔한 사건과 다를 게 없다. 그러나 두 사람은 조슈 번사들과는 다른 실수를 저지르고 말았다. 장면파 인사들에게 넌지시 계획을 알린 것이다. 이래서야 계획이 성공할 리 없다. 장면파 인사들은 웬 미친 짓거리냐며 호통을 쳤고, 첫 번째 쿠데타의 꿈은 날아갔다. 두 사람은 다음 기회를 노렸지만, 두 번째 꿈도 날아갔다. 1953년, 남과 북이 휴전협정을 맺기 직전 이용문은 의문의 비행기 사고로 사망했다. 같은 해 박정희는 준장으로 진급했다.

　박정희는 장군이 되고부터 독자적으로 반란을 계획했다. 그의 군대 내 기반은 생각보다 취약했다. 만주군 경력에 더해 남로당 출신이어서다. 그러므로 박정희의 쿠데타는 성공보다 실패확률이 높았다. 한 번 처형을 피했지만 실패하면 두 번째 행운은 기대할 수 없었다. 그러니 박정희가 동지들보다 자신의 목숨을 아꼈다는 말에는 약간의 수정이 필요하다. 박정희는 자신의 생사가 위험에 빠지는 것을 피하지 않았다. 남로당의 사상은 그와 공통점이 있을 뿐 일치하지는 않았다. 박정희는 죽더라도 자신이 원하는 방식으로 죽고 싶었다.

　1959년, 독재자로 타락한 이승만은 장기집권을 이어가기 위해 본격적으로 악행의 수위를 높였다. 정부통령(正副統領, 대통령과 부통령) 경선이 조기 선거로 졸속 처리되었다. 이승만은 토지개혁을 완수하고 국민에게 높은 지지를 받아 자신을 위협하는 경쟁자가 된 죽산 조봉암 선생에 누명을 씌워 사법살인(司法殺人)을 자행했다. 1960년에는 3·15 부정선거가 일어났다. 전국이 민주화 열기로 들끓게 되자 박정희와 그를 따르는 군인들은 혼란을 틈타 군사반란으로 이승만을 몰아내기로 결의했다. 거사일은 5월 8일로 결정되었다. 민중의 스타로 혜성처럼 등장하려는 계획이었다. 그러나 5월 8일보다 4월 19일이 먼저였다.

　4·19혁명이 일어났다. 박정희가 아니라 국민이 독재자 이승만을 끌어내렸다. 쿠데타 계획은 자동적으로 취소되었다. 박정희는 다시 숨을 죽였다. 국민들은 이승만 독재가 끝나고 출범한 장면 총리와 그가 이끄는 내각의 끔찍한 부패와 무능에 분노했다. 여론을 관찰하던 박정희는 1961년 4·19일로 다시 쿠데타 날짜를 잡았다. 그는 민주화 혁명 1주년에 다시 대대적인

시위가 일어날 것으로 확신했다. 계획대로 현실이 이루어지리라 믿는 점은 '유신'의 특징이었다. 박정희는 쿠데타 병력을 시위 군중 속에 뒤섞어놓았다가 일시에 조직적으로 움직여 정부와 주요 시설을 장악하려고 했다. 그러나 혁명 1주년, 거리에는 아무 일도 일어나지 않았다.

박정희는 당황했다. 이미 군대 내에는 박정희가 쿠데타를 일으킨다는 소문이 잔뜩 퍼졌다. 이 소문은 정치권에도 돌고 있었다. 돌아오기엔 너무나 먼 강을 건넜다. 게다가 5월 말 박정희는 예편될 예정이었다. 근무 평가가 좋지 않은 고위 장교들이 정리될 예정이었는데, 박정희는 남로당 경력 탓에 명단에 들어가 있었다. 박정희는 마지막 기회에 모든 것을 걸었다. 1961년 5월 16일 새벽, 5·16 군사정변을 일으켰다. 쿠데타는 처음부터 뭐 하나 제대로 돌아가는 게 없었다. 작전 시간에 앞선 전날 밤부터 여기저기서 정보가 새고 밀고되었다. 실패를 예상한 박정희가 막걸리에 거나하게 취한 채 반란을 지휘했다는 사실은 유명한 일화다. 하지만 여관에 숨어서 막걸리나 마시며 신세를 한탄하다가, 혹은 도망갈 준비를 하다가 전세가 유리해지자 부하들 앞에 나타났다는 이야기는 시간관계상 사실이 아니다. 박정희는 자신의 멸망을 예감하고 청진동의 한 대폿집에서 막걸리 세 대접을 연거푸 들이켰다. 그는 대폿집을 나선 후부터는 밤을 새워 죽음을 향해 전진했다. 날이 밝자, 결과는 성공이었다.

5·16은 여러 가지 면에서 세계사적으로 특이한 쿠데타다. 해방된 지 15년 이상이 지난 상태였다. 한국은 세계에서 가장 가난한 나라로 신생 독립국이 되었다. 국민은 발전 없이 정체만 되어 있는 나라의 현실에 질린 상태였다. 엄밀히 말해 정체

가 아니라 퇴보였다. 부패와 혼란이 극에 달해 있었다. 정치권
도 쿠데타 소문을 뻔히 들었지만 어찌해야 할지 몰랐고, 어떤
면에서는 담담히 반란을 기다렸다. 국민도 은근히 군대에 기대
를 걸고 있었다. 미국 국무부의 〈팔리(Farley) 보고서〉는 장면
정부가 같은 해 4월을 넘기지 못하리라 예측했고, 심지어 공산
혁명이 일어나도 이상하지 않다고 서술했다. 이런 상황에서 정
부도 군도 박정희의 쿠데타를 반드시 막아내야만 한다는 사명
감에 불타기 힘들었다. 박정희가 실패해도 다음, 그다음이 예정
된 거나 마찬가지였다. 그래서 박정희는 쿠데타 당일 피 한 방
울 흘리지 않고 입법, 사법, 행정 3권을 완전히 장악했다.
5·16에 대한 한국 사회의 반응은, 당시 유행했던 짧은 문장으로
모두 설명된다.

　　올 것이 왔다.

그러나 쿠데타만 오지는 않았다. 군화 소리와 함께, 유신이 돌
아왔다.

절
정

9

최고의 사랑, 완전한 사육

민족국가의식 없는 민족의식

5·16은 세계에서 '가장 오래 걸린 쿠데타'라는 기록을 갖고 있다. 박정희는 쿠데타에 성공한 후 대통령에 취임하기까지 무려 2년 반의 시간을 통과해야 했다. 민주주의 혁명에 성공한 한국인들은 시민의식이 최고조에 달해 있었고 자신감도 충만했다. 한국은 물론 외국에서도 자주 간과되는 사실이 있다. 박정희는 군사력으로 권력을 장악했지만 엄연히 투표를 통해 국민에게 권력을 승인받았다. 박정희는 '만주군 출신의 쿠데타 수괴'였는데도 일반 국민은 물론 독립운동가와 민족주의자들에게까지 지지받았다. 지지하지 않는 이들도 최소한 쿠데타가 불가피했다고 인정했다. 그러나 인정받은 것은 박정희의 행위지, 박정희 자신은 아니었다.

박정희는 먼저 육군참모총장인 장도영을 혁명의 간판으로 내세웠다. 군사혁명위원회 의장, 국가재건최고회의 의장, 내각 수반, 국방부 장관을 겸한 장도영의 미래는 뻔했다. 박정희는 장도영이라는 간판을 내리면서 자신의 존재를 드러냈다. 장도영의 운명은 수순을 밟았다. 그는 반혁명 혐의로 무기징역을 받아 '위험성이 제거된 후' 사면되었다. 그 후 미국에 정착해 조용히 대학교수로 살다가 생을 마쳤다. 이 정도면 적당히 예우받으며 숙청당했다고 볼 수 있다.

국민은 5·16으로 막힌 체증이 뻥 뚫리는 기분을 느꼈다. 박정희는 사람들이 원하는 스펙터클을 제공했다. 그때까지 한국 정치권의 타락은 경찰과 정치깡패의 폭력을 동반했다. 박정희의 군부가 폭력조직 보스 이정재를 잡아들여 모욕적인 복장으로 길거리에 조리돌린 사진은 유명하다. 이정재는 다른 유명한 깡패들과 함께 사형당했다. '이승만의 개'였던 경찰 곽영주도 마찬가지였다. 숱한 악행을 저지른 이정재는 씨름 천하장사 출신답게 죽을 때는 무인다운 모습을 보였다. 그는 교도관에게 농담을 건네며 형장으로 들어가 "잘못이 있으므로 억울하지 않다."는 호쾌한 유언을 남기고 세상을 떴다. 그런데 당시 한국에서 가장 유명한 조직폭력배는 이정재가 아니라 김두한이었다. 박정희 군부는 김두한은 일절 건드리지 않았다. 그가 정말로 협객이었는지, 사실은 악인이었는지 여부와 별개로 민중이 그를 좋아했기 때문이다. 박정희는 선전술의 대가였다.

민주적 절차를 무시한 사회악 척결은 민중에게 선명한 프로파간다로 다가왔다. 옳지 않은 대신 매혹적이다. 박정희는 이를 '구악일소(舊惡一掃, 나쁜 옛것을 모조리 쓸어버림)'라고 이름 지었다. 구악일소는 일본의 우파 정치인 기시 노부스케(岸信介, 1896-1987)*가 1957년 총리로 취임하면서 주창한 '삼악척결(三惡剔抉)'과 일맥상통한다. 여기서 삼악은 부정부패, 가난, 폭력을 말한다. 삼악척결 역시 일본 내에서 유행어가 될 정도로 반향이 컸다. 기시 노부스케와 박정희는 여러 가지 면에서 쌍을 이룬다. 그도 그럴 것이 두 사람은 모두 만주에서 조립이 끝나고 완제품이 된 인간이었다. 기시 노부스케는 야마구치현, 즉 조슈 번 출신으로 정치적 배경 자체가 일본 우익의 심장이라고

---

* 일본의 정치가. 아베 신조(安倍晋三) 전 총리의 외할아버지다.

할 수 있다. 그는 군인은 아니지만 관동군 파벌의 거물로, 만주국의 경제를 총괄하면서 경영한 경력을 지녔다.

　박정희와 기시 노부스케는 한국전쟁으로 부활했다는 점에서도 동류의식을 느낄 만하다. 기시 노부스케 역시 한국전쟁으로 결정적 도움을 받았다. 그는 극동국제군사재판에서 A급 전범 용의자로 갇혀 있었다. 한국전쟁 전까지 미국은 일본의 기존 권력구조를 해체해 공백 상태로 만든 다음 미국의 사상과 취향에 맞게 일본 정치를 재창조하려고 했다. 하지만 한국전쟁이 발발하자 일본의 기득권을 되살려 활용하는 쪽으로 방향을 틀었다. 소련과 벌이는 냉전의 북방한계선을 확보하는 일이 무엇보다 급했기 때문이다.

　기시 노부스케는 총리에서 물러난 뒤 막후에서 일본 정계를 움직이는 흑막이 되었다. 현대 일본의 밀실 정치, 세습 정치를 확립한 인물로 현대의 쇼군이라고 할 수 있다. 별명은 참으로 적절하게도 '쇼와의 요괴(昭和の妖怪)'다. 기시 노부스케는 거물답게 별명을 선선히 인정했다. 그런데 박정희의 구악일소와 달리 그의 삼악척결은 꼴사나운 실패로 끝났다. 두 사람 모두 '무력을 통한 순수한 청결'을 추구했다. 나의 표현이 아니다. 박정희는 기존 정치인을 공격하고 단죄하는 '정치활동정화법(政治活動淨化法)'을 발표하기까지 했다. 그런데 일본의 경우 정식 군대도 아닌데다가 미군의 통제를 받는 자위대로는 제대로 사회 정화에 나설 수가 없었다. 그래서 기시 노부스케 내각은 우익단체의 폭력행위를 사용했다가, 그걸로도 충분하지 않자 야쿠자를 동원했다. 이것이 문제가 되어 총리 자리에서 물러났던 것이다. 그에 반해 군대를 보유한 박정희는 깔끔하게 성공했다.

박정희는 성공을 이어나가기 위해 기시 노부스케가 필요했다. 경제발전 때문이다. 경제성장에 대한 박정희의 욕망을 쿠데타로 차지한 권력의 정당성을 확보하기 위한 몸부림으로 간단히 평가할 수는 없다. 한국 경제성장에 있어 박정희의 역할이 어느 정도였는지에 대한 판단은 독자의 자유에 맡기겠다. 이 책의 주인공은 어디까지나 유신이다. 그러나 여기서 나는 박정희가 그 자신의 표현으로는 '민족중흥(民族中興, 민족이 다시 일어남)', 구체적으로는 한국인이 가난을 벗어던지고 잘살게 되는 일에 '나름의 사명감'이 있었다는 사실은 양보하지 않겠다. 이것이 20세기 신생 독립국의 수많은 독재자와 박정희의 차이점이다. 물론 나라를 망친 타국의 독재자들도 '나름의 애국심'은 투철했을 것이다. 대체로 독립운동에서 두각을 나타난 이들이니 말이다. 그런데 박정희의 애국심은 두 가지 의미에서 다르다. 첫째, 민생이다. 세계에서 가장 가난한 나라의 국민이었던 한국인이 '대체로 잘 먹고 잘사는 상태'가 그의 확고한 목표였다. 둘째, 결과주의다. 목표를 이루기 위해서는 어떤 방식도 정당화된다는 믿음이다.

박정희는 일제강점기 시절 조선인의 정체성을 분명히 가지고 있었다. 그야 조선인이니 당연하다고 할 수 있지만, 그에게는 위험을 감수할 만큼 선명한 면이 있었다. 그는 문경보통학교 교사 시절 조선어 시간에 태극기를 가르치고, 학생들에게 조선어 가요와 전통 민요를 알려주기도 했다. 그러나 조선의 역사를 가르치는 것만큼 위험한 일은 없었다. 박정희는 몰래 민족사를 수업할 때마다 학생 중 한 명을 복도에 보초로 세워두었다. 그는 학교 운동회 때 100m 달리기에서 일본인 교사에게 졌는데, 그때부터 달리기를 열심히 훈련해 다음 시합에서는 이겼다고 한다. 학생들에게 조선인이 일본인을 이기는 모습을 보여주려는 마음이었을 것이다. 달리기 일화는 의심할 여지가 없다. 스포츠의 순위는 명확한 기억으로 남기 때문이다.

박정희는 학생들과 몹시 돈독한 사이였다. 그는 군국주의자였으면서도 눈앞에 있는 사람을 매우 부드럽게 대하는 특징을 평생 유지했으니, 학생들에게는 분명히 좋은 교사였을 것이다. 그의 제자 중 한 명은 박정희가 만주군 장교가 되어 귀향했다는 소식을 듣고 반가워서 하던 일을 멈추고 그가 있는 곳으로 뛰어가기도 했다. 학생들에게 이 정도로 사랑받는 교사는 드물다. 물론 '사건'에 대한 제자들의 증언은 추억과 세월의 힘에 깎여 정확성이 무디다. 일제 경찰과 자주 언쟁했다는 이야기, 일본인 교사에게 '조선인 주제에'라는 말을 듣고 격분해서 의자를 집어던졌다는 이야기, 조선인 학생들을 줄 세워 혼내는 일본인 교사에게 항의한 이야기 등이 있다. 심지어는 일본인 교사들에게 몰매를 맞았다거나, 격분한 박정희가 교장을 두들겨 팼다는 증언까지 있다. 모두 사실일 수도 있겠지만 정확성을 장담하지 않는 편이 현명하다. 그러나 박정희가 조선인이 무시당하는 일을 참지 못했다는 사실만큼은 분명하다. 그래서 자신이 속한 영역의 일본인 권력자들과 사이가 나빴다는 것도 확실하다. 그렇지 않았다면 훗날 교장, 군수, 서장을 무릎 꿇릴 이유가 없다. 그런데 그렇게 민족적 정체성이 선명했음에도 불구하고 만주에 왜 갔냐는 질문에는 무심하게 "긴 칼 차고 싶어서 갔"다고 직설적으로 대답하였다.

박정희에게 무력에 대한 탐미가 있었다고 쳐도, 어째서 일제의 군인이 되는 일이 그렇게까지 아무렇지 않았을까. 나의 가설은 다음과 같다. 일제강점기 시절 박정희에게 민족의식은

있었지만 민족국가의식은 없었다. 어차피 조선 민족의 구체제
는 무너진 채였고, 그 자신은 일제 체제에서 태어나 자랐다. 일
제는 그에게 자연환경과 같은 의미의 조건이었다. 그는 일제가
지배하는 동아시아 세계 안에서 조선인도 얼마든지 해낼 수 있
다는 사실을 보여주고 싶었다. "민족의식이 있었는데도 만주에
갔다는 게 무슨 소리냐?"와 같은 식의 질문은 잘못되었다. 이런
질문은 민족의식과 일제 군관이라는 직업이 물과 기름처럼 결
코 섞일 수 없다고 단정한 후에야 가능하다. 박정희는 민족의
식을 가지고 만주에 갔다. 이것이 청소년기, 당시 기준으로는
청년기에 3·1만세운동을 경험한 셋째 형 박상희와의 차이다.
박정희의 일본 육사 동기인 이한림(1921-2012)의 회고는 민족
국가의식 없는 민족의식이 어떤 것인지 여실히 보여준다. 그와
박정희를 포함한 조선인 일본 육사 동기생 6명은 졸업하면서
이렇게 맹세했다.

> 죽는 날까지 우리는 헤어질 수 없다. 마음은 항상 같이한다는
> 뜻이다. 그리고 조국의 독립을 위해 우리는 각각 최선을 다하
> 자. 비록 일본 군복을 입었을지라도 우리는 자랑스러운 조선
> 인이라는 것을 항상 기억하자.*

박정희에게 조선 민족의 봉건체제는 두 가지 의미에서 철저하
게 실패했다. 첫째, 외세에 무기력하게 패배했다. 둘째, 조선인
대다수를 차지하는 빈농들, 바로 자신의 가족과 같은 사람들이
희망 없이 살아가는 세상을 물려주었다. 빈농들이 착취당한 구

---

* 이한림,《세기의 격랑: 이한림 회상록》. 팔복원, 2005, p.404.

조는, 비록 일제강점기에 더욱 심해지긴 했지만 조선 후기의 국가적 실패에서 이어졌다. 박정희는 깊은 연구 없이 한국의 전근대 봉건 역사를 철저히 부정했는데, 별달리 연구할 필요성을 느끼지도 못했다.

박정희가 동학농민운동을 '동학농민혁명'으로 치켜세우고 관련 사업을 벌인 일을 단지 그의 아버지가 접주였기 때문이라고 평가하는 건 잘못됐다. 박정희는 동학이 조선의 구체제를 부정하는 평등운동이었기에 경의를 바쳤다. 한국의 최고 권력자가 된 후 출간한 저서인 《국가와 혁명과 나(國家와 革命과 나)》는 한민족의 구체제를 확고하게, 냉정히 표현하면 무식하게 비난한다. 그중에서도 박정희 자신에게 내적 실패와 외세에 대한 패배를 모두 안겨준 조선왕조에 대해서는 특히 가차 없다.

> 이 민족은 겨우 삼천리의 좁은 변강 속에서 세계 희유의 순혈 동포이면서도 혹은 분방 혹은 상잔을 거듭하면서 오랜 세월 동안 두터운 봉건 속에서, 빈곤과 나락과 안일무사주의의 악순환 속에서 분열 파쟁만을 일삼아왔다. 이조(李朝)는 항상 당파분쟁에 빠져 있는 동안 결국 망국의 비운을 맛보게 된 것이다.

총칼의 명징함을 믿는 박정희에게 '당파분쟁'이야말로 실패의 결정적 이유로 보였을 것이다. 그래도 그가 조선왕조의 업적 중 딱 하나 인정하는 게 있다. "한글 이외에 '우리의 것'이라고 분명히 말할 수 있는 것은 무엇이 있을까." 박정희의 믿음은 일방적이고 편협하지만, 자신의 믿음 안에서만큼은 진정성이 넘쳤다. 그는 한글과 한국어를 정말로 사랑했다. 한자 서예의 달인이면서도 한글 서예에 집착했으며, 교사 시절 조선어 수업에 가장 열정적으로 임했다.《국가와 혁명과 나》는 21세기를 사는 한국인을 불쾌하게 만들기 충분하다. 그런데 박정희는 한국의 역사를 부정하고 있지, 한국인의 잠재력을 무시하지는 않는다.

> 순수한 동포민족, 천혜의 금수강산, 무비의 고유문화를 지녔으면서 알맞은 국토, 알맞은 인구, 알맞은 자원을 가지고도 한 번 국가다운 국가를 세워보지 못하였음이 오늘날까지의 우리 역사를 생각하면 참으로 곤욕과 피눈물에 점철된 것이 우리의 역사였다. 스스로 통탄과 비분과 치욕을 금할 수 없는 우리의 과거였다.

위의 문단을 음미해보면 박정희가 한국인이 가진 재능과 한국인이 처한 현실의 격차에 화가 단단히 나 있음을 알 수 있다. 그는 한국이 세계에서 가장 가난한 나라라는 현실에 분노를 느꼈다. 박정희는 가난한 처지뿐 아니라 가난이라는 현상 자체를 증오했다. 박정희는 만주에 진출한 빈농의 자식들을 보며 조선인도 기회만 있으면 얼마든지 잘 해낼 수 있다는 사실을 관찰했다. 한국인이 스스로 뛰어난 만큼 누리지 못해온 사실이 '곤욕', '피눈물', '통탄', '비분', '치욕'일 정도로 그에겐 자존심 상하는 일이었다. 자존심이 상하려면 먼저 자존심이 강해야 한다. 존재하지 않는 건 훼손되지도 않는다. 그래서 박정희에게 한국 역사는 자신의 표현 그대로 '악의 창고'다. 뛰어난 민족을 못살게 했기 때문이다.

박정희는 모순된 인물이 아니다. 일제 체제에서는 성공한 황국 신민(국적)이자 자랑스러운 조선인(민족 정체성)이 되면 된다. 마찬가지로 독립국이라는 조건이 주어진 상태라면 성공한 나라를 만드는 국민이 되어야 한다. 이 두 가지는 박정희의 세계 속에서 전혀 충돌하지 않는다. 그러므로 다음의 결론은 박정희 자신에게는 지극히 진실되고 당연하다.

> 변경을 넘어 해외로의 웅비는 고사하고 한 치의 앞마저 내다 보지를 못하고 항시 중국, 일본, 러시아의 강압 속에 숨 막히 는 질식 생활을 영위하여 온 우리 민족이었다. (…) 나는 지금 이 시점에서 우리가 세계로 웅비하는 일대 선진국으로 도약 하지 못하고 좌절한다면 위의 지적대로 중국, 일본, 러시아의 3대 대국(大國)의 각축 속에 휘말려 또다시 그들의 속국으로 전락할 우려가 있음을 통감하게 된다.

박정희의 내면을 이해하지 않으면 '만주군 장교 출신 한국 지도 자의 애국심'을 이해할 수 없다. 그가 20세기에 가장 성공한 독 재자이면서, 아마도 역사상 유일하게 '반민족 행위에 가담했으 면서도 민족의 성공에 가장 진심이었던' 특이한 독재자였다는 사실에 불쾌한 이들도 있을 것이다. 어쩔 수 없다. 사실은 사실 이다. 그런데 박정희에게 있어 1960년대 초의 가난한 대한민국 을 '세계로 웅비하는 일대 선진국으로 도약'시킬 방법은 무엇이 었을까.

　돈을 벌려면 밑천이 있어야 한다. 미국의 원조가 있었지만 부족했다. 미국이 원하는 한국은 농업으로 굶지 않을 만큼 먹 고 살고, 중소기업 위주 경공업으로 용돈이나 조금 버는 나라 였다. 그 이상의 미래는 한국에 불가능하다고 봤다. 미국의 돈 은 부족하기도 했거니와, 주는 쪽이 지시하는 대로 써야 했다. 박정희의 눈에 한국을 발전시킬 '진짜 돈'은 일본에 있었다. 발전의 밑천을 잡기 위해서는 한일협정이 타결되어야만 했고, 쇼와의 요괴를 움직여야 했다. 이제부터 박정희의 고도로 발달한 미감이 제대로 힘을 발휘하기 시작한다.

만찬장에 울려 퍼진 기립박수

쿠데타에 성공한 해, 박정희는 국가재건최고회의 의장 자격으로 기시 노부스케에게 친서를 보냈다. 옛 동아시아 전통의 두루마기 형식으로, 긴 직사각형의 종이에 내용이 오른쪽에서 왼쪽으로 길게 이어지는 특이한 형태의 친서였다. 박정희는 번역의 수고를 수신자 측에 넘기고 국한문(國漢文, 한글과 한자를 함께 씀) 혼용으로 편지를 썼다. 그는 한자로 쓸 수 있는 모든 단어를 한자로, 그것도 전통 붓글씨로 썼다.

　　조선 후기와 일본 에도시대를 기준으로 한일 양국의 미술에는 재미난 특성이 있다. 서예는 조선이 압도하고 회화의 수준과 상상력은 일본이 크게 앞섰다는 점이다. 조선 서당을 다닌 박정희의 서예 솜씨는 일본의 지식인들을 깜짝 놀라게 하기에 충분했다. 당연히 그는 일본식이 아닌 전통 조선식 서체로 친서를 썼으며, 두 가지 장르 이상의 서예 실력을 과시하기 위해 해행(楷行, 정자체와 필기체를 절충한 서체) 기법을 사용했다. 흥미롭게도 박정희가 기시 노부스케에게 보낸 친서의 글씨는 한국인이 익히 알고 있는 박정희의 휘호보다 훨씬 아름다워서 같은 사람의 글씨가 맞나 싶을 정도다. 기술적으로 흠잡을 데가 없는 건 물론이고 미술적으로도 굉장하다. 그 이유는 어린 시절의 가난 때문이다. 서예는 원래 큰 글씨부터 연습하는 것이 정석이지만, 그건 부유한 가정의 자제들이나 누릴 수 있는 특권이다. 동아시아 전통사회에서 가난하게 자란 사람은 큰 글씨를 못 쓰는 경향이 있다. 값비싼 먹과 종이를 낭비할 수 없기 때문이다.

　친서의 문투가 지금 기준에서 몹시 예의 바르다는 이유로 굴욕적인 친서라고 비통해하는 한국인들이 있는데, 전혀 본질이 아니다. 애초에 그렇게 고풍스러운 친서를 쓰면서 예의를 갖추지 않는 것도 영 어색한 일이지만, 박정희가 친서를 통해 한 행위는 부탁이 아니라 '공략'이다. 박정희는 처음부터 감성, 추억, 기개 그리고 미학적 접근으로 복잡한 중간 과정을 생략하고 최대한 빨리 일본의 돈을 타낼 생각이었다. 친서는 일종의 예고편이었다. 1961년 11월 11일, 박정희는 일본을 방문했다. 박정희의 방문은 만주군관학교와 일본 육군사관학교 동기들에게 뜨거운 뉴스였다. 일본의 유신은 미군의 포화에 짓밟혔는데 박정희는 관동군의 방식으로 나라를 차지했으니 말이다.

　사실 일본은 처음에는 5·16 소식에 잔뜩 긴장했다. 그 무렵에 세계 곳곳에서 쿠데타에 성공한 인물들은 하나같이 강경한 민족주의자였다. 한일 양국의 군사력은 뒤바뀌어 있었다. 일본은 미국에 의해 군대가 해산된 상태였던 반면 한국은 전쟁을 통해 현대적인 군대를 보유 중이었다. 예측 불가능한 박정희라는 인물이 무슨 짓을 할지 알 수 없었다. 그러다 사진과 영상으로 박정희를 본 일부 일본인들, 즉 그의 사관학교 동기생과 군 동료들은 비로소 박정희가 '다카키 마사오'라는 사실을 알고 안도했다. 그러나 완전한 안도란 있을 수 없었다. 그들은 모두 군대 내에서 조선인 차별에 가담하거나, 최소한 차별을 방관한 경험이 있었다.

　박정희는 선글라스를 낀 채 만찬장에 나타났다. 비밀스러운 실체를 노출할 때의 스펙터클을 위해서는 긴장감을 고조시켜야 하는 법이다. 우리는 이제부터 박정희가 만찬장에서 보인 언행을 잘 연출된 하나의 퍼포먼스로 이해해야 한다. 만찬장의 주인은 기시 노부스케였지만 박정희는 처음에 그에게 큰 관심을 보이지 않았다. 만찬장 구석에는 육군 소장 출신으로 만주군관학교 교장을 역임했던 나구모 신이치로(南雲親一郎, 1886-1963)라는 노인이 존재감 없이 앉아 있었다. 이제 은퇴해 조용히 살던 노인이었던 신이치로는 그렇게 중요한 자리에 낄 위치가 못 됐지만, 박정희가 만주군관학교 생도였던 시절에 교장이었던 인연으로 참석한 참이었다. 이는 박정희의 요청이었다. 박정희의 정체를 확신할 수 없어 긴장하던 일본인들 중에서도 나구모 신이치로만큼 심경이 복잡한 사람은 없었을 것이다.

> 오늘 이 자리에는 박정희 의장께서 요청하신 바에 따라서 특별한 손님 한 분을 모셨습니다. 박 의장께서 만주군관학교에 재학 중일 때 교장으로 계셨던 나구모 선생입니다.[*]

일본 외무상이 소개하자 나구모 신이치로가 일어나 정중하게 인사했고, 박수가 나왔다. 흔하디흔한 진지한 술자리 풍경이다. 모두가 축배를 들려는 와중에 갑자기 박정희가 자리에서 일어났다. 참석자들은 순간 박정희를 주목했다. 그는 나구모 신이치로가 앉은 식탁 말석으로 걸어갔다. 노인은 당황한 채 자리에서 일어났다. 그러자 박정희는 나구모 신이치로에게 큰절을 올

---

[*] 이하 각 사람들의 발언과 만찬장 풍경은 다음의 기사를 참고하였다. 조갑제, 〈[박정희 생애] 제11부 국가개조(37)〉, 《조선일보》, 1998년 12월 22일.

리는 놀라운 모습을 연출한 후 입을 열었다.

교장 선생님께서 저를 이렇게 키워주셔서 감사합니다. 선생님의 지도와 추천 덕분에 육군사관학교를 나와 여기까지 오게 되었습니다. 건강한 모습을 뵈니 대단히 기쁩니다. 앞으로도 건강하시고 장수하시기 바랍니다.

안도하고 감격한 나구모 신이치로가 말했다.

도리어 제가 몸 둘 바를 모르겠습니다. 박 군(君)이 이렇게 국가 지도자가 되셔서 기쁩니다. 그렇게 과찬의 말씀을 해주시니 제 생애의 영광입니다.

박정희는 나구모 신이치로에게 술잔을 내밀고 두 손으로 술을 따랐다. 잠깐의 정적이 흐른 후, 우레와 같은 기립박수가 만찬장을 뒤덮었다. 그 순간 기시 노부스케는 박정희에게 완전히 반하고 말았다. 동아시아의 전통적인 사제관계의 관계를 핑계로 박정희가 보여준 것은 유신의 부활이었다. 유신의 혼이 한반도에 살아있었던 것이다. 박정희는 일본 우익 정치 세력에게 최고의 멋쟁이가 되었다. 그가 일본에서 분석이 아니라 탐미의 대상이 된 예로는 오노 반보쿠(大野伴睦, 1890-1964)*의 경우를 들 수 있다. 오노 반보쿠는 박정희의 5대 대통령 취임식에 당시 자민당 부총재 신분으로 참석했다. 그는 일본으로 돌아가서 박정희의 5대 대통령 취임사가 '세기의 연설'이었다며 칭송했다.

* '원숭이는 나무에서 떨어져도 원숭이지만, 국회의원은 선거에서 떨어지면 아무것도 아니다.'는 명언으로 유명한 정치인이다.

역사적인 명연설이 쏟아져나온 20세기에 박정희의 취임사가 과연 그 정도 수준이었는지는 의문이지만, 어쨌든 반보쿠는 이미 감격할 마음의 준비를 마치고 취임사를 들었을 게 틀림없다.

다음날 오찬에서 박정희는 기시 노부스케에게 "우리는 한국군을 훈련할 때 옛날 일본제국 사관학교에서 생도들을 훈련하듯이 하고 있다."는 말을 건넸다. 이때는 선글라스를 끼지 않았다. 이미 개봉한 내용을 다시 가릴 필요는 없는 것이다. 박정희가 대통령에 당선되었을 때, 외국에서는 군사쿠데타에 의한 집권이라는 이유로 사절단으로 보내는 관료의 직급을 낮추거나 아예 보내지 않았다. 그런데 기시 노부스케는 직접 예방했다. 여기까지만 보면 박정희가 기시 노부스케를 마음대로 움직인 것처럼 보인다. 하지만 요괴라는 별명은 공짜로 얻은 게 아니다. 그는 박정희의 미학에도 반했지만, 김종필의 직선적인 남성성에도 주목했다.

기시 노부스케는 일본제국의 군인이었던 경험이 없는 김종필에 대해서는 박정희와 전혀 다르게 대했다. 김종필은 어려서부터 일제 체제에 대한 반골 기질이 넘쳤고 조선인으로서의 자존심도 강했다. 공주중학교에 다닐 때는 일제식 교육에 반발해 동맹휴학을 주도했다가 경찰서에 끌려간 적도 있다. 도쿄에서 유학 중일 때는 조선인은 왜 전쟁터에서 싸우지 않냐는 말을 한 일본인 대학 선배를 폭행했다. 결국 조선에 돌아와 사범학교를 졸업했는데, 교생 실습을 나가서 일본인 교감을 때려눕혀 헌병대 영창에 끌려갔다. 그렇다고 김종필이 남을 때리기만 하진 않았다. 밖에서 사고를 치고 들어올 때마다 아버지에게 종일 쉬지 않고 두들겨 맞았다. 아버지의 노력(?)과는 달리 별로 반성하진 않은 것 같다.

김종필은 박정희 밑에서 장교로 근무할 때 작은아버지를 찾아왔다가 말라리아에 걸려 쓰러진 박상희의 장녀 박영옥 (1929-2015)을 간호했다. 미남미녀로 이름난 두 사람은 마치 예정되어 있던 일처럼 서로에게 반했다. 김종필의 성격을 뻔히 아는 박정희는 존경하는 형의 딸을 무슨 사고를 칠지 모르는 녀석에게 넘겨줄 생각이 없었다. 특유의 기운을 눈여겨봐 이미 군사반란 동지로 점찍기는 했지만, 여자를 고생시키기에 최적의 인간형이기도 했다. 나중에는 마지못해 두 사람의 결혼을 허락하고 말았지만 말이다.*

기시 노부스케 역시 김종필을 잘 파악했다. 그는 김종필의 혈기를 누그러트리기 위해 자신의 양심과는 거리가 먼 대신 간단하고 확실한 방법을 사용했다. 김종필의 회고에 따르면 기시 노부스케는 김종필을 만날 때마다 "일본이 한국을 괴롭혔다.", "일본인으로서 사과드린다.", "한국이 부흥하기 바란다." 따위의 말을 아무렇지 않게 말하곤 했다.

기시 노부스케의 말이 진심일 가능성은 없다. 그는 현재 일본 극우의 시조 중 한 명이며 일제강점기에는 조선인 강제징용을 주도한 인물이다. '요괴'인데 무슨 말인들 못 해주겠는가. 기시 노부스케는 박정희를 유신의 낭만을 공유한 '만주국 선후배' 사이로, 김종필을 제국주의의 가해자와 피해자 사이로 대했다. 이쪽도 박정희와 김종필과는 다른 의미로 대단한 인간이다.

박정희가 꿈꾼 경제성장의 중추적 토대에는 중화학공업이

---

* 김종필은 세상을 먼저 떠난 아내를 지극정성으로 간호했다. 간호로 시작해 간호로 끝난 사랑이라고 할 수 있다. 아내와 한 묘에 합장된 그는 생전에 자신의 묘비명(墓碑銘)을 직접 썼는데, 비명에서 아내를 영세반려(永世伴侶, 환생할 때마다 만나 사랑할 영원한 반려자)로 표현했다.

298

있었다. 물론 중화학공업은 이승만 정부와 장면 내각의 꿈이기도 했다. 차이가 있다면 박정희는 어떤 수를 써서라도 당장 시작하려고 했다는 점이다. 중화학공업은 금방 성과를 내기는 힘들지만 미래에 선진국으로 올라서기 위한 고급산업의 토대가된다. 하지만 이승만과 장면은 외국의 반대와 현실의 한계에 부딪힐 때마다 어쩔 수 없이 계획을 보류했다. 상식의 차원에서는, 할 수 없으면 없는 것이다. 하지만 유신의 차원에서는 다르다. 일단 하고 보는 것이다. 박정희는 수력발전, 화력발전, 정유(석유 정제), 종합 제철(철강과 비철금속 제강), 비료, 시멘트, 종합기계, 조선(造船, 선박 제조), 자동차 등 중화학공업 전 분야에 걸친 계획을 수립했다. 그러나 미국을 비롯한 선진국들이 하지 말라고 뜯어말렸다. 돈을 주는 쪽이 받는 쪽을 지배한다. 박정희는 정유와 비료 분야만 간신히 남기고 패퇴했다.

그렇다, 박정희는 중화학공업을 위해 외국의 돈이 아니라 한국의 돈을 확보해야 했다. 기시 노부스케와 느낀 교감만으로는 한국의 돈이 생기지 않는다. 밑천을 정당하게, 제대로 확보하기 위해서는 국가재건최고회의 의장이 아니라 군복을 벗고 대통령 선거에서 당선되어야만 했다. 다음 공략 목표는 민심(民心)이었다.

모시는 존재와 부리는 존재의 시대감각

박정희는 민주공화당(民主共和黨)을 창당해 민정당(民政黨)의 윤보선(1897-1990)과 5대 대통령 자리를 놓고 맞붙었다. 민정당은 민주당계 정당의 뿌리인 한민당(한국민주당, 韓國民主黨)의 후신 중 하나다. 민정당은 박정희의 군정(軍政, 군의 통치)을 부

절정

9
최고의 사랑, 완전한 사육

정하기 위해 '민주'에서 '민정(民政, 민간 통치)'으로 개명한 이름이라고 할 수 있다. 부유한 친일 지주들의 자금으로 출범했다고 해서 한민당을 '친일지주연합정당'이라고 못 박는 건 조금 불공정하다. 비록 그런 별명이 있었던 게 사실일지라도, 한민당에는 독립운동가와 그들의 후손도 많았다. 물론 그들도 부유하기는 마찬가지였다. 한민당 구성원들이 경제적 기득권을 가지고 누린 풍요에 큰 불만은 없다. 원래 정치세력의 울타리란 처음에는 있는 자들의 출자금으로 세워지게 마련이다.

대선일은 1963년 10월 11일. 1963년 한국 인구의 절대다수는 농민이었다. 박정희는 어떻게 선거운동을 해야 할지 정확히 알고 있었다. 박정희가 권좌에서 쫓아낸 장면은 주막에 묵었을 때 주모가 표주박에 떠다준 물을 마시지 않았다. 표주박이 더럽다는 이유에서였다. 박정희를 낙선시키기 위해 선전작업에 뛰어든 장택상은 친일지주 장승원의 아들이다. 박정희의 아버지와 둘째 형을 소작농으로 부린 바로 그 집안이다. 장택상은 아버지와는 달리 용감한 독립운동가였지만 어리석게도 박정희를 '우리 집 머슴 집안 자식'이라고 조롱하고 다녔다. 그는 일제 강점기에 일가친척 중 머슴 노릇 한 번 안 한 사람 없는 집안이 드물다는 것을 간과했다. 장택상이 차고 다녔던 스위스제 명품 시계 파텍 필립(Patek Philippe)은 당시 한반도 전체에서 가장 비싼 시계였다. 박정희의 대선 경쟁자였던 윤보선 역시 부유한 집안의 자제였다. 그는 미국에서 직수입한 고급 승용차를 동원해 카퍼레이드를 펼치며 선거유세를 했고, 비행기로 선거 홍보물을 살포했다. 말 그대로 돈을 '뿌려댔다.'

박정희는 밀짚모자를 쓰고 바지를 걷어 올린 채 논두렁에 나타났다. 좁고 척박한 땅뙈기에서 집안의 농사일을 도우며 자란 그는 아무렇지 않게 농사 현장에 나타나 땀을 흘리며 농민들 사이로 파고들었다. 농부들이 보기에도 농사일을 척척 잘해냈음은 두말할 나위도 없다. 그는 촌스럽고 가난한 옷을 입어 자신의 작고 가무잡잡한 외모의 효과를 극대화했다. 한국 대선 역사상 가장 완벽한 선거운동 이미지였다. 논두렁에서 박정희가 두 손으로 나이든 농부에게 막걸리를 따라 올리는 사진은 그의 출신 계급을 상기시켜주는 동시에, 그 메시지도 명확하다. 막걸리와 파텍 필립 중 당신이 원하는 것을 선택하시오!

민주공화당의 로고는 황소였다. 한반도의 농민들에게 오랫동안 황소는 고된 노동과 헌신의 상징이었다. 대선 유세에도 황소가 등장했다. 국민을 위해 일하는 황소가 되겠다는 뜻이었다. 슬로건도 파격적이다.

새 일꾼에 한 표 주어 황소같이 부려보자!
일하는 정당 民主共和黨(민주공화당)

반면 윤보선의 슬로건은 평범하고 싱거웠다. "빈익빈이 근대화냐 썩은 정치 뿌리 뽑자." "군정으로 병든 나라 민정으로 바로잡자."와 같은 것들인데, 그냥 상대편인 박정희가 나쁘다고 주장하는 의미 외에는 아무런 메시지가 없다. 보수적이고 권위적인 1963년에 대통령을 '국민이 부려먹는 일꾼'으로 표현한 감각은 엄청나다. 불과 3년 전인 1960년, 이승만의 대선 슬로건은 정반대였다.

나라 위한 팔십 평생 합심하여 또 모시자.

'모시는 것'과 '부리는 것'의 차이는 3년 동안의 유행 변화로 설명할 수 없다. 박정희는 유행을 '따르는' 사람이 아니라, '만드는' 인물이었다. 그는 더 나아가 목숨을 건 도박에 뛰어들었다. 한국에서 당연시되는 흔한 착각이 있다. 1963년 대선에서 군권을 장악한 박정희가 군인들의 부재자투표에서 몰표를 짜내는 부정을 저질렀다는 이야기다. 좀 더 공정한 사람들은 박정희나 윤보선이나 '거기서 거기'였다고 한다. 박정희는 군인 표를 조작했고, 윤보선은 돈을 뿌려대는 금권선거를 했다는 얘기다. 그렇지 않다. 박정희는 마음만 먹으면 조종할 수 있는 군대를 일부러 내버려두었다.

남로당 출신인 박정희는 민정당과 군 내부 양쪽에서 '빨갱이'라는 비난에 시달렸다. 군 투표에서 이긴다면 전 국민이 부정투표임을 의심하기 딱 좋은 상황이었다. 박정희는 정직하게 가난한 농부와 노동자들의 계급투표에 사활을 걸기로 했다. 반란자가 권좌에 오르지 못하면 죽음뿐이다. 그러나 정당하게 대통령이 됐다는 인정을 받아내지 않으면 중화학공업 육성이라는 더 큰 도박판을 벌일 수 없었다. 박정희는 유신의 자식답게 안전보다는 확실한 결과를 추구하는 모험을 택한다. 모험의 결과 군 부재자투표에서는 윤보선의 득표가 박정희를 앞질렀다. 그러나 박정희는 전체 득표에서 불과 15만 6026표 차이로 가까스로 승리했다. 역대 한국 대선 중 가장 적은 표차다. 자신의 운명을 칼날 위에 놓고 굴리는 시험에 성공한 것이다.

한반도에서 태어난 유신 지사

박정희가 대통령 취임 후 산업화에 매진한 것은 누구나 아는 사실이다. 1965년 체결된 한일협정(한일기본조약, 韓日基本條約)의 실질적인 목표는 식민지 피해를 금전적으로 보상하는 '대일청구권자금'이었다. 한일협정은 양쪽 모두의 애국심과 거짓말이 뒤섞인 기막힌 작품이다. 현재 한국과 일본은 과거사 문제로 언쟁을 벌일 때 양쪽 다 한일협정을 근거로 상대를 공격한다. 한국은 채무자를 마주한 채권자처럼 장부를 흔들며 말한다. "아직 갚을 것이 이만큼이나 남았군." 일본은 화가 난 회사원이 부하직원들이 보는 앞에서 거래처가 보낸 서류를 집어던지듯이 외친다. "계약대로 했는데 뭐가 문제라는 거야!"

한일협정 내용은 한국인의 눈에는 한국이 도덕적 우월성을 지닌 채권자로 보이게 되어 있다. 일본인이 보기엔 사과와 배상이 다 끝난 것처럼 보인다. 이것은 '의도적인' 결과다. 한일협정의 승자는 한국도 일본도 아니다. 박정희와 기시 노부스케다. 두 사람, 혹은 두 정치세력은 자의적 해석의 여지를 남겨둔 채 핵심적인 항목을 작성함으로써 치고받고 싸우는 일을 국민과 후손에게 떠넘겨버렸다. 어차피 감정 문제일 뿐 대단히 중요한 싸움은 아닐 테니, 적당히 으르렁거리면서 각자 열심히 살라는 뜻이다. 그딴 거야 박정희와 김종필의 입장에서 나중 문제였다. 피해자들의 입장은 아예 문제도 아니었다. 박정희와 김종필에게 나름의 진정성이야 넘쳤겠지만, 대일청구권자금을 피해자의 의지와 상관없이 자의적으로 사용한 일은 어떻게 봐도 불의에 해당한다.

김종필은 한일협정과 대일청구권자금 협상에서 일본 정계에 깊은 인상을 남겼다. 김종필을 싫어하는 한국인들은 그가 일본 우익에 몹시 인정받는다는 사실에 주목한다. 그 사실만으로 김종필이 민족반역자거나 친일파처럼 보여서다. 그러나 김종필이 국익에 해를 끼치기 위해 노력한 적은 없다. 오히려 한일협정 현장의 기록을 보면 그는 배상금을 한 푼이라도 더 받아내기 위해 기를 쓰고 달려들었다. 일본 정치인들은 김종필을 한 명의 지사로 보기 때문에 존경한다. 잘생긴 외모, 서예 실력, 무엇보다 2인자로 살아남는 정치적 '검술'을 완성한 점은 지사의 아우라를 완성하기 좋은 조건이다. 만약 김종필이 자신의 이익을 위해 한국의 국익을 팔아넘기는 모습을 보였다면 일본에서 결코 존중받을 수 없었다. 지사가 못 되기 때문이다.

꿈에 그리던 대일청구권자금이었지만, 결국 그 정도로는 산업화 토대를 마련하기엔 부족하다는 결론이 나왔다. 박정희 정권의 욕망은 적당히 걱정 없이 사는 나라쯤에 머물지 않았다. 그의 꿈은 메이지 유신이 그랬던 것처럼 '열강'이었다. 한일협정을 체결한 것도 1965년이지만, 베트남전에 본격적으로 전투병을 파병한 것도 같은 해다. 이 해에 박정희는 미국 최고의 명문 사관학교인 웨스트포인트(West Point) 육군사관학교를 방문했다. 웨스트포인트에는 교정을 방문한 외국 정상에게 특권을 부여하는 관습이 있었다. 관습이었기에 문서로 명시되지는 않았지만, 외국 정상들은 보통 세 가지 중 하나를 선택했다. 미국 육군사관생도가 제공하는 의전(퍼레이드)을 즐기거나, 생도들을 상대로 연설을 하거나, 그냥 사관학교에서 제공하는 근사한 선물을 받는 것이었다.

웨스트포인트 교장이 어떤 특권을 선택할 것인지 물었을 때, 박정희는 새로운 선택을 만들었다. 그때 연병장에서는 학칙을 위반한 생도들이 얼차려를 받고 있었다. 박정희는 그들을 모두 용서해주라고 요청했다. 박정희에 의해 징벌이 취소되었다는 방송이 송출되었다. 이 일로 박정희는 웨스트포인트에서 멋진 남자의 상징이 되었다. 미국이 배경이었을 때 박정희는 미국 남성문화를 관통하는 멋을 완벽하게 연출했다. 미군 장병에게 한국은 고생스럽고 죽을 위험이 많은 인기 없는 근무지였다. 이 사건 이후에 웨스트포인트 출신 한국 근무 지원자가 폭증했다.

　　1년 후 1966년에는 서독에 광부와 간호사를 수출하기 위한 발판을 마련했다. 서독 정부와 인력수출 계약을 맺었던 것은 1962년이지만 1966년까지는 미적지근했다. 대일청구권자금과 베트남 파병에 대한 보상으로도 부족해지자 서독의 돈에 달려들어 갑자기 인력을 대량으로 수출하기 시작한 것이다. 모든 돈이 '사람을 팔아서' 마련되었다. 그러므로 당시의 산업 발전은 전우의 시체를 넘어 진격하는 전투였다. 포항제철 사장 박태준(1927-2011)은 제철소가 세워질 영일만의 허허벌판 모래밭에서 직원들에게 연설, 아니 '명령'했다.

> 포항종합제철은 조상의 혈세(대일청구권자금)로 짓는 제철소입니다. 실패하면 조상에게 죄를 짓는 것이고 우리 농민들에게 죄를 짓는 것이니, 목숨을 걸고 일해야 합니다. 실패란 있을 수 없습니다. 실패하면 우리 모두 '우향우'해서 영일만 바다에 빠져 죽어야 합니다.*

박정희가 아무리 일본인과 미국인의 가슴을 움직였어도 그는 무엇보다 먼저 한국인을 설득해야 했다. 박정희는 지방을 순시할 때 전용차를 숨겨두고 시외버스를 타고 다녔다. 서민이 대통령을 홍보하는 말을 듣고 그냥 넘어가주기도 했고, 대통령 닮

---

* 허남정, 〈박태준과 한일경제협력: 新한일협력 시대 '박태준 정신'이 필요한 이유〉, 《신동아》, 2011년 4월호, p.466.

았다는 이야기를 들었을 때는 "대통령이 날 닮았지."라는 말로 응수했다. 식당 아주머니들과도 능청스럽게 잘 어울렸다. 무엇보다 그는 자신을 산업근대화 지도자로 설정한 후부터 볼펜부터 칫솔까지 국산품만 사용했다. 당시 한국산 제품의 질은 좋지 못했지만 박정희는 후진국 지도자가 어떤 모습을 보여야 하는지 정도는 잘 알았다. 그러나 넥타이만큼은 외제를 사용했다. 넥타이는 품질은 눈에 확 띄지는 않지만 보면 볼수록 정장의 마침표 역할을 한다. 박정희는 미학자답게 작품의 '마감'에 무엇이 필요한지 정확한 기준을 갖고 있었다.

박정희는 자신의 두 번째 대통령 선거에서는 넉넉한 표차로 무난히 승리했다. 야당은 '빨갱이' 공격으로 실패한 지난 선거를 되새기고 이번에는 박정희의 만주군 경력을 물고 늘어졌다. 그래도 그는 대통령으로 지낸 4년을 국민에게 인정받았다. 다시 말하지만 이 책은 박정희의 공과를 평가하는 일에 관심이 없다. 다만 1960년대 한국 유권자들이 박정희가 의미 있는 결과를 보여줬다고 생각했다는 사실은 바뀌지 않는다. 그러나 결과 속에 숨겨진 과정과 본질에도 국민이 동의할 뜻이 있었는지 의문이다. 그런 거야 박정희 본인에게는 아무런 상관이 없었지만 말이다.

박정희는 한국인의 의식 속에 반일감정, 민족주의, 애국주의를 깊숙이 심어놓기 위해 노력했다. 우리는 그런 면에서 아직도 박정희의 영향을 받고 있다. 물론 그는 일본을 싫어하지도 좋아하지도 않았다. 유신과 만주국은 일본이 아니니까. 설사 일본을 좋아했어도 상관없다. 그는 반일감정이 한국인의 경쟁심을 부추기는 데 가장 효과적이라는 사실을 활용했다. 내적 구조가 유신과 만주국, 관동군의 방식이어도 상관없다. 그는 철저하게 기능적인 '결과주의자'다. 기시 노부스케를 위시한 만주 인맥으로 한일 정계가 끈끈한 사이였다는 사실은, 국민이 모르면 그만이었다.

사무라이들의 폭주로 탄생한 유신의 관념에서 조선 문인들의 붕당정치, 즉 '말싸움'은 한심하다. 언쟁은 절차적 정당성을 지닐지언정 아름답지도 확실하지도 않다. 박정희는 민주국가의 당연한 조건인 의회정치를 그가 혐오한 조선시대 붕당정치의 연장선으로 보았다. 그래서 의회를 탄압했으며 본인이 창당한 공화당마저 억눌렀다. 다이쇼 데모크라시를 탄압한 일제 군부와 다를 바 없다. 박정희는 진정성을 가지고 유신으로 노예가 되었던 한민족을 유신의 방식으로 번영시키려고 했다. 박정희의 연설과 문장을 보면 그가 5·16으로 한반도에 비로소 새 역사가 창조되었다고 믿었다는 사실을 알 수 있다. 이는 야마토(大和) 민족 일본인이 메이지 유신으로 새로 태어났다는 관념과 일치한다. 서양을 모방해 일본의 구체제에서 벗어난 유신과 일본을 모방해 조선의 구체제에서 벗어나는 한국도 쌍을 이룬다. 그렇게 얻은 힘으로 일본은 서양을 배척했다. 마찬가지로 한국도 일본을 이기지 않으면 안 된다. 모순도 닮았다. 일본은 서양화를 이루어놓고 '귀축영미(鬼畜英美, 귀신과 짐승과도 같은 영국과 미국)'를 부르짖으며 서구를 배척하고 저주했다. 박정희는 동학(아버지)의 아들이자 사회주의(셋째 형)의 동생, 만주(기타 잇키)의 제자였다. 그는 사회주의적인 경제성장을 추구해놓고는 공산주의를 탄압했다. 그중에서도 한국 사회에 가장 영향을 끼친 모델은 '만주'였다.

박정희의 '조국 근대화', '총화단결' 방식은 만주를 빼놓고는 설명할 수 없다. 기시 노부스케는 만주국을 군부 엘리트와 관료, 재벌이 연합 지배하는 중앙통제형 개발독재체제로 설계했다. 박정희의 계획경제, 수출 주도, 농촌진흥, 중화학공업 육성 등 한국의 압축적 성장 전략은 만주국의 방식을 노골적으로 계승했다. 그런데 한국과 만주를 비교하면 박정희가 더 잘했다. 만주국의 성공 요인과 실패 요인을 모두 관찰한 후였기 때문이다. 물론 일본 본토의 제국주의로부터도 모방할 수 있는 건 모두 끌어왔다. 국기에 대한 맹세, 애국 조회, 교련, 퇴폐풍조 단속, 국민교육헌장* 등이다. 새마을운동은 일본의 국가총동원법에서 많은 것을 참고한 흔적이 역력하다.

하나회**는 국군 안의 또 다른 조슈 파벌이다. 박정희는 파벌로 굴러간 유신시대 일본을 모델로 자신에게 절대적으로 충성하는 군대 내 사조직을 묵인하고 육성했다. 하나회의 1인자 전두환, 2인자 노태우가 여기서 성장해 차례로 대통령이 되었다. 전 군의 충성을 받을 필요가 없다. 사조직 하나만 관리하면 된다. 그렇다면 전 국민을 설득할 필요도 없어진다. 사조직을 통해 군대를 장악하면 그만이고, 권력은 총구에서 나오기 때문이다. 현재를 사는 한국인의 삶은 어느 정도는 박정희의 영향 아래 있다. 지금 입장에서 그 박정희가 일제의 영향을 받았다는 사실이 불쾌할 수 있다. 그런데 그건 우리의 문제다. 박정희에게는 전혀 문제가 아니었다. 박정희는 한반도에서 태어난 유신 지사다. 지사는 목적을 위한 수단에 죄책감을 느끼지 않는다. 그 수단이 암살이어도 상관없었듯이.

* 일제의 '교육칙어'의 직계 자식이다.
** 전두환이 박정희의 승인을 받아 조직하고 운영한 육군사관학교 및 육군 내 파벌.

사용과 사육

박정희는 사람을 대할 때 민족 편이냐, 아니냐가 아니라 그 사람이 추구한 방식이 얼마나 남성적이고 지사적인지로 타인을 판단했다. 1967년, 박영만(1914-1981)이라는 문학가가 《광복군》이라는 소설을 썼다. 그는 재능을 아첨과 부귀영화에 쓰려다가 망했다. 박영만은 청와대에서 큰돈을 받을 줄 알고 대대적인 출판기념회를 준비했다. 소설의 내용은 박정희가 일본군에 잠입한 비밀 광복군이었다는 설정이다. 이 사실을 알게 된 박정희는 분노해서 호통을 쳤다. "내가 언제 광복군이었느냐." 박영만은 아까운 명예를 잃었다. 그는 임시정부의 선전 요원과 광복군 정보장교로 활동한 독립운동가였다. 그가 일제강점기에 전국*을 다니며 직접 구비설화들을 채록해 엮은 《조선전래동화집(朝鮮傳來童話集)》**은 문학적 수준뿐 아니라 민속문화 자료로도 가치가 높다. 독립군 출신의 고명한 문학가로 존경받으며 살면 그만이었는데 불필요한 망신만 당하고 말았다.

박정희는 최고 권력자가 된 후 박영만과 같은 발상의 제안을 수차례 받았다. 그는 일말의 고민도 없이 모두 거절했다. 그에게 과거를 세탁하려는 욕망이 있었다면 지금쯤 광복군으로 완벽하게 둔갑해 있었을 것이다. 윤리적 세계의 인간은 '체면'을 위해 과거를 조작할 수 있다. 착각하면 안 된다. 선량한 이들뿐 아니라 악인도 윤리적 세계의 주민일 수 있다. 이것은 성품이 아니라 세계관의 틀에 의해 결정된다. 미학적 세계관의 인간은 체면이 아니라 '멋'으로 세계를 구분한다. 박정희에게 과

* 주로 북부지방.
** 1940년 출간.

거 세탁은 구질구질한 짓이었다.

박정희는 독립운동 세력을 '만주군 출신과 다른 파벌' 정도로 여겼다. 막부 말기 토막(막부 토벌)과 좌막(막부 보좌)의 대립 정도가 그가 생각한 만주군과 광복군 사이의 거리였을 것이다. 또한 조슈와 사쓰마가 서로 죽고 죽이면서도 필요할 때는 협력해 유신을 이끌었듯이, 5·16 이후의 한국도 만주군과 독립군이 협력할 필요가 있다고 보았다. 박정희는 사람을 진영이 아니라 '결'로 파악했다. 그 자신도 한 명의 지사로서 지사를 사랑했다. 그런 박정희가 글을 써서 독립운동을 했다가 글로 아첨한 박영만을 어떻게 생각했을지는 뻔하다. 진보진영은 박정희가 친일파 전성시대를 열어젖힌 것처럼 생각한다. 그러나 그는 만주군이었다는 이유로 독립운동가를 홀대하지 않았다. 마찬가지로 어떤 이가 만주군이었다는 이유만으로 같은 편이라고 생각한 적도 없다.

박정희는 독립운동가 중에서도 총을 들고 목숨을 걸어 사내다운 기개를 보여준 인물을 존경하고 인정했다. 그는 항일무장투쟁에 몸담은 독립운동가들을 자신의 정부 주요 인사로 발탁했다. 그중 한 명이 일명 '땅콩 회항(대한항공 086편 이륙 지연 사건)'으로 유명한 조현아 당시 대한항공 부사장의 외할아버지인 이재철이다. 그는 박정희 정권의 교통부 차관이었다. 이재철은 학도병으로 징집되어 중일전쟁에 일본군으로 참전했다가 목숨을 걸고 탈영한 후 광복군에 합류해 무장투쟁에 몸담았다. 이명희와 조현아 모녀가 재벌가의 갑질을 적나라하게 휘두를 수 있는 위세는 선조의 도덕적 권위에서 유래했다.

박정희는 민족 지사 중에서도 백범 김구와 도마 안중근을 자신보다 위대한 남자로 추앙하는 데 거리낌이 없었다. '안중근

숭모 사업'을 두 얼굴의 민족반역자가 벌인 파렴치한 연기로 보는 시각이 있지만, 박정희는 진심이었다. 다만 뤼순 감옥의 일본인 소장과 간수가 안중근을 존경한 방식 그대로였다. 일본제국의 황국 신민이 봐도, 또 박정희가 봐도 안중근은 최고급 지사였다. 그는 안중근기념관을 건립하고 지극한 존경심을 담아 한시를 지어 바쳤다. 박정희가 생전 마지막으로 쓴 휘호는 안중근에게 바친 "민족정기(民族正氣)"*다. 박정희가 충무공 이순신 장군을 존경해 현충사를 확장하고 성역화(聖域化)했다는 사실을 모르는 사람은 없다. 박정희는 이순신 장군을 더 존경했지만, 스타의 팬으로서는 안중근 의사에 더 열광했다.

김구에 대해서는 목숨을 걸고 항일무장투쟁과 암살을 지도한 호방하고 과감한 사나이의 모습에 매료되었다. 김구는 젊은 시절 을미사변(乙未事變)**에 격분해 일본인을 때려죽인 적도 있는 열혈남아다. 그는 일제강점기부터 민중에게 존경받았지만, 지금처럼 독립운동의 절대적인 상징은 아니었다. 박정희가 정권을 잡았을 시점에 김구는 이승만에 비해 인지도가 훨씬 낮은 인물이었다. 그러나 박정희가 집권한 시기를 거쳐 항일투쟁과 민족정신의 상징이 되었다.*** 김구의 아들이자 초대 공군 참모총장인 김신이 5·16에 동참한 대가로 김구를 추앙해주었다는 엉터리 논리도 있다. 공군은 현대전의 주인공이지만 실제 전쟁에서만 그렇다. 쿠데타에서는 힘을 못 쓴다. 쿠데타의 성패

* 안중근의사기념관 비석에 새겨진 "民族正氣의 殿堂"이 그것이다.
** 일본 낭인들에 의한 명성왕후(민비) 시해사건.
*** 꾸준히 김구를 조명한《동아일보》의 노력도 함께 이야기되어야 마땅하다. 그러나《동아일보》의 논조 역시 박정희 정권이 용인했기에 가능했다.

는 육군이 좌우한다. 김신을 무시해서도 안 된다. 쿠데타에 참여한 김신의 선택에 반대할 수는 있겠으나, 그의 선택이 대가를 바라지 않은 진심이었음을 부정할 방법은 찾을 수 없다.

한국의 보수는 이승만과 박정희 두 인물을 대한민국의 국부로 모신다. 그들은 이승만은 한국을 세웠고, 박정희는 발전시켰다는 창세신화 속에서 산다. 그런데 박정희는 이승만을 혐오했다. 그를 '이승만 노인'이라고 낮춰 부를 정도였다. 유배지인 하와이에서 쓸쓸한 망명 생활을 하던 이승만은 박정희가 자신을 귀국시켜주지 않을까 기대를 했지만, 그럴 가능성은 전혀 없었다. 번번이 귀국을 거절당한 이승만은 충격을 받아 건강이 악화되어 사망했다. 그는 시신이 되어서야 조국에 돌아올 수 있었다. 박정희는 이승만의 독립운동 방식을 인정할 수 없었다. 이승만처럼 연설하고 편지를 쓰면서 미국인에게 도와달라고 호소하는 것이 무슨 투쟁이냐는 것이 그의 생각이었다. 계급적으로도 이승만 세력을 싫어했다. 그는 하나같이 부유한 자유당(自由黨) 인물들을 '해방 귀족'이라고 불렀다. 가난한 농민과 노동자의 세상이 오는 진보를 방해하는 적폐로 본 것이다.

지사는 아름다운 결로 완성된다. 박정희는 스스로 민족적 단위의 지사로 완성되고자 했다. 한국의 새 역사는 조선시대 붕당정치의 현대판인 민주주의로는 쓰일 수 없었다. 역사는 지사에 의해 계속되어야 했다. 박정희가 추진한 마지막 프로젝트는 행정수도 이전이었다. 서울에 집중되는 인구와 자본을 분산하려는 의도야 당연하다. 그가 5·16 이전의 역사를 무가치한 백지상태로 본 것처럼, 수도 이전 프로젝트의 이름은 '백지계획'이었다. 이 계획에는 박정희 집권기 중 가장 많은 인원이 참여했다. 그가 직접 그린 스케치에서 시작된 백지계획은 충청남도 공주시를 새 수도로 선택했다. 수도 건설 시간은 15년, 각각 5년씩 3단계였다. 완벽하게 분리된 보행자 도로와 자전거 도로, 차도의 폭이 면밀하게 계산되었으며, 도시 전체를 하나의 공원이나 정원으로 계획했다. 지상은 기업, 편의시설, 가족의 다양한 형태(핵가족, 대가족, 1-2인 가구 등)에 따라 달리 설계된 주택이 자리한다. 지하에는 상업 시설과 지하철 그리고 인프라가 숨어 있다. 전선과 가스관, 배관은 모두 지하에 매립될 예정이었다. 사람, 자전거, 승용차, 대중교통이 서로의 방해를 받지 않고 자유롭게 다닐 수 있는 친환경 도시였다.

백지계획의 다음 단계는 '2000년대 국토구상'이었다. 행정수도를 중심으로 퍼져나가는 거미줄 형태로 전국을 하나의 통일된 교통망으로 연결하는 계획이었다. 이를 통해 모든 국토와 인구를 '일체화'해 발전시켜 세계에서 가장 풍요로운 나라가 되는 역사적 완성을 완수하는 것이다. 박정희의 미래도시, 미래국토 구상은 심미적이면서도 섬뜩하다. 히틀러가 구상한 '세계수도 게르마니아(Welthauptstadt Germania)'와도 매우 닮아 있다. 그러나 발상이 비슷할 뿐, 박정희의 계획은 기하학적 아름다움에 있어 게르마니아를 압도한다. 박정희의 꿈은 현실에 구현된 지상낙원이었다. 그러나 달리 보면 완벽한 개미굴이라고 할 수 있다. 자유와 인권은 전체를 위해 가차 없이 희생될 것이다. 그러나 결과가 모든 것을 정당화하리라.

어느덧 박정희의 꿈은 황금빛으로 현란하게 빛나기 시작했고 현실에 사는 한국인의 시대정신과 동떨어졌다. 국민은 박정희가 '빨갱이'였고 '만주군'이었어도 1960년대에는 그가 유용하다고 생각했기에 그를 선택했다. 국민은 박정희를 충분히 사용했다고 판단하고 민주주의에 눈을 돌렸다. 이제 국민의 눈에는 민주주의와 미국식 시장경제라는 새로운 기능이 추가된, 김대중이라는 신상품의 성능이 더 좋아 보였다. 박정희는 천황에 대한 사랑으로 천황을 납치하려고 한 조슈 번사들처럼, 국민을 위해 국민을 납치하려고 했다. 자신의 통치가 계속되어야 한다는 사실을, 그는 알지만 국민은 모른다. 그렇다면 국민을 사육해야 한다. 그저 그런 사육은 억압일 뿐이다. 하지만 박정희에게 '완전한 사육'은 '사랑'이었다.

극단적인 아름다움은 기괴함이다. 공정한 선거로 목숨을 건 시험을 통과했던 박정희는 개표를 조작하며 스스로 타락했다. 오늘날 1971년 7대 대통령 선거에서 박정희가 김대중을 정직하게 이겼다고 믿는 사람은 없다. 1972년 10월 17일, 박정희는 계엄을 선포하고 국회를 해산했으며 기존의 헌법을 정지했다. 일명 '10월 유신(維新)'이다. 12월, 일본제국 헌법의 직계 후배인 유신 헌법이 발효되었다. 일본제국 헌법에서 천황을 유신 체제로 바꾸고, 천황에 대한 불충을 체제에 대한 불만으로 번역하면 그대로 유신 헌법이 된다. 유신정권은 전쟁 말기 일본처럼 파멸을 향해 치달아갔다. 그 종말의 날짜는 1979년 10월 26일이었다.

완성

10

야수의 심정으로 유신의 심장을 쏘다

조선의 노기 대장

김재규가 일으킨 10·26사건은 미궁처럼 보인다. 사건 자체는 단순하다. '중앙정보부장이 대통령을 쏘아 죽였다.' '독재자가 자신의 심복에게 암살당했다.' 그러나 김재규가 어째서 그랬는지는 심연 속에 숨겨진 미지(未知)와 같다. 살인자를 피살자의 반대편, 적(敵)으로 간주하는 윤리적 세계관에 빠져 있기 때문이다. 박정희 편에 서면 김재규를 비난해야 한다. 민주화 투쟁을 인정하면 자동적으로 박정희를 부정해야 하기에 김재규를 인정한다. 허무주의적인 평가도 있다. '나쁜 놈들끼리 나쁜 짓하다가 죽이고 죽었는데, 전두환 군사독재를 불러왔으니 결과도 나빴다.'는 것이다. 전통적인 진영론을 벗어나지 않으면 김재규와 10·26을 이해할 수 없다.

김재규는 1926년 3월 3월 경상북도 선산군에서 김형철과 권유금 사이에서 3남 5녀 중 셋째이자 맏아들로 태어났다. 박정희와 동향 사람이다. 김재규의 아버지 김형철은 빈한한 가정에서 태어났지만 자수성가한 인물이다. 대지주는 아니지만 지주*가 되었고, 정미소를 소유했다. 일제강점기에 정미소(精米所)**를 소유했다는 것은 확실한 부자였음을 의미한다. 김형철

* 2백석꾼이었다.
** 쌀을 도정하는 시설이라는 뜻이지만, 도정보다 핵심적인 기능은 탈곡이었다. 물론 탈곡도 넓은 범주에서는 도정의 일종이긴 하다.

에게 딱히 친일 흔적은 없다. 하지만 투철한 항일정신 같은 건 없어서 독립운동 비슷한 걸 한 적도 없다. 그러나 그는 분명히 도덕적인 인물이었다. 김형철은 부자가 되고 난 후 지역에서 존경받는 관대한 선비가 되려고 노력했다. 그것이 현대보다 조선에 가까운 정체성을 타고난 김형철의 이상이었다. 그는 해방 후 학교를 두 개나 설립해 공립학교로 사회에 기부했다.*

김재규는 아버지가 한창 재산을 증식할 때 자라났다. 성인이 될 때까지 물질적으로는 하나도 부족함이 없었다. 그래서 유년기에 서당에 다니는 대신 전통 선비에게 과외를 받아 한학을 배웠다. 그 역시 서예를 제대로 구사할 줄 안다. 하지만 유려함에서는 박정희에, 조형미에서는 김종필에 떨어진다. 한시도 규준에 맞게 즉석에서 지을 수 있었지만 문학성과는 거리가 멀다. 아버지는 몰락 양반이었던 가문을 부활시킨 인물답게 김재규에게 자랑스러운 뿌리를 강조하며 키웠다. 그 뿌리란 김문기 (1399-1456)다. 김재규는 김녕 김씨인데, 단종 복위운동을 하다가 사육신과 함께 죽은 김문기의 13대손이다.

김재규는 두 누나의 보살핌을 받은 영향으로 평상시에는 매우 온화했는데, 한 번 화가 나면 엄청난 다혈질이었다. 그는 특히 조선 땅에서 일본인이 조선인을 억압하는 모습에 분노하며 자라났다. 기록으로 확인된 문서는 당연히 없지만, 동네 사람들의 회고에 따르면 그의 성격은 어려서부터 유명했다. 복수의 증언이 존재하고, 교차 검증되는 부분도 있다. 김재규는 8살 때 일본 순사가 조선인 나무꾼을 괴롭히는 모습을 본 적이 있다. 그는 겁 없이 일본 순사에게 반항했다. 그러나 순사는 그를

* 현재의 선산중학교와 선산고등학교.

그냥 내버려두었다. 김재규는 일본에 대한 반감을 노골적으로 드러내며 자랐음에도, 힘을 가진 일본인들은 이 저항적인 아이를 그냥 내버려두었다. 아버지의 재산 덕이었을까? 일제강점기에 그런 조건은 한계가 있다. 오히려 일본인들이 어린 김재규의 기개를 좋게 봐줬다고 보는 편이 타당하다. 아직 어려서 지사는 아니어도 지사 냄새를 풍기는 녀석쯤으로 보였을 것이다.

일제강점기에 좋은 환경에서 자란 이들이 거의 그렇듯 김재규는 한학으로 유년기를 보내고 근대학교에서 교육을 받으며 청소년기를 보냈다. 아버지는 지주의 지위를 물려주기 위해 그를 안동공립농림학교*로 보내기로 했다. 그런데 바로 입학하지는 못했다. 경쟁률이 10대 1을 넘겼지만 그래도 면접까지는 갔다. 그런데 장래 희망이 무엇이냐는 일본인 교사 면접관의 질문에 김재규는 "장래에 일본군을 때려잡는 항일의병이 되겠다."는 대답을 던졌다고 전해진다. 다른 이야기로는 일본인의 악행을 비판했다고도 한다. 일본인 교사와 험악한 충돌이 있었던 것은 분명하다. 이런 이유로 안동공립농림학교에 3수 끝에 겨우 입학하게 되었는데, 학교에 다니면서도 사사건건 일본에 대한 적개심을 드러냈다. 그는 '노기 대장'이라는 별명을 얻었다. 여기서 노기는 한국어의 노기(怒氣, 분노한 기색)가 아니다. 2장 '팽창'에서 다뤘던 노기 마레스케 장군의 노기(乃木)다.

노기 마레스케가 천황이 서거한 다음 날 아내와 동반 자결했을 때 일본 사회의 시각은 둘로 갈라졌다. 우파적인 자들은 무사가 지킬 충성의 모범을 보였다며 흥분했다. 노기 마레스케의 정신적 스승이었던 나카하라 난텐보(中原南天棒, 1839-1925)

---

* 현재의 한국생명과학고등학교.

라는 승려는 감격에 겨워 "만세! 만세! 만세!" 세 마디를 축전으로 보냈다. 그는 "자비심으로 생명을 빼앗는 것보다 더 나은 보살행은 없다."는 말을 남긴 사이비 승려다. 그러나 반대편에서는 노기 마레스케의 행위를 비판했다. 전근대적인 순사(殉死, 죽은 주인을 따라 죽음)나 할 거면 뭐하러 고생스럽게 메이지 유신에 성공했냐는 시각이다.

> 아무런 교훈을 주지 못하는 해로운 행위. —아사히신문
> 어리석고 무의미하며 죽은 것만을 충의인 줄 아는 행동이고 국제적으로 용납될 수 없는 일대 죄악을 장려한다. —마이니치신문

김재규가 일제식 공교육을 받은 1930년대에 이미 다이쇼 데모크라시가 실종되었고, 노기 마레스케는 진정한 우국지사로 숭앙받았다. 노기 마레스케를 기리는 신사는 전쟁 프로파간다 시설로 신성하게 취급되었다. 일제는 식민지 조선에도 '노기 신사'를 세웠다.* 김재규는 노기 대장이라는 별명을 순순히 받아들였으며, 실제로도 노기 마레스케를 깊이 흠모했다. 현대인의 눈에는 일본에 저항적이었던 사람이 일본 장군을 존경한다는 것이 이상한 일처럼 보인다. 하지만 인간의 정체성은 어느 편을 들고, 누구를 적대시하는가로 설명되지 않는다. 오히려 어떤 방식으로 같은 편과 적을 나누는지가 고유한 정체성에 가깝다. 김재규를 만든 성장기에서 유년기가 한학과 김문기라면, 청소년기는 유신과 노기 마레스케였다. 김재규는 일본의 군국주의

---

* 현재의 리라초등학교 정문 자리다.

자일지언정 나라와 주군에 충성한 방식에 있어서는 노기 마레스케처럼 살고 죽기를 꿈꾸었다. 그의 이상적 남성상인 김문기와 노기 마레스케에겐 공통점이 있다. 현란한 죽음의 이미지다. 김문기는 세조에게 엄청난 고문을 당하고 능지처사*되었다. 일제의 교육관에서 가장 추앙받는 요소를, 일제의 교육을 받은 김재규 역시 사랑했던 것이다.

이상한 민주주의자들

김재규는 안동농림학교를 졸업하면서 항공대에 강제로 편입되었다. 그는 생존율이 0%에 수렴하는 가미카제 특공 요원으로 선발되었다. 전쟁 말기 일본은 일본인, 조선인 가릴 것 없이 자살공격에 동원했는데 농림학교를 졸업한 엘리트인 탓에 조종사로 분류된 것이다. 하지만 자살 훈련을 받던 김재규가 출격하기 전에 일제는 원자폭탄을 맞고 미국에 백기를 들었다. 살아남은 김재규는 1945년 중등교원양성소를 졸업하고 김천중학교에 교사로 취직했다. 그러나 그 역시 박정희처럼 군인을 동경했다. 그는 짧은 교사생활을 견디지 못하고 조선경비사관학교 2기생으로 입학했다. 여기서 박정희의 동기가 되었다. 김재규는 자신보다 나이가 9살 많은 박정희를 선배로 대우했지만 이때는 서로 크게 신경 쓰지 않는 사이였다.

사관학교를 졸업한 김재규는 대전에 있는 2사단에 소위로 임관했다. 여기서 사건이 터졌다. 군대와 경찰이 시합하는 군경

---

* 대명률(大明律)의 능지처참이 너무나 잔혹했기에, 조선에서는 순화해 거열형(車裂刑, 사지를 찢어죽여 처형함)이다. 이쪽도 잔혹하기는 마찬가지다.

체육대회가 열렸는데, 당시에는 군인과 경찰의 사이가 좋지 못했다. 미군정은 갓 해방된 한국을 손쉽게 관리하기 위해 수많은 일제 친일 순사들이 그대로 한국 경찰이 되게끔 내버려두었다.[*] 해방 한국에서 경찰은 혐오의 대상이었는데, 군인들 역시 경찰을 무시하기 일쑤였다. 체육대회는 심각한 패싸움으로 번졌다. 더 위력적인 살상 무기를 보유한 군인들이 금세 싸움의 주도권을 장악했다. 사태를 수습하기 위해 미군이 출동했다. 한국 군경의 패싸움을 미군이 진압한다는, 한국의 입장에서는 참으로 망신스러운 일이 일어났다. 미군의 눈에는 군대가 가해자고 경찰은 피해자로 보이는 상황이었다. 미군은 장전된 총을 겨누고 한국군을 위협했다. 이 모습을 본 김재규는 분노해 일본 군도를 뽑아 들었다. 당시에는 일제가 패망하면서 무장해제된 일본군의 칼이 군대에 널려 있었다. 자존심 강한 김재규는 외국 군대가 한국에서 한국군을 연행하는 모습을 참아 넘길 수 없었다.

당시 미군에게는 세계 최강의 조직이자 세계대전의 승자라는 강력한 권위가 있었다. 권위를 인정하지 않는 자가 나타나 칼을 뽑아 들자 현장의 미군은 새삼 곤란한 지경에 빠졌다. 전쟁 상황도 아닌데 총을 쏴버릴 수도 없는 노릇이다. 김재규와 미군은 서로 물러서지 않고 팽팽히 대치했지만, 다행히도 사건은 특별히 다치는 쪽 없이 흐지부지 끝났다. 김재규의 처리를 놓고 미군과 한국군 사이에 알력이 생겼는데, 당시의 국군이 미군의 위세를 당해낼 수는 없는 노릇이었다. 영창이나 불명예제대까지는 한국 측이 받아들일 수 없었다. 결국 김재규는 국군 최초로 명예면관되는 기록을 세웠다. 명예를 지킨 채

[*] 《뉴욕타임스》에서 이러한 미군정의 행위를 강력하게 비판하기도 했다.

로 군복을 벗는다는 뜻인데, 다시 말해 표현만 좋을 뿐 잘리는 거였다. 김재규는 다시 중학교 교사가 되었다. 여기서 운명적으로 나중에 그의 심복이 되는 박선호를 제자로 만났다. 그러다가 그는 여순사건으로 군인으로 부활했다.

여순사건을 통해 체포된 군대 내 남로당 세포조직원 중에는 김재규의 직속상관(연대장)이었던 김종석(1918-1949)이 있었다. 김종석은 일제강점기 일본군과 만주군 장교로 활동한 사회주의자의 한 전형이다. 일본군과 만주군, 일본 육사 출신으로 오키나와 전투에서 미군과 싸웠던 김종석은 남로당의 핵심 세포 중 하나였다. 그는 철저한 사회주의자였던 만큼 민족주의와는 담을 쌓았을 것이 분명하다. 일본군 장교로 활동하는 데 딱히 양심의 가책은 없었을 것이다. 그렇다고 일본제국주의에 경도되었을 리도 없다. 곧 다가올 사회주의혁명을 위해 소리 없이 군사적 실력을 키우고 있던 인물이다. 그는 정체를 들키지 않기 위해 집무실에 십자가를 걸어놓고 천주교인으로 위장할 정도로 철저했다. 김종석은 혈기 넘치는 김재규에게 반해 그를 사회주의자로 포섭하려고 했다. 그러나 김재규는 김재규대로 철저한 사람이어서, 오히려 연대장인 김종석에게 군인은 좌파든 우파든 상관없이 중립이어야 하지 않느냐고 되물었다. 속마음을 들킨 김종석은 이때부터 김재규와 거리를 두었다.

여순사건으로 김종석은 정체를 들키고 체포되고 만다. 그는 완벽한 교양과 지성을 갖춘 신사였다. 그에게 반한 미군정은 김종석을 친미 자유주의 진영으로 포섭하기 위해 여러 번 회유했지만, 그는 깨끗하게 거절했다. 그렇다고 눈을 잔뜩 부릅뜬 채 감옥에 갇혀 있지는 않았다. 김종석은 유창한 영어로 미군들과 농담을 주고받으며 웃음을 잃지 않은 채 지냈다. 그는 처형되기 직전 전 세계 사회주의 조직의 애창곡이자 북한 군가인 〈적기가(赤旗歌)〉*를 부르며 당당히 형장에 걸어갔다. 적기가의 가사가 참으로 어울리는 순간이었다.

오너라 감옥아 단두대야 / 이것이 고별의 노래란다

21세기 한국인에게 김종석은 일본군이었던 민족반역자이자 체제를 부정한 '빨갱이'로 비치기 쉽다. 그는 한국 현대사에서 폐기 처분된 채 잊힌 인물이다. 그러나 그 자신은 끝까지 순수했던 한 명의 지사였다. 김종석의 죽음으로 그와 갈등했던 김재규가 재조명받았다. '빨갱이' 상관에 저항한 자유민주주의자가 되어버린 것이다. 그는 1년 4개월 만에 육군 3사단** 소위로 복직했다. 그리고 그가 대대장으로 진급해 있을 때 한국전쟁이 발발했다.

　야전 지휘관으로서 김재규의 무훈은 전설적이다. 그는 목숨을 아끼지 않고 지옥에서 지상으로 이민온 존재처럼 싸웠다. 국군이 인민군에게 한반도를 거의 내주었을 때, 김재규는 포항을 사수하는 전투에 임했다. 맥아더 장군의 인천상륙작전이 성공한 후, 김재규는 유엔군과 함께 북상하면서 함경도까지 치고 올라가는 선봉으로 활약했다. 하지만 그때 중공군의 인해전술이 한반도를 휩쓸고 내려온다. 김재규가 지휘하는 대대는 중공군의 물결 속에 고립되고 말았다. 김재규는 항복을 거부하고

* 원곡은 독일의 민요인 〈오 테넨바움(O Tannenbaum)〉이며, 영국에서 노동가요 〈Red Flag〉의 선율에 차용되면서 〈적기가〉로 바뀌었다. 일본에서 행진곡풍으로 바뀐 것이 이후 한반도에서도 유행하였다.
** 백골부대.

먹지도 자지도 않은 채 밤낮으로 인해전술에 저항했다. 영양실조와 탈진으로 일시적으로 시력과 청력을 상실할 정도였다. 그는 미군의 헬리콥터에 의해 가까스로 구조되었다. 전우(그가 지휘한 부대의 상사)가 그를 들쳐 업고 가까운 한의원을 찾아가 치료를 받은 끝에 가까스로 살아났다.

김재규가 평생을 군인으로 살았으면 어땠을까 싶지만, 그는 3사단 부사단장 자리에 올랐을 때 스스로 군 생활을 그만두려고 했다. 당시 국군의 비리는 어마어마했다. 비리의 규모보다 심각한 건 비리가 어디에나 만연해 있었다는 점이다. 부사단장이 되자 비리 내역이 눈앞에 훤히 보였다. 그는 상관이자 비리의 총 책임자였던 사단장에게 강력히 항의했고, '높으신 분들'에게 눈엣가시가 되었다. 절이 싫으면 중이 떠나야 한다는 말이 있다. 김재규는 부패한 군대에 실망해 전역하려고 했다. 그 소식을 육군대학 총장 이종찬이 들었다. 그 역시 의심할 여지 없는 '친일파'이자 '참군인'이었다.

이종찬(1916-1983)은 일본 육군사관학교 출신으로 일본군 내에서도 엘리트로 분류되었다. 태평양전쟁 당시 괌에서 싸울 때 그의 일본인 상관이 원주민 여성을 납치해 욕정을 채우려고 했다. 그때 이종찬은 '우리는 황군이고 황군은 폐하의 군대인데, 천황폐하께서 이런 명령을 내리셨을 리 없다.'며 강력히 항명했다. 이종찬은 강직한 성품으로 일본인 부하들 사이에서도 깊은 존경을 받았다. 그는 천황폐하의 은덕에 감사하는 시를 쓰기도 했는데, 퍽 잘 써서 신문에도 게재되었다. 이만하면 독립운동가들의 미움을 받았을 법한데, 해방을 맞자 광복군조차 이종찬의 인품을 인정해 그를 국군에 영입하려고 했다. 그는 일본군이었던 죄를 씻는다며 3년간 야인으로 지냈다. 속죄의 시간이 지난 후에야 한국군 대령 계급장을 받았다. 그리고 일본군에서 그랬던 것처럼 국군에서도 부하들에게 존경과 사랑을 받았다. 이종찬은 김재규에게 "모모(某某) 개인을 위한 군인이라면 군복을 벗되, 대한민국의 군인으로 자처한다면 개심(改心)하고 내 예하로 오라."고 권했다. 감복한 김재규는 바로 이종찬에게 달려가 육군대학 부총장이 되었다.

　　이종찬에 대한 역사적 평가는 엇갈릴 수 있지만 그는 군의 정치적 중립에 관한 용감한 결정으로 좋은 선례를 남긴 바 있다. 한국전쟁 직전인 1950년 5월 30일 치러진 제2대 국회의원 총선거에서 이승만이 이끌던 당은 야당과 무소속에 밀려 소수당이 되었다. 국회에서 대통령을 뽑는 간선제로는 다시 대통령이 되기 어렵다고 생각한 이승만은 직선제 개헌을 통해 장기집권을 꾀하였다. 1952년 7월, 이승만은 전쟁 도중 전방의 부대를 끌어들여 부산을 포함한 경남과 전라남·북도 일원에 계엄령을 선포하는 등 이른바 '부산정치파동'을 일으켜 7월 4일에 공포 분위기 속에서 개헌안을 통과시켰다. 당시 이승만의 병력 동원 재촉이 이어지자 육군 참모총장이었던 이종찬은 "군의 본질과 군인의 본분을 망각하고 의식·무의식을 막론하고 정치에 관여하여 경거망동하는 자가 있다면 건군 역사상 불식할 수 없는 일대 오점을 남기게 될 것"이라는 내용의 훈령을 전체 육군에 하달하면서 이승만에 맞서고 곧 군에서 추방되었다.

　　이종찬은 '현재 자신이 속한 체제'에 충성하는 군인이었다. 체제를 규정하는 것은 헌법이다. 일본군이었을 때에는 일본제국 헌법을, 국군일 때에는 대한민국 헌법을 따르는 헌정주의자였다. 민주공화국의 헌법을 수호하는 군인으로서 헌법의 기초인 국민과 그 입법기관을 향해 총구를 겨눌 수 없는 건 당연했다.

그 남자의 군사부일체

김재규 역시 이종찬을 따라 헌정주의자가 되었다. 두 사람은 상관과 부하였지만 본질적으로는 사제관계다. 5·16이 일어났을 때 김재규는 너무나 당연하게도 쿠데타에 참여하지 않고 거부 의사를 밝혔다. 이 때문에 박정희가 한국의 권력을 장악하자마자 김재규는 혁명군 사령부에 끌려가서 조사를 받았다. 당시 군인이라면 털어서 먼지가 안 나는 인간이 없었다. 그러나 결론이 정해진 조사를 받았음에도 김재규는 무죄 방면되었다. 정말로 비리 혐의가 없었기 때문이다. 김재규가 평범한 남자가 아니라는 확신이 선 박정희는 갑자기 그를 호남비료 사장으로 임명했다. 김재규는 호남비료 사장직을 원하지 않았다. 그러나 최고 권력자가 자신을 중신(重臣, 중요한 신하)으로 선택했다는 사실은 그로 하여금 박정희에 깊이 충성토록 만들었다. 그는 박정희와 군신(君臣)관계를 맺은 것이다.

김재규가 박정희와 동향 사람이고, 박정희가 영남 파벌을 필요로 했다는 사실만으로 두 사람의 관계를 폄하하는 일은 불공정하다. 박정희는 그때까지 지지부진했던 중화학공업 산업 분야를, 국가가 개입해 정상화하고 생산량을 100% 이상으로 끌어올리는 국가 주도 사업으로 추진했다. 비료는 박정희가 명운을 건 중화학공업 중에서도 가장 기초가 된다. 비료로 농토를 비옥하게 만들어야 농촌이 잘 살고, 농촌과 1차 산업이 도시와 2차 산업을 부양할 수 있기 때문이다. 돈을 빌려주는 외국의 채권자들을 설득하기 위해서라도 한국이 중화학공업을 발전시킬 역량이 있다는 사실을 보여주어야만 했다. 비료를 자력으로 생산하지 못한다면 철강, 조선, 자동차는 꿈도 꿀 수 없는 일이 된다. 하지만 첫 번째 시도였던 충주 비료공장 건설은 실패로 끝났다. 두 번째가 현재 LG화학 나주공장의 전신인 호남비료 공장이었는데, 이 일이 김재규에게 떨어진 것이다.

박정희의 선택은 성공했다. 김재규는 저돌적으로 달려들었다. 건설은 전투였다. 그는 호남비료 공장 건설을 예정보다 1년 단축해 완공하는 데 성공했다. 이때의 경험으로 울산과 진해에 두 개의 비료공장을 추가로 건설할 때 한국의 관련자들은 이미 전문가가 되어 있었다. 미국 외교관 프린스턴 라이먼(Princeton Nathan Lyman, 1935-2018)의 회고다.

> 당시 한국 정부는 크고 근사한 비료공장 두 개를 세웠는데 1년 넘게 앞당겨서 완공했어요. 그래서 과학기술부 장관을 만났을 때 물어봤죠. '도대체 어떻게 그런 최신식 공장 두 곳을 1년이나 앞당겨 완공하는 게 가능하냐.'고요. 장관이 '충주 비료공장을 기억하느냐.'기에 저는 '아주 엉망인 프로젝트였다.'고 했지요. 그러니까 장관이 대답했어요. '당신네에게는 나쁘게 보일지 몰라도 한국의 모든 엔지니어들은 그곳에서 많이 배웠고, 이제 세계 어느 나라보다 비료에 대해 더 잘 알고 있습니다.'라고요.*

박정희는 자신의 명령을 훌륭하게 완수한 김재규를 기업가나 정치인으로 키우고 싶었지만, 김재규는 다시 군에 복귀하고 싶다는 뜻을 밝혔다. 박정희는 아쉬웠겠지만, 김재규가 욕망을 절제하는 모습 때문에 그를 더 사랑하게 됐다. 박정희는 김재규

* KBS, 《세계 석학이 본 대한민국 경제 100년: 1회 운명을 바꾼 선택》, 2015.

를 6사단장으로 임명했다. 6사단은 육군 최강의 사단으로 한국전쟁에서 가장 많은 인민군을 사살하고 단일 작전으로 무패를 기록한 상승(常勝, 항상 이김)부대였다. 그에 대한 박정희의 마음을 알 수 있다. 6사단장 시절이 두 사람 사이에 형성된 인간관계, 혹은 군신관계의 전성기였다. 김재규는 박정희에게 전화가 올 때마다 일어서서 차렷 자세로 받았다. 박정희는 김재규가 생각날 때면 차를 타고 6사단 본부로 달려가 김재규와 한 잔 걸치는 일을 즐겼다.

이때까지 김재규는 갈등 없이 명예로운 사나이로 살았다. 그런데 1964년 새해가 되면서 정부가 비밀리에 한일협정 협상을 하고 있다는 사실이 알려지게 된다. 국민감정이 받아들이기엔 굴욕적인 내용이다 보니 당연히 반발이 일어났다. 경찰과 학생이 충돌했고, 박정희는 6월 3일 계엄령을 선포하고 군을 투입하기로 했다. 이로써 6·3항쟁, 한일협정 반대시위가 시작되었다. 육군 2개 사단이 투입되기로 결정되었는데 하필 서울 투입군이 김재규의 6사단 병력이었다.

군사부일체(君師父一體)라는 말이 있다. 주군과 스승과 아버지는 하나라는 뜻이다. 《소학(小學)》에 있는 말로, 소학이 가장 널리 읽힌 나라가 조선이었음을 생각하면 조선 성리학 전통과 분리될 수 없는 다섯 글자다. 김재규에게 군과 사와 부가 동일한 가치를 제시했다면 별문제 없었으리라. 그러나 그에게 군, 사, 부는 각각 다른 존재였고, 각각 그에게 다른 방식으로 영향을 주었다. 아버지는 청렴하고 강직하며 존경받는 선비가 되라고 가르쳤다. 청렴이야 지키면 그만이다. 또한 김재규는 평생 부하들에게 존경받았다. 문제는 강직함이다. 강직하게 주군을 섬겨야 하지만, 스승은 공화국의 군인은 민간인과 학생들을 보호하라고 가르쳤다. 김재규는 가까스로 군사부일체를 지켰다. 야간통행금지 위반자를 체포하는 일은 경찰에게 떠넘겼다. 대학교에 주둔시킨 휘하 병사들에게는 학생들에게 캠퍼스 청소를 시키라고 명령했다. 김재규에게는 다행스럽게도 이때는 박정희도 지켜야 할 선이 어딘지 알았다. 중앙정보부장 김형욱이 트럭 1천 대를 징발해주면 학생 주동자들을 무인도로 격리해줘도 새도 모르게 해치우겠다고 했을 때, 박정희는 거절했다.

대신 박정희는 일본의 돈으로나마 일본을 이길 힘을 만들자고 호소하는 대국민 담화문을 발표했다. 시위를 누그러뜨리기에는 역부족이었지만, 그래도 국민은 적어도 박정희의 입장이 무엇인지는 이해했다. 이 이해란 바로 다음 사건과 같은 성격이었다. 1965년, 임진왜란 때 끌려간 도공 심당길(沈當吉)의 후손이자 일본을 넘어 세계적인 도예가가 된 14대 심수관(沈壽官)* 오오사코 게이키치(大迫惠吉)가 한국을 방문해 서울대학교에서 강연했다. 이때 이미 게이키치는 박정희와 둘이서 마른안주와 막걸리를 마시며 그에게 홀딱 넘어간 상태였다. 심수관의 강연이 끝나자 서울대 학생들은 일제의 만행을 성토하며 한일협정에 반대한다고 발언했다. 그때 심수관은 '돌을 맞을 각오를 하고'** 협정에 찬성하는 의미로 이렇게 말했다.

> 36년간의 피압박 참상을 나는 압니다. 하지만, 우리 도공들은 36년이 아니라 360년간 14대를 그렇게 살아왔습니다.***

* 심씨 가문의 역대 도예장인의 명칭.
** 본인의 표현이다.
*** 안영진, 〈沈壽官 씨와의 대화〉, 《중도일보》, 2009년 5월 5일.

학생들은 한일협정에 도무지 동의할 수는 없지만, 그렇다고 협정에 찬성하는 이들을 민족반역자로 매도할 수도 없는 상태에 빠졌다. 이때 한 학생이 1961년에 발표된 유행가 〈노오란 샤쓰의 사나이〉*를 불렀고, 이윽고 모두가 노래를 합창했다. 영문도 모르고 노래를 듣다가 심수관은 자신이 노란 셔츠를 입고 있다는 사실을 깨달았다.

노오란 샤쓰 입은 / 말없는 그 사람이 / 어쩐지 나는 좋아 / 어쩐지 맘에 들어

한일협정을 기점으로, 복잡미묘한 이해 속에서 국민의 감정은 '일본을 싫어한다.'에서 '일본을 이겨야 한다.'로 바뀌었다. 한일협정이 강행되었고, 김재규는 두 세계관이 충돌하는 지옥에서 탈출할 수 있었다. 그는 1965년 소장으로 진급해 6관구 사령관을 거쳐 1968년 보안사령관에 임명되었다. 보안사령부**는 박정희의 권력을 떠받치는 핵심조직 중 하나였다. 김재규는 세 번째 대통령 선거에 도전하는 박정희가 독재자로 타락할까 격정했다. 그는 박정희에게서 3선이 마지막이라는 약속을 이끌어내는 데 상당한 역할을 했다. 감히 아무도 하지 못한 직언을 목숨을 걸고 한 것이다. 첫째, 민주공화국의 군인으로서 독재를 두고 볼 수는 없었기 때문이다. 둘째, 주군에 대한 사랑이다. 그는 주군이 역사에 오명을 남기는 모습을 두고 볼 생각이 없었다. 그건 불충이었다. 박정희는 그를 3군단장으로 좌천시키는 것으로 응답했다.

* 공교롭게도 이 노래는 1970년대 일본에서도 유행가가 되었다.
** 현재의 국군기무사령부.

김재규의 청렴은 현대적 기준으로 완벽하지 않다. 오히려 결코 옹호받을 수 없는 전횡을 저지르기도 했다. 그에게는 유명한 기생이었던 장정이라는 내연녀가 있었다. 김재규는 휘하 공병부대를 동원해 장정이와 지낼 집을 지었다. 당시 한국은 후진국이었다. 고위 관료나 고급 장교에게 소위 '첩질'이라 불리는 형태의 불륜은 당연시되었다. 김재규가 장성들 중에서 가장 청렴했다는 점에서 당시의 한국군이 얼마나 심각했는지 알 수 있다. 어쨌거나 김재규는 다시 중요한 임무를 부여받았다. 한계령 도로 건설 지휘였다. 한국에서 젖소를 키우며 우유를 생산할 수 있는 곳은 강원도뿐이었다. 박정희 정권은 국민학교(지금의 초등학교)에 우유를 급식해 한국인의 신장을 늘리려고 했다. 그러려면 한계령 도로가 필요했다.

박정희는 김재규가 호남비료 공장을 만들어냈던 걸 기억하고 이번에는 건설 관련 전공을 공부하라고 명령했다. 그래서 김재규는 한양대학교 토목공학과에서 학사에 더해 석사학위까지 받았다. 하지만 한계령 건설은 그다지 학구적이지 않았다. 김재규는 도로 건설을 전투로 간주하고 총력전으로 달려들었다. 당연히 안전사고가 발생했다. 어차피 한국에는 국제적인 안전규정을 지켜가며 건설할 돈도 없었다. 김재규와 박정희 정권은 모든 문제를 '아름다움'으로 해결했다. 김재규는 건설 현장에서 숨진 장병들을 추모하는 위령비를 세우고 시를 지어 바쳤다. 물론 그렇다고 죽은 사람이 살아 돌아오지 않는다. 하지만 죽음마저, 아니 죽음이어서 아름다운 세계의 주민이라면 문제가 해결됐다고 믿기에 충분하다. 하지만 그렇게도 해결할 수 없는 문제와 마주한다면 어떡할 것인가. 김재규는 3군단장으로 있다가 10월 유신을 맞게 된다.

사(死)의 찬미

박정희는 3성 장군인 채로 김재규를 전역시켰다. 김재규는 끝까지 군에 남고 싶었다. 그는 시력과 청력을 잃을 때까지 싸웠던 전쟁, 바로 그 전쟁을 갈구했다. 김재규가 군대를 떠나면서 지은 〈통일송(統一頌)〉이라는 칠언절구(七言絶句) 시가 있다.

> 眼下峻嶺覆白雪 눈 아래 험준한 고개에 흰 눈 덮였으니
> 千古神聖誰敢侵 오랜 세월 신성함을 누가 감히 침범하랴
> 南北境界何處在 남과 북의 경계가 어디에 있으랴
> 國土統一不成恨 국토의 통일을 못 이룬 것이 한이 될 뿐

미안하지만 도저히 문학적으로 높은 점수는 못 주겠다. 하지만 그가 진정으로 제2의 한국전쟁의 선봉장이 되고 싶어 했다는 마음은 잘 알 수 있다. 하지만 '주군'의 명령을 따르지 않을 수 없었다. 그는 유신정우회(維新政友會) 소속 국회의원이 되었다. 이름에서 알 수 있듯 유신정우회는 일본제국의 입헌정우회(立憲政友會)를 모델로 했다. 입헌정우회는 법적으로는 정당이지만 실제로는 야마가타 아리토모가 만들고 이토 히로부미가 계승한 조슈 파벌의 핵심적 권력 단체였다. 유신정우회는 자동적으로 국회 의석의 1/3을 차지했는데, 누가 정우회의 일원이 될지는 박정희 개인이 결정했다. 유신정우회는 스스로의 존재 목적을 '유신 수호'라고 밝히고 출범했다. 김재규는 자신을 민주공화국의 헌법을 수호하는 군인으로 인식해왔다. 스승의 가르침에 따라 마음은 유신에 반대하면서도 주군의 명령에 따라 몸은 유정회 의원이 되었다. 그의 세계는 붕괴하기 시작했다.

　박정희는 유신에 반대하는 김재규를 중앙정보부 차장 자리에 앉혔다. 박정희의 충성심 시험이었다. 김재규가 가장 싫어할 자리였기 때문이다. 상관인 중앙정보부장이 군 시절 자신의 부하였던 신직수였으니 더 그럴 만했다. 그러나 주군의 명령이었다. 김재규는 군말 없이 차장 자리를 받아들였다. 박정희는 만족했음이 분명하다. 그의 충심을 확인한 후 1973년 12월 건설부 장관으로 임명한 것을 보면 알 수 있다. 1973년은 오일쇼크*가 발생해 세계 경제에 충격을 준 해다. 이미 월남전에 파병한 군대는 철수를 완료한 상태였다. 외화벌이 수단이 사라진 와중에 산업에 치명타를 맞게 된 것이다. 박정희는 중동 건설업 진출로 난국을 타개하는 아이디어를 짜냈다. 인력을 갈아넣어 외국에 '전투적인 공사속도'를 파는 것이었다.

　한국은 현대적인 인프라를 전국적으로 건설하기에 곤란한 지리적 조건을 갖고 있다. 단단한 화강암 산맥의 줄기가 주택가 골목까지 이지러지고 뒤틀려 내려와 있다. 지하의 지형도 셀 수 없을 만큼 많은 수맥과 암반이 뒤섞여 있다. 극악한 조건에서 길을 내고 터널을 뚫고 건축물을 세운 경험을 외국에 파는 일에 있어 김재규만한 적임자는 없었다. 박정희는 그에게 건설 수출의 전권을 주다시피 했다. 박정희를 추억하는 보수적인 산업화세대는 광부와 간호사 파견, 경부고속도로 건설 그리고 중동 건설 붐의 이미지를 낭만적으로 추억하면서 곧잘 김재규를 혐오한다. 그런데 중동 건설 붐의 일등공신이자 최고 지휘관은 바로 그였다. 김재규는 돌진과 근성(根性, 곤조)의 지사였고, 그를 선택한 박정희 역시 마찬가지였다.

* 전 세계적인 석유공급 부족 사태.

이때까지 김재규는 박정희가 민주주의의 적이 되지는 않을 거라 기대를 걸었다. 하지만 고명한 독립운동가이자 '재야의 대통령' 장준하는 박정희를 믿지 않았다. 대신 그는 김재규를 믿었다. 그 이유가 김재규가 장준하에게 여러 가지 도움을 주었고, 그를 깊이 존경했기 때문이라고 말하는 건 무례하다. 장준하는 평생 숱한 사람에게 도움과 존경을 받았지만 그들 모두에게 큰 기대를 걸지 않았다. 장준하는 김재규가 '언젠가는 민주화에 함께 할 사람'이라고 믿었다.* 그는 민중항쟁이 군부 집단을 끌어낼 수 없다고 믿었다.** 광복군 출신다운 냉정한 판단이다. 민중은 언제든 들고일어날 수 있다. 경찰서나 관공서쯤은 얼마든지 습격해서 불태울 수 있다. 하지만 전투기와 전차, 미사일을 상대할 순 없다. 설사 민중이 끌어낸다고 하더라도 너무나 큰 희생을 치러야 할 것이었다. 장준하는 군 내부의 '양심적 인사'의 결단에 의해 군부독재가 끝나야 한다고 믿었다.*** 김재규야말로 바로 그 '양심적 인사'의 최고 적격자였다. 그래서 장준하는 김재규가 건설교통부 장관이 된 신문기사를 보고 "욕심을 이기지 못했는가!"라며 탄식했다. 혁명의 열쇠가 되어줄 청렴한 군인이 부귀영화의 유혹을 이기지 못해 정치인이 되었다고 오해했던 것이다.

1975년 8월 17일, 장준하가 등산하다가 의문사 하는 사건이 일어났다. 정부는 실족사로 발표했다. 그러나 오늘날 그의 죽음이 평범한 안전사고라고 믿는 이들은 별로 없다. 국민적 저항이 1975년부터 더욱 열기를 띠기 시작했고, 장준하는 독재

* 민주당계 정치인 이부영의 증언. 해당 연도는 1973년.
** 장준하의 아들 장호권의 증언.
*** 역시 장호권의 증언.

에 저항하는 민중의 구심점이었기 때문이다. 어쨌거나 선거로 결정된 임기가 1975년까지였기에 국민은 박정희를 참을 최소한의 핑계가 있었다. 마찬가지로 독재에 신음하고 있다는 사실을 인정하지 않을 수 없게 된 해도 1975년이다. 일반적인 의심대로 장준하가 박정희 정권에 의해 죽임당했다는 가정하에, 이때 박정희와 연결된 김재규의 믿음의 사슬 한 가닥이 끊어졌을 것이다. 이후 김재규는 장준하 유가족의 생활을 도왔다. 그는 나름대로 비밀스럽게 돕는다고 노력한 모양이지만, 유가족은 김재규의 행동이라는 사실을 뻔히 알았다고 한다.

그리고 1976년 12월, 김재규는 마지막 직위인 중앙정보부장에 임명되었다. 유신 독재가 절정을 치달아가고 있을 때였다. 김재규는 아직도 주군에 대한 믿음을 저버리지 않았다. 그는 해가 바뀌자마자 주군 박정희를 민주주의를 화해시키려고 작정했다. 심신이 망가져 죽어가던 김지하 시인을 가석방하는 것을 시작으로 야당 인사와 민주구국헌장 지지서명운동 관련자들을 석방했다. 긴급조치 9호 위반으로 복역 중인 신부, 목사, 학생 14명을 석방했고 감옥에서 고문과 건강 악화로 생명의 위험에 빠진 김대중을 서울대 병원으로 이송했다. 모두 한 해만에 일어난 일이다.

김재규는 국민을 폭력으로 감시하는 박정희 정권의 긴급조치 9호를 철폐하자고 건의했다가 실패했다. 그러자 보다 온건한 긴급조치 10호안을 작성해 박정희에게 내밀었다. 김재규가 아부하기 위해 9호보다 반민주적인 10호안을 바쳤다는 박정희 숭배자들의 논리는 실상과 반대다. 10호안은 훨씬 온건했다. 그는 자신의 주군에게 아직 희망이 있다고 믿었다. 김재규는 자신이 깍듯이 대했던 김수환 추기경과 대화하면서 박정희를 환자에 비유하며 이렇게 말하였다. "죽부터 천천히 먹여야 소화를 시킬 수 있습니다." 박정희를 조롱하는 의미가 결코 아니다. 그는 박정희가 민주주의를 살해하는 불명예를 역사에 남기는 일을 두려워했지만, 한편으로는 민주주의가 박정희를 체하게 할까 두려웠다. 박정희와 김재규는 여전히 서로를 사랑했다. 동시에 상대가 자신의 사랑을 이해하지 못한다고 믿었다. 김재규는 어디까지나 박정희를 사랑하려고 노력했지, 사랑을 받기 위해 노력한 적은 없다. 그는 언제나 권력의 핵심과 동떨어진 군대를 그리워했고, 여러 번 목숨을 내놓고 박정희에게 반대했다. 죽어도 상관없다는 태도였지만 박정희 역시 김재규를 없애버리기에는 그를 너무 사랑했다.

10·26사건의 본질을 이해하지 못하는 사람들은 김재규의 행위를 설명하기 위해 꼭 차지철을 집어넣는 실수를 범한다. 차지철 당시 대통령 경호실장과의 권력투쟁에서 밀리자 권력욕 반, 충동 반으로 사건을 저질렀다는 해석이다. 김재규는 질투를 느낄 정도로 차지철이라는 인간의 등급을 높게 평가한 적이 없다. 그에게 차지철은 주군의 몸에 들러붙어 건강을 악화시키는 기생충, 그 이상도 이하도 아니었다. 차지철은 박정희가 허리춤에 찬 권총에 불과하며, 이승만의 충견 곽영주처럼 주인이 부리는 개일 뿐이다. 박정희가 차지철을 총애한 마음은 진심이었을 것이다. 박정희는 애완견 '방울이'를 끔찍이 아꼈으며, 이 하얀 색 스피츠가 죽었을 때 매우 슬퍼했으니까. 박정희는 진돗개도 키웠는데, 이 친구는 참으로 상징적이게도 차지철의 엉덩이를 무는 사건을 일으킨 적 있다. 개끼리는 가끔 서열 다툼을 하는 법이다. 반면 박정희와 김재규 사이의 관계는 두 지사끼리의 애증이었다.

김재규는 중앙정보부장으로 지내며 한 가지 실수를 저질렀다. 그는 권력으로 국사편찬위원회를 압박해 선조 김문기를 사육신(死六臣) 목록에 넣었다. 그래서 사육신은 죽은 여섯 신하라는 말인데도 불구하고 사'칠'신(死'七'臣)이 되고 말았다. 문제는 김문기가 이미 조선시대에 공식으로 복권된 삼중신(三重臣, 세 명의 중신)의 한 명이었다는 점이다. 삼중신의 등급이 사육신보다 더 높았다. 김재규가 그 사실을 알았는지 몰랐는지는 모르겠다. 알았어도 김재규는 비슷한 선택을 했을 가능성이 높다. 그가 속한 세계는 윤리가 아닌 '멋'의 세계이고, 사육신은 충신의 상징으로 삼중신보다 높은 유명세와 인기를 누렸으니 말이다. 그러나 그의 이상은 조선시대보다는 일본의 막말에 훨씬 가까웠다. 유신 체제를 살면서 그는 자신을 한 명의 사무라이로 인식했다. 새마을운동이 한창이어서 지도급 인사들이 번갈아 새마을연수원에 입교해 합숙교육을 받을 때였다. 그곳에서 김재규를 만났던 최서영 전 코리아헤럴드 사장은 이렇게 증언했다.

> 그때 김재규와 많은 대화를 나눴다. 내가 느낀 것으로는 그는 질서를 존중하는 전형적인 군인, 그것도 죽음의 미학을 찬양하는 일본 사무라이를 동경하는 그런 사람이었다. 내가 일본 특파원을 했다는 사실을 알고는 세지마 류조(瀨島龍三, 1911-2007)* 전 이토추종합상사(伊藤忠商事株式會社) 회장에 대해 이것저것 질문해온 것이 생각난다. **

* 만주군 시절 박정희의 직속상관이었으며, 그의 대통령 시절 경제자문이기도 했다.
** 허문명, 〈김지하와 그의 시대(108): 시계(時計)〉, 《동아일보》, 2013년 9월 10일.

박정희 정권에서 일본문화 수입은 강력하게 금지되어 있었는데, 김재규는 권력을 약간 남용했다. 그는 일본에서 사무라이 영화가 나올 때마다 비디오테이프를 입수해 감상했다. 또 그 당시 일본에서 유행한 콘텐츠 중 하나는 사무라이들이 짓거나 읊었던 시를 낭송한 카세트테이프였는데, 이 또한 김재규의 중요한 수집품 중 하나였다. 그의 애창곡은 조용필의 〈사나이 결심〉이었다. "이 몸이 죽어 세상을 떠날지라도 / 이름만은 남기리라." 그가 즐겨 부르던 애창곡의 가사처럼, 1979년의 김재규는 죽음을 꿈꾸기 시작했다. 그는 박정희를 설득하는 일이 이제는 불가능하다고 생각했다. 10·26사건을 일으키기 약 3개월 전, 김재규는 장준하의 아들에게 이제 곧 큰일이 벌어질 테니 한국을 떠나 있으라고 일러두었다. 박정희와 김재규 모두 민주주의를 이해하지 못했다. 그러나 김재규는 민주주의가 산업화의 다음 단계로 도래해야 한다는 사실만큼은 알고 있었다. 그에게는 민주적 방식으로 민주주의를 불러올 방법이 없었다. 김재규는 유신의 세계를 살아왔다. 자신의 세계관 안에서 자신의 세계를 끝내야 한다. 아버지와 스승과 주군의 충돌을 '하나의 사랑'으로 합치하는 유일한 길, 그것은 '아름다운 죽음'이었다.

최후의 지사, 유신을 완성하다

유신체제의 반동이 극에 달한 1979년 8월, YH무역사건이 일어났다. YH무역에서 근무하던 여공(女工, 여성 노동자)들이 살인적인 노동, 저임금, 부당해고, 감봉, 현장에서 남성 관리자들에게 당하던 폭력에 저항해 일어난 투쟁이다. 투쟁은 비정하게 무시되었지만, 여공들이 신민당(新民黨) 당사를 찾아가면서 일대 사건이 되었다. 신민당 총재 김영삼은 농성을 허락할 뿐 아니라 여공들을 지켜주겠다고 선언했다. 박정희는 인정사정없이 때려잡으라고 명령했고, 그 일을 할 사람은 김재규였다. 힘없는 여성들을 폭력으로 진압한다는 것은 평생 마초로 살아온 김재규가 스스로 허락할 수 없는 치욕이었다. 그러나 할 수밖에 없었다.* 이 사건의 여파로 김영삼이 의원직에서 강제로 제명되었다.

김영삼은 박정희의 의지에 따라 김대중과 마찬가지로 구속과 고문이 예정된 운명이었다. 그러나 김재규는 제명된 것만으로 충분하며, 더 이상의 탄압은 국민들이 납득하지 않을 것이라고 박정희에게 매달려 김영삼을 지켰다. 그러나 민심이 폭발하기에는 의원직 제명만으로도 충분했다. 국민은 김대중을 잃은 마당에 김영삼마저 빼앗길 수는 없었다. 1979년 10월, 부산과 마산을 중심으로 부마항쟁이 일어났다. 박정희는 10월 18일 0시를 기점으로 비상계엄을 선포했다. 김재규는 사태의 심각성을 육안으로 확인하기 위해 부산에 헬기를 타고 날아갔다. 그는 시위 인파 속으로 숨어들어가는 잠행(潛行, 정체를 숨기고 다님)을 감행했다. 현장은 경찰서가 불타는 전쟁터였다. 불길이 치솟고 최루탄 연기가 피어오르는 곳에서 김재규를 알아보는 사람은 없었다. 그의 시야에 병원에서 나오는 두 여자, 엄마와 어린 여자아이가 들어왔다. 모녀는 경찰의 최루탄에 죽을 위험에 빠졌다. 이때 김재규는 목숨을 걸고 뛰어들어 아이

* 조갑제는 이에 대해 박정희는 잘 수습하라고 했지만 김재규가 과잉 충성으로 강경 진압을 하면서 사상자가 발생했다는 소설적인 주장을 펼쳤다. 그러나 이 세상에 '사상자를 내라.'고 자기 입으로 지시하는 최고 권력자는 존재하지 않는다.

를 구해냈다. 후에 그는 이렇게 진술했다.*

제가 내려가기 전까지는 남민전이나 학생이 주축이 된 데모
일 거라고 생각했는데 현지에서 보니까 그게 아닙니다. 160명
을 연행했는데 16명이 학생이고 나머지는 다 일반 시민입니
다. (…) 체제에 대한 반대, 조세에 대한 저항, 정부에 대한 불
신 이런 것이 작용해서, 경찰서 11개를 불질러버리고, 경찰 차
량을 10여 대 파괴하고 불지르고, 이런 사태가 벌어졌습니다.

그러나 김재규가 돌아왔을 때는 이미 계엄군이 조직돼 투입될
준비를 마친 상태였다. 그는 국민이 죽는 사태를 막기 위해 절
박하게 움직였다. 심지어 정권의 적이라고 할 수 있는 야당 인
사인 신민당 황낙주 총무를 붙잡고 호소했다.

신문에서는 양아치와 불량배가 데모했다고 하지만 실은 선량
한 시민들과 학생들이 대부분이었습니다. 우리가 이 난국을
수습하지 못하면 광화문 네거리가 피바다가 됩니다. 이걸 수
습할 분은 나와 황 총무뿐입니다.

마침내 특수부대로 이루어진 계엄군이 투입돼 잔혹한 진압이
시작되었다. 10월 23일, 김재규는 붓을 잡고 서예를 한 후 마지
막 남길 작품을 골랐다. 그는 가족과 친지를 불러 자신의 뜻으

* 이하 김재규와 부하들의 발언이나 진술은 모두 〈대법원 1980. 5. 20. 선
고 80도306 판결〉 등 재판 기록과 《나는 김재규의 변호인이었다: 170일
간의 재판 기록으로 밝힌 10·26의 진실》(안동일, 김영사, 2017) 등의 김재
규 관련 도서를 참고하였다.

로 남길 붓글씨를 지목했다. '자유민주주의(自由民主主義)' '위민주주의(爲民主主義 민주주의를 위하여)', '민주민권자유평등(民主民權自由平等)' '비리법권천(非理法權天)*' 등이다. 그는 10월 26일, 집에서 나올 때 가족들에게 자신이 없어도 잘 살아야 한다는 말을 건넸다. 또한 정장 안주머니에는 '자유'와 '평등'을 적은 작은 태극기를 넣어두었다. 두 심복인 박선호와 박흥주에게는 사건 4시간 전에 계획을 알려줄 만큼 치밀했다. 김재규는 이미 죽을 준비를 마친 채였다. 사건 당일 우발적으로 기분을 다스리지 못해 총을 쐈다는 일각의 해석은 사실과 완전히 다르다.

박정희는 충청남도 당진군에서 열린 삽교천 방조제 완공식에 참석한 후 궁정동 안가(安家, 안전가옥)에서 술자리를 가지기로 했다. 그래서 사건이 그날의 우발적인 충동이라고 해석하는 이들이 많은데, 그렇다고 해봐야 날짜의 차이에 불과하다. 김재규는 금고에 보관 중이던 발터PPK 권총을 꺼내 탄환 7발을 장전했다. 저녁, 궁정동 안가로 가는 차 안에서 그는 일본 사무라이의 시 낭송 테이프를 들으며 마음을 다잡았다. 김재규는 유신의 방식으로 유신을 끝내기 위해 안가로 걸어 들어갔다. 그는 유신을 사랑했기에 유신을 끝장내야 했다. 또한 박정희가 아직 아름다울 때 그를 죽여야 했다. 나중에 법정에서 심복인 박흥주와 박선호가 박정희의 여자관계와 박근혜의 남자관계**를 말하려고 할 때, 그는 주군의 명예를 위해 다급하게 소리쳤다. "야, 하지 마!" 김재규는 끝까지 박정희를 사랑했다.

* "이치가 아닌 것은 이치를 이길 수 없고, 이치는 법을 이길 수 없고, 법은 권력을 이길 수 없지만 바로 그 권력은 천심을 이길 수 없다." 한비자(韓非子)가 남긴 문장이다.
** 〈최태민 보고서〉.

안가에서 벌어진 술자리에서 박정희는 김재규를 나무랐다. "중앙정보부가 좀 매서워야지." 차지철은 신이 나서 박정희에게 말했다.

캄보디아에서는 이백만, 삼백만을 죽였는데* 우리도 백만 명 쯤 죽이면 어떻습니까? 학생이고 신민당 의원 놈들이고 전차로 싹 밀어 죽여버리면 안 되겠습니까?

박정희는 차지철을 나무라지 않았다. 대신 "때가 되면 내가 직접 발포 명령을 내리겠다."며 그의 말을 긍정했다. 박정희의 얼굴에 미소가 그려졌다. 그렇다면 바로 오늘이었다. 김재규는 더이상 망설일 이유가 없다는 확신을 얻고 권총을 뽑아들었다. '기생충' 차지철이 먼저였다. 그다음은 박정희였다. 총에 맞은 애견과 주인은 즉사하지 못했다. 권총이 격발 불량으로 걸렸기 때문이다. 김재규는 부하 박선호의 총을 가져와 확실히 끝냈다. 이번에도 차지철이 먼저였다. 마침내 김재규는 박정희의 머리에 결정적인 총탄을 박아넣었다. 이 행위의 본질은 처형이 아니라 가이샤쿠(介錯, 개착)였다. 배를 갈라 창자를 꺼내는 것만으로는 사람이 죽지 않는다. 가이샤쿠는 심복이 할복하는 주군의 목을 잘라 죽음의 의식을 끝마치는 사무라이의 관습이다. 김재규는 충(忠)을 저버리기는커녕, 완성했다.
　태생적으로 자기 파괴적인 유신은 완성되는 순간 소멸하고, 소멸하는 순간 완성될 운명이었다. 유신은 자신의 운명을 가장 완벽한 방식으로 완성하기 위해 '마지막 지사'인 김재규를

* 킬링필드(Killing Field).

342

만났다. 아름다운 파멸, 그것은 지극한 사랑이자 지독한 나르시시즘이었다.

야수의 심정으로 유신의 심장을 쏘았다

김재규는 유신을 완성한 직후 제대로 된 판단을 하지 못했다. 애초에 완성이 목표였으며, 그 과정에서 자신은 죽을 것이라 믿었기 때문이다. 그는 주도면밀했던 모습을 갑자기 잃고 방황한다. 자신의 홈그라운드인 중앙정보부가 아닌 육군본부에 가는가 하면, 신발 한 짝이 벗겨진 줄도 모르고 우왕좌왕하는 추태를 보였다. 김재규가 실수를 연발하는 사이 보안사령관 전두환과 그의 신군부(新軍部) 세력이 권력의 공백을 메우며 급부상했다. 김재규는 거사에 '공식적으로 실패'하고 전두환에게 체포되고 만다. 그러나 그가 하고자 하는 것에 '본질적으로 성공'했다는 사실을 신군부는 이해할 수 없었다. 그들은 김재규와는 이미 다른 세대의 사람들이었다. 끝까지 김재규를 이해하는 데 실패한 신군부는 어정쩡하면서도 사실은 그들도 모르는 사이 진실의 폐부를 찌르는 유명한 결론을 내렸다.

우발적이라기엔 너무 치밀하고, 계획적이라기엔 너무 어설프다.

김재규의 목표에는 자신의 죽음도 포함되어 있었다. 그렇기에 그는 체포된 후부터 갑자기 의연해졌다. 어차피 사형이 예정되어 있었다. 민주화 진영에서도 김재규를 이해하지 못하기는 마찬가지였다. 김수환 추기경과의 인연으로, 종교계를 시작으로

김재규 구명운동이 벌어졌다. 종교계의 입김으로 민주화 투쟁에 몸담던 인권변호사들이 김재규를 변호하게 되었다. 그들은 처음에 '다음 독재자가 되기 위한 권력욕에 휩싸여 주인을 문권력의 개'를 변호하는 일이 영 마음에 들지 않았다. 그러나 김재규를 접하고 그의 진심에 놀랐고, 나중에는 존경하게 되었다. 그중 강신옥 변호사는 김재규를 존경하면서도 문득문득 위화감을 느끼곤 했다. 그는 '확실히 일제강점기에 교육을 받은 분이 맞긴 하구나.'라는 생각을 여러 번 했다고 회고했다. 또 다른 변호사는 김재규로부터 '앗사리(あっさり, 깨끗한/시원한)한 태도'라는 표현과 '목숨을 초개(草芥, 지푸라기)와 같이 버리는 생사관'에 대해 여러 번 들었다고 전한다.

김재규는 재판 과정에서 몹시 의기소침해진 적이 있다. 신군부가 대중을 설득하기 위해 그리고 자신들도 애써 이해하기 위해 10·26사건의 서사를 창작했기 때문이다. 그들이 창작한 서사 속에서 김재규는 1차원적 욕망과 비리에 푹 젖은 삼류 인간이었다. 이때 이미 김재규에게 감화된 변호사들이 언젠가는 역사가 반드시 대의를 기억할 거라고 하자, 김재규의 얼굴이 활짝 펴졌다. 그는 그때부터 다시 의연한 모습으로 돌아왔다. 김재규에게 중요한 것은 목숨이 아니라 멋, 죽어서 남기는 이름이었던 것이다. 그는 신군부에게 참혹한 고문을 당하면서도 끝까지 정신력을 유지했다. 법정에서 그가 남긴 말은 상징적이다.

야수의 심정으로 유신의 심장을 쏘았다.

김재규가 박정희를 쏠 때 안가의 경호병력을 해치운 두 심복, 박선호와 박흥주 역시 지사를 상관으로 모신 덕에 지사가 되었다. 그들 역시 김재규처럼 고문 속에서도 끝까지 정신력을 유지하기는 마찬가지였다. 박선호는 자신이 제압하기로 한 병력 중 둘도 없는 친구 정인형이 있었기에, 그들을 죽이지 않고 억류하려고 했다. 하지만 하필이면 그들 중 한 명이었던 안재송이 속사(速射, 권총 빨리 쏘기)에 있어 전국 제일인자였다. 안재송의 손이 권총을 향해 움직였고, 그가 총을 뽑는 순간 모든 것이 끝이었다. 결국 박선호는 먼저 사격을 시작해 친구 정인형마저 사살하고 말았다. 그러나 소의(小義)보다는 대의(大義)가 먼저였다. 그는 최후진술에서 이렇게 말했다.

> 김 부장님(김재규)을 모셨다는 것을 첫째 영광으로 생각하고, 저로 하여금 항상 인간으로 일깨워주시고, 국가의 앞날을 버러지(차지철)의 눈이 아니라 창공을 나는 새의 눈으로 볼 수 있게, 똑바른 눈이 될 수 있도록 길러주신 데 항상 영광으로 생각했습니다. 지금 또 그와 같은 상황에 처해도 저는 그 길밖에 취할 수 없다는 것을 분명히 말씀드립니다.

박선호와 함께 경호원을 사살한 박흥주는 체포된 후 교도소 벽에 사마천의 《사기》에 나오는 '사위지기자사(士爲知己者死, 남자는 자신을 알아주는 이를 위해 죽는다)'라는 말을 적었다. 자신을 알아주는 이란 당연히 김재규다. 그는 최종 계급이 대령인 고위 장교였음에도 불구하고 판자촌에서 처자식과 함께 가난하게 살아갈 정도로 청렴했다. 당시의 한국군에서는 거짓말 같은 인물형이다. 그는 형이 집행되기 전 하늘에 한 점 부끄럼 없다는 뜻에서 하늘을 보며 죽겠다고 눈가리개 착용을 거부했다. 박흥주는 사형 집행 직전 다음과 같이 말했다.

내 조국 대한민국은 희망 있는 국가요 또한 그 국민들로 구성되어 있다. 우리의 대업은 조국 통일이며 조국 통일에 목적이 있는 한 우리 국민은 어떠한 난관이 있더라도 이를 슬기롭게 극복하고 민족의 새로운 번영과 발전을 이룩할 수 있다. (…)

나는 김재규와 박선호, 박흥주를 비난하는 이들의 자유에 아무런 불만이 없다. 그러나 김재규와 부하들에게 강력한 도덕적 확신이 있었다는 사실, 그들이 나름의 사명감과 애국심으로 행동하고 죽었다는 사실은 어떻게도 부정되지 않는다. 세 사람 모두 민주주의자이면서도 민주주의자가 아니다. 그들은 철저한 무사(武士)였지만 민주주의가 정답이라고 믿었다는 점에서만큼은 민주주의자라고 할 수 있겠다. 하지만 김재규의 소원이 곧바로 이루어지지는 않았다.

10·26사건은 전두환과 하나회를 중심으로 한 신군부의 독재를 불러왔다. 이 때문에 김재규는 '결과적으로' 비극을 불러왔다는 이유로 비난받곤 한다. 하지만 민주화 투쟁으로 과연 전두환 정권과는 비교도 안 될 정도의 절대적 권위를 갖고 있던 박정희를 무너뜨릴 수 있었는가에 대해서는, 민주화 인사들마저 부정적이다. 김재규의 어설픈 '혁명'이 박정희보다 더 폭압적인 전두환 독재를 불러왔다는 논리도 인정할 수 없다. 실상을 오목조목 따지자면 유신 체제가 훨씬 지독하다. 전두환에게 박정희보다 무식하고 폭력적인 면이 많긴 하지만, 박정희가 그물망처럼 짠 억압구조야말로 기하학적 완성도를 지닌 철저하고 잔인한 체제다.

대한민국 국민은 박정희만큼 전두환을 인정하지 않았다. 집권 7년 내내 전두환과 그의 아내 이순자는 조롱과 욕설의 대상이었다. 김재규가 민주화에 결정적인 역할을 했다고 한다면, 그건 너무 멀리 엇나간 발언이다. 한국의 민주화는 어디까지나 국민의 힘으로 이루어졌다. 하지만 1987년 6월항쟁에서 국민이 전두환을 상대로 승리하게 된 요인에 김재규의 총탄이 없었다고 할 수는 없다. 그러므로 시간이 흐르고 한국인들이 과거를 침착하게 복기할 수 있게 된 현재 김재규가 재평가의 대상이 된 일은 당연하다. 이 책을 쓰는 지금, 김재규는 반역자로도 불리지만 동시에 의사(義士)로도 불린다. 그러나 나는 확언한다. 그는 의사가 아니라 지사이며, 최후의 유신 지사다.

유신의 완성에는 마지막 마침표 한 점이 필요했다. 그것은 김재규의 죽음이다. 1980년 5월 23일, 그는 다음날 사형이 집행될 것을 확신하고 유언을 남겼다. "나는 즐겁게 갑니다."

1980년 5월 24일 아침. 김재규는 찬물로 몸을 씻고 새 옷을 갈아입었다. 아침 식사를 거르며 몸속까지 깨끗이 정돈했다. 오전 7시, 사형집행 직전 김재규는 마지막 질문을 받았다. "하고 싶은 말이 있는가?" 그는 대답했다. "없다."

모든 것은 무(無)로 되돌아갔다. 유신의 역사가 끝났다.

유
신
의
제
단

2016년 10월, 한국 국민은 박근혜 퇴진 시위를 시작했다. 12월
에 절정을 이룬 시위는 해를 넘겨 보수적인 집계로도 연인원
총 약 2천만 명, 실제로는 아마도 그 훨씬 이상이 정권을 끝장
내기 위해 광화문을 중심으로 집결했다. 그들은 박정희 정권 시
절 건설된 경부고속도로와 철도, 지하철을 타고 모여들었다. 어
떤 실체가 잊힌 자리 위에는 숨죽이고 있던 진실이 정체를 드
러낸다. 유신이 기억의 저편으로 사라지자 진짜 힘이 드러났다.
　　힘은 국민에게 있었다. 박정희가 산업화를 지도한 것이든
유도한 것이든, 혹은 그저 제안했을 뿐이든 땀 흘려 노동한 주
체는 국민이었다. 이승만을 하와이로 쫓아내고 박정희가 들어
설 자리를 마련한 것도, 투표로 박정희를 승인한 것도, 부마항
쟁으로 박정희가 죽는 무대를 마련한 것도, 박정희의 자리를
차지한 신군부 독재를 몰아낸 것도 국민이다. 어쩌면 국민이
군부독재를 끝내지 못했을 수도 있지만, 이제는 의미 없는 가
정이 되어버렸다. 이미 게임은 끝났다. 국민은 언제나 옳다는
이야기가 아니다. 국민은 언제나 예제에서 정답을 도출하는 수
학 선생이 아니다. 국민은 정답을 맞추지 않는다. 정답을 만든
다. 그러므로 박근혜를 대통령으로 선출한 것도, 4년 만에 그를

끌어낸 것도 한결같이 정답이다.

　박정희의 죽음은 일종의 유산이었다. 한국인은 박정희와 이별할 마음의 준비가 되지 않은 채로 그를 잃었다. 역사는 '시대정신'에 따라 움직이지만, '시대감정'이 남긴 잔여물을 이자까지 쳐서 되돌려준다. 대한민국 17대 대통령 이명박은 평사원에서 현대건설 사장에까지 오른 '샐러리맨의 신화'였다. 그의 존재는 산업화시대의 추억을 상기시켰다. 이명박은 대통령 선거에서 노골적으로 박정희의 이미지를 마케팅 요소로 삼았다. 국민은 '유사 박정희'로도 만족하지 못했다. 그래서 18대 대통령 선거에서는 아예 박정희의 유전자를 선택했다. 그 결과 확인한 것은 유신의 망령뿐이었다. 유신의 무덤가인 오래된 정원은 그저 폐허에 불과했다. 무덤은 무덤일 뿐이다. 그곳에서는 아무것도 부활하지 못한다. 박정희가 부린 젊은 정치검사 김기춘이 노인이 되어 박근혜 정권의 대통령 비서실장으로 돌아왔다. 그의 지시사항을 적은 메모가 카메라에 잡혔을 때, 김기춘의 복귀는 부활이 아니라 사이비 강령술임이 드러났다.

路線(노선)

①야간의 주간화

②휴일의 평일화

③가정의 초토화

※라면의 상식(常食)화

「명예를 먹는 곳. 어떠한 enjoy도 없다」

모든 것을 바쳐 헌신

그가 보고 배운 산업화의 전투적 행군은 시대와 동떨어진 빛바

랜 부적이 되었다. 김기춘은 박근혜가 대통령이 아니라 국회의
원일 때부터 그를 '주군'이라고 불렀으며, 박근혜의 말을 '하명
(下命, 명령을 내리심)'이라고 표현했다. 그가 박정희의 유전자를
대하는 방식은 3·1만세운동이 일어났을 때보다도 구식이었다.
그러므로 흙으로 돌아가기를 거부하고 냉동 보관을 택한 그들
의 좁은 세계는, 박근혜 정권이 국민에 의해 무너지고 김기춘
과 그의 2대 '주군'이 나란히 감옥에 갔을 때 몰락하지 않았다.
이미 있던 몰락을 재확인했을 뿐이다. 비슷한 의미로 일본의
전범들을 모신 야스쿠니(靖國)신사에 분노하는 한국과 중국의
일반적인 국민감정을 나는 느끼지 않는다. 시신을 방부 처리하
는 데 집착하는 모습은 흥미로운 볼거리일 순 있어도 진심으로
분노할 만한 대상은 못 된다.

내가 원래부터 가졌던 목적은 한국인은 누구이며, 어째서
현재의 한국인이 되었는지에 대한 서술이었다. 이 작업에서 유
신을 설명하지 못하면 마지막 남은 퍼즐을 맞추지 않은 불완전
한 서술이 되리라 생각했다. 그러나 유신의 역사는 간단히 설
명될 수도 없거니와, 일본사와 겹친다. 한국도 일본도 아닌, 두
나라 모두를 배경으로 살다간 유신의 역사를 먼저 하나의 책으
로 따로 정리하기로 했다. 그러므로 이 책의 주인공이 유신이
된 것이다.

박물관에 있는 해시계가 가치 있는 이유는 스마트폰보다
성능이 좋아서가 아니다. 해시계는 박물관을 나와 현실에서 사
용하려는 순간 무가치해진다. 유물은 유물로, 폐허는 폐허로 대
해야 한다. 나는 유신의 제단에 꽃을 바치고 싶은 마음이 없다.
오물을 던지며 욕할 생각도 없다. 대신 오래된 정원을 폐허로
놔둔 채 거닐고 싶다. 한밤중의 폐허 위로 별빛이 내릴 것이다.

역사적 사실은 별처럼 지상의 현실과 멀리 떨어져 있다. 하지만 별이 빛나는 이유는 거기에 정말로 별이 있었기 때문이다. 현재는 과거로부터 던져진 것이기에 현재의 틀에 과거를 끼워 맞추면 현재까지 뒤틀린다.

결론을 내려놓고 증거를 수집하면 조개껍질 같은 진실의 파편만 모아 목걸이로 꿸 수 있을 뿐이다. 한국의 보수와 진보 대부분은 누군가를 찬양하거나 저주하기 위해 갯벌을 배회한다. 그들의 세계는 착한 한국과 나쁜 일본 혹은 잘난 일본과 못난 한국, 착한 한국인과 나쁜 한국인 따위로 나뉜다. 이것은 갯벌에서 먹을 수 있는 해산물을 추려내는 원시인의 활동이다. 일본도 마찬가지다. 일본 우익은 유신이 벼랑 끝을 향해 내달리던 시대를 칭송하려는 태도를 정해놓고 과거의 바닷가를 헤맨다. 일본의 진보는 과거를 통해 반성하는 게 아니라 먼저 반성부터 한 다음 과거를 검색한다. 그래서 그들의 반성은 인위적이고 종교적이다. 이런 접근법들은 문신과 신체 장식을 통해 자신이 어느 진영인지 확인하려는 원시 부족문화에 해당한다. 지성을 반지성적 행위의 도구로 사용하는 일은 낭비다.

실체는 파도에 떠밀려온 잔해가 아니라 바다 자체에 있다. 역사는 이야기이며, 무언가가 시작되고 끝나는 드라마다. 이 책은 '유신'이라는 한 낭만적 괴물의 일대기다. 사무라이의 칼날에서 시작해 김재규의 총탄으로 종결된 유신이라는 인격체의 일생이다. 역사란 살았다가 죽고, 시신이었다가 지상의 풀들이 자라나게 하는 거름이 되는 순환이다. 현재를 사는 우리가 각자의 결론을 내리기 위해서는 먼저 역사라는 이야기를 온전히 받아들여야 한다. 과거의 실체를 있는 그대로 품어야 현재를 미래에 던질 수 있기 때문이다.

참고문헌

가토 요코 지음, 윤현명·이승혁 옮김,《그럼에도 일본은 전쟁을 선택했다》, 서해문집, 2018

강덕상·김인덕·장세윤·야마다 쇼지·강효숙·다나카 마사타카·서종진·모리카와 후미토·김종수,《관동대지진과 조선인 학살》, 동북아역사재단, 2013

강상중·현무암 지음, 이목 옮김,《기시 노부스케와 박정희: 다카키 마사오, 박정희에게 만주국이란 무엇이었는가》, 책과함께, 2012

고회탁 외,《국학과 일본주의》, 동북아역사재단, 2011

굽시니스트,《본격 한중일 세계사 1-12》, 위즈덤하우스, 2018-2021

김구,《백범일지》, 돌베개, 1997

김경숙,《에도시대 도시를 걷다: 조선통신사가 인식한 문화공간으로서의 일본 도시 오사카, 교토, 나고야, 에도》, 소명출판, 2022

김삼웅,《김재규 장군 평전: 혁명가인가, 반역자인가?》, 두레, 2020

김석야·고다니 히데지로 지음, 이명호 엮음,《김종필과 박정희 1-2》, 프로젝트 409, 2016

김영숙·신동규,《사진과 그림으로 보는 전시 일본의 프로파간다》, 동북아역사재단, 2021

김운태,《일본제국주의의 한국통치》, 박영사, 1998

김인호,《조선총독부의 공업정책》, 동북아역사재단, 2021

김종필 지음, 중앙일보 김종필증언록팀 엮음,《김종필 증언록: JP가 말하는 대한민국 현대사1-2》, 와이즈베리, 2016

김현철,《3·1운동과 대한민국 임시정부의 재조명 1-2》, 동북아역사재단, 2019, 2020

김형아 지음, 신명주 옮김,《유신과 중화학공업 박정희의 양날의 선택 (Korea's Develpment Under Park Chung Hee: Rapid Industrialization,

1961-79)》, 일조각, 2005

나리타 류이치 지음, 이규수 옮김, 《다이쇼 데모크라시》, 어문학사, 2012

남상구, 《식민 청산과 야스쿠니》, 동북아역사재단, 2019

노나카 이쿠지로·테라모도 요시야·스기노 요시오 지음, 박철현 옮김, 이승빈 감수, 《일본제국은 왜 실패하였는가?》, 주영사, 2009

다니모토 마사유키, 〈메이지 일본 경제발전의 '복층성(複層性)': '근대' 대 '재래'의 이원론을 넘어서〉, 《일본비평 19호》, 서울대학교 일본연구소, 2018

동북아역사재단 엮음, 《몽골의 고려·일본 침공과 한일관계》, 경인문화사, 2009

동북아역사재단 엮음, 《근대 열강의 식민지 통치와 국민통합》, 동북아역사재단, 2010

동북아역사재단 한일역사문제연구소 엮음, 《일본의 국가정체성과 동북아 국제관계》, 동북아역사재단, 2019

동북아역사재단 한일역사문제연구소 엮음, 《청일전쟁과 근대 동아시아의 세력전이》, 동북아역사재단, 2020

동북아역사재단 한일역사문제연구소 엮음, 《한일협정과 한일관계》, 동북아역사재단, 2019

루스 베네딕트 지음, 박규태 옮김, 《국화와 칼》, 문예출판사, 2008

류성용 지음, 김홍식 국역, 《징비록》, 서해문집, 2014

마고사키 우케루 지음, 양기호 옮김, 문정인 해제, 《미국은 동아시아를 어떻게 지배했나: 일본의 사례, 1945-2012년》, 메디치미디어, 2013

마루야마 마사오·가토 슈이치 지음, 임성모 옮김, 《번역과 일본의 근대》, 이산, 2000

마쓰모토 겐이치 지음, 정선태·오석철 옮김, 《기타 잇키》, 교양인, 2010

마쓰오 다카요시 지음, 오석철 옮김, 《다이쇼 데모크라시》, 소명출판, 2011

마쓰우라 레이 지음, 황선종 옮김, 《사카모토 료마 평전》, 더숲, 2009

마리우스 B. 잰슨 지음, 손일·이동민 옮김, 《사카모토 료마와 메이지 유신》, 푸른길, 2014

모토오리 노리나가 지음, 고회탁 외 옮김,《일본 '국체' 내셔널리즘의 원형: 모토오리 노리나가의 국학》, 동북아역사재단, 2011

문영심,《바람 없는 천지에 꽃이 피겠나: 김재규 평전》, 시사IN북, 2013

민덕기, 〈일본 도호쿠(東北)지방에선 왜 아베정권의 '메이지 유신 150주년'을 '보신(戊辰)전쟁 150주년'으로 기념하고 있을까?〉,《한일관계사연구 제66집》, 한일관계사학회, 2019

박규태, 〈메이지신궁과 '화혼양재(和魂洋才)'〉,《한국종교 제43집》, 원광대학교 종교문제연구소, 2018

박정희,《우리 민족의 나갈 길》, 동아출판사, 1962

박정희,《국가와 혁명과 나》, 향문사, 1963

박정희,《민족의 저력》, 광명출판사, 1971

박정희,《민족중흥의 길》, 광명출판사, 1978

박태석,《일본의 노예》, 월드헤리티지, 2021

박훈, 〈19세기 전·중반 사무라이의 정치화와 '學的 네트워크': 미토번과 사쓰마번을 중심으로〉,《東洋史學硏究 第132輯》, 동양사학회, 2015

박훈, 〈메이지 유신에 '동아시아 근대(성)'를 묻는다〉,《일본비평 제19호》, 서울대학교 일본연구소, 2018

박훈, 〈明治維新과 '士大夫的 정치문화'의 도전: '近世' 동아시아 정치사의 모색〉,《歷史學報 第218輯》, 역사학회, 2013

박훈,《메이지 유신을 설계한 최후의 사무라이들: 그들은 왜 칼 대신 책을 들었나》, 21세기북스, 2020

박훈,《일본 우익의 어제와 오늘》, 동북아역사재단, 2008

방광석,《근대일본의 국가체제 확립과정: 이토 히로부미와 제국헌법체제》, 혜안, 2008

신주백,《일본군의 한반도 침략과 일본의 제국 운영》, 동북아역사재단, 2021

안동일,《나는 김재규의 변호인이었다: 170일간의 재판 기록으로 밝힌 10·26의 진실》, 김영사, 2017

안중근,《안중근 의사 자서전》, 범우, 2014

야마무로 신이치 지음, 정재정 옮김,《러일전쟁의 세기: 연쇄시점으로 보는 일본과 세계》, 소화, 2010

야마무로 신이치 지음, 박동성 옮김, 《헌법9조의 사상수맥》, 동북아역사재단, 2010

야스카와 주노스케 지음, 이향철 옮김, 《마루야마 마사오가 만들어낸 '후쿠자와 유키치'라는 신화》, 역사비평사, 2015

이근우·정효운·김은숙·연민수·나행주·서보경·박재용, 《역주 일본서기 1-3》, 동북아역사재단, 2013

오야마 세이이치 지음, 연민수·서각수 옮김, 《일본서기와 천황제의 창출: 후지와라노 후히토의 구상》, 동북아역사재단, 2012

와다 하루키 지음, 이웅현 옮김, 《러일전쟁: 기원과 개전 1-2》, 한길그레이트북스, 2019

와다 하루키 지음, 이경희 옮김, 《러일전쟁과 대한제국》, 제이앤씨, 2011

와츠키 노부히로, 《바람의 검심 완전판 1-22》, 서울문화사, 2007

요시다 유타카 지음, 최혜주 옮김, 《아시아 태평양전쟁》, 어문학사, 2012

유불란, 〈'메이지 부시도(明治 武士道)'론을 통한 동아시아의 자기정체성 형성과정 재고〉, 《한국정치학회보 제51집 제4호》, 한국정치학회, 2017

윤성익, 《명대 왜구의 연구》, 경인문화사, 2008

이광훈, 《조선을 탐한 사무라이》, 포북, 2016

이규수, 《동양척식주식회사의 토지 수탈과 궁삼면 토지탈환운동》, 동북아역사재단, 2021

이노우에 가쓰오 지음, 이원우 옮김, 《막말 유신》, 어문학사, 2013

이성주, 《러시아 vs 일본 한반도에서 만나다: 러일전쟁》, 생각비행, 2016

이성주, 《조약, 테이블 위의 전쟁: 워싱턴 해군 군축 조약》, 생각비행, 2016

이성주, 《괴물로 변해가는 일본: 전쟁국가 일본의 광기》, 생각비행, 2016

이성주, 《미국 vs 일본 태평양에서 맞붙다》, 생각비행, 2017

이성주, 《파국으로 향하는 일본》, 생각비행, 2017

이송순, 《일제말 전시 총동원과 물자 통제》, 동북아역사재단, 2021

이승하,《마지막 선비 최익현》, 나남출판, 2016

이시이 다카시 지음, 김영작 옮김《메이지 유신의 무대 뒤》, 일조각, 2008

이영,《잊혀진 전쟁 왜구》, 한국방송통신대학교출판부, 2007

이원덕,《한일회담》, 동북아역사재단, 2022

이원우,《메이지유신의 침략성과 재인식의 문제》, 동북아역사재단, 2019

이윤섭,《일본 100年: 문호개방에서 55년 체제까지 일본제국주의 흥망사》, 아이필드, 2016

이창현,〈쓰시마 해전의 전술적 재조명: 배진과 기동, 손상통제를 중심으로〉,《STRATEGY 21》(통권 44호), 2018

이태진,《고종시대의 재조명》, 태학사, 2000

이태진,《일본제국의 대외 침략과 동방학 변천》, 사회평론아카데미, 2022

이토 아비토 지음, 임경택 옮김,《일본 사회 일본 문화: 동경대 특별 강좌》, 소와당, 2009

이한림,《세기의 격랑: 이한림 회상록》, 팔복원, 2005

이희복,《요시다 쇼인: 일본 민족주의의 원형》, 살림, 2019

일본역사학연구회 지음, 방일권·오일환·이연식 옮김,《태평양전쟁사 1: 만주사변과 중일전쟁》, 채륜, 2017

일본역사학연구회 지음, 방일권·오일환·이연식 옮김,《태평양전쟁사 2: 광기와 망상의 폭주》, 채륜, 2019

임종원,《후쿠자와 유키치(福澤諭吉) 연구: 문명사상》, 제이엔씨, 2001

장세윤,《일제강점기 학살당한 한국인들》, 동북아역사재단, 2021

장세윤·진창수·하종문·박진우·도시환·서현주·최운도,《일본 아베 정권의 역사인식과 한일관계》, 동북아역사재단, 2013

장영숙,〈메이지 유신 이후 천황제와 大韓國國制의 비교: 전제군주권적 측면에서〉,《한국민족운동사연구 제85호》, 한국민족운동사학회, 2015

전상숙,《조선총독의 지배정책》, 동북아역사재단, 2022

전우용,《한국 회사의 탄생》, 서울대학교출판문화원, 2011

정혜경,《조선민중이 체험한 징용》, 동북아역사재단, 2021

정혜경,《일본의 아시아태평양전쟁과 조선인 강제동원》, 동북아역사재단, 2020

조갑제,《내 무덤에 침을 뱉어라 1-8》, 조선일보사, 1998-2001

조명근,《일제강점기 화폐제도와 금융》, 동북아역사재단, 2022

조희연,《박정희와 개발독재시대: 5·16에서 10·26까지》, 역사비평사, 2007

존 톨런드 지음, 박병화·이두영 옮김, 권성욱 감수,《일본제국 패망사》, 글항아리, 2019

주대환,《주대환의 시민을 위한 한국 현대사》, 나무나무, 2017

최덕규 엮음,《제국주의 열강의 해군과 동아시아》, 동북아역사재단, 2018

최문형,《일본의 만주 침략과 태평양전쟁으로 가는 길》, 지식산업사, 2013

최은진,《식민지지주제와 소작정책의 식민성》, 동북아역사재단, 2021

하라 아키라 지음, 김연옥 옮김,《청일·러일전쟁 어떻게 볼 것인가》, 살림, 2015

하라다 게이이치 지음, 최석완 옮김,《청일·러일전쟁》, 어문학사, 2012

한석정,《만주 모던》, 문학과지성사, 2016

한예원, 〈일본의 외래문화 수용의 두 자세: '화혼한재(和魂漢才)'와 '화혼양재(和魂洋才)'〉,《日本思想 제33호》, 한국일본사상사학회, 2017

허영란,《남양과 식민주의: 일본제국주의의 남진과 대동아공영권》, 사회평론아카데미, 2022

호사카 마사야스 지음, 정선태 옮김,《쇼와 육군》, 글항아리, 2016

호사카 유지,《조선 선비와 일본 사무라이》, 김영사, 2007

홍성화·송완범·김보한·신동규,《전근대 일본의 영토인식》, 동북아역사재단, 2012

황태연,《백성의 나라 대한제국》, 청계, 2017

현명철,《메이지 유신 초기의 조선침략론》, 동북아역사재단, 2019

NCC FORUM,《임시행정수도 백지계획은 살아있다》, 해토, 2005

Albert Axell·Hideaki Kase,《Kamikaze: Japan's Suicide Gods》,

Pearson, 2002

Curtis E. LeMay·MacKinlay Kantor, 《Mission with LeMay: My Story》, Doubleday, 1965

《고려사》,《고려사절요》 https://db.history.go.kr

《조선왕조실록》 https://sillok.history.go.kr

한국종합고전DB https://db.itkc.or.kr

NIDS 방위연구소(防衛研究所) http://www.nids.mod.go.jp

5장 '폭주: 정결한 세계를 지키는 야만'에서 다이쇼 데모크라시와 일본 헌법과 관련된 부분에 대해서는 박기태 변호사(법무법인 한중)로부터 자문 및 감수를 받았습니다.

유신 사무라이 박정희
낭만과 폭력의 한일 유신사

초판 1쇄 2024년 10월 26일 발행

지은이 홍대선
펴낸이 김현종
출판본부장 배소라 책임편집 진용주 디자인 조주희
마케팅 안형태, 김예리 경영지원 박정아, 신재철

펴낸곳 (주)메디치미디어
출판등록 2008년 8월 20일 제300-2008-76호
주소 서울특별시 중구 중림로7길 4, 3층
전화 02-735-3308 팩스 02-735-3309
이메일 medici@medicimedia.co.kr 홈페이지 medicimedia.co.kr
페이스북 medicimedia 인스타그램 medicimedia

© 홍대선, 2024

ISBN 979-11-5706-375-8 (03910)